対話型鑑賞75年を超えて

みえてきたもの　みつめていくもの

美術による学び研究会

学術研究出版

まえがき

二〇二三年六月十一日、「美術による学び研究会東京大会2023」が国立オリンピック記念青少年総合センターで開催されました。「対話型鑑賞七十五年を超えて《みえてきたもの　みつめていくもの》」と名付けられた大会テーマは、二〇一五年の東京大会を引き継ぐものであり、美術による学び研究会が設立以来実践し、追究してきた美術鑑賞教育の在り方を問うテーマです。

近年、ようやく地に足がついてきた感がある美術鑑賞教育ですが、やはり根本的な部分での誤解や正確ではない認識がまだまだあるように思います。対話型鑑賞はその最たるもので、「対話型鑑賞はニューヨーク近代美術館が開発した」とか、「対話型鑑賞はVTSが元になっている」などの、笑うに笑えない間違いがウェブサイトには今もなお氾濫しています。

原因の一端は、対話型鑑賞という言葉の定義の曖昧さにもあると思います。序章「対話型鑑賞の歴史とその背景」では、教育学と美学の双方の学術的な側面から着目し、いつ、どのようにして「対話」と「鑑賞」が結びついて対話型鑑賞が生まれたのかを考察しています。人々が専門的な知識の理解ではなく、個人的な経験や感情を元に意味を生成する鑑賞の在り方が、いかにして生まれ、受容されてきたのかを明らかにしています。

北海道から九州・沖縄まで全国で実施されてきた対話型鑑賞。第1部「対話型鑑賞七十五年を超えて―みえてきたもの」では、実践内容をそれぞれの発表者が報告しています。発表はどれも具体的で含蓄に富み、触発されることが多いと思います。たとえば、北海道でも九州でも、屏風作品の実物大レプリカを教員が自ら製作し授業を実施した事例は、美術館とのアクセスが不便な地域の学校での鑑賞教育を勇気づけることでしょう。

「どんな作品を見せたら良いかわからない」「この作品は○年生に向いているのか」という先生方の声はよく耳にします。それには東京や九州で実施された、地域の美術館と学校、そして教育委員会が手を組んで「鑑賞カリキュラム」を作成した事例が参考になるかもしれません。

「鑑賞カリキュラム」といえば、美術館の展覧会や学習教材を作り出したｍｉｔｅ！の存在や、教育委員会が対話による鑑賞授業の実践事例を掲載した冊子を作成配布した秋田の事例など、持続可能なシステムづくりの事例が紹介されています。こうした事例を俯瞰して、みえてきたものは何かを考えたいと思います。

第２部「対話型鑑賞七十五年を超えて―みつめていくもの」では、ＳＴＥＡＭに象徴される教育の学際化や、欧米諸国における対話型鑑賞の質的変化、そしてアートを取り巻く環境や意識の変化とそれに伴う文化政策の改革を背景にして、対話型鑑賞七十五年の歴史を超えて今後みつめていくものとは何かを探ります。

「美術による学び研究会東京大会2023」はこのような意識で開催されました。その報告書である本書が、対話型鑑賞についての理解を深める礎となれば幸いです。

目次

序章　対話型鑑賞の歴史とその背景

あなたはご存知ですか?
対話型鑑賞が、日本では七十五年以上の歴史があることを。

1　はじめに

昭和二二年の学習指導要領

これは昭和二二（1947）年の文部省『学習指導要領図画工作編（試案）』です。[★1] 開くとそこには美術鑑賞の指導について、「批評しあう」「話しあう」などの言葉が見えます。注目したいのは、鑑賞学習の指導として「どこまでも自分の眼で見、自分の心で判断する」そして「感想を述べたり、討論したりする」ということを明示している点です。これは教師が一方的に美術作品の解説をしたり、見どころを説明したりするのではなく、児童・生徒が主体的に作品を見て自分が感じ取ったことや考えたことを話し合う活動を指しています。

作品を判断するのは自分。作品の意味や解釈は教えられるものではなく、作品を見る人が創りだすものという考え方が根底にあるようです。

「見る」「考える」「話す」という学習活動を通し

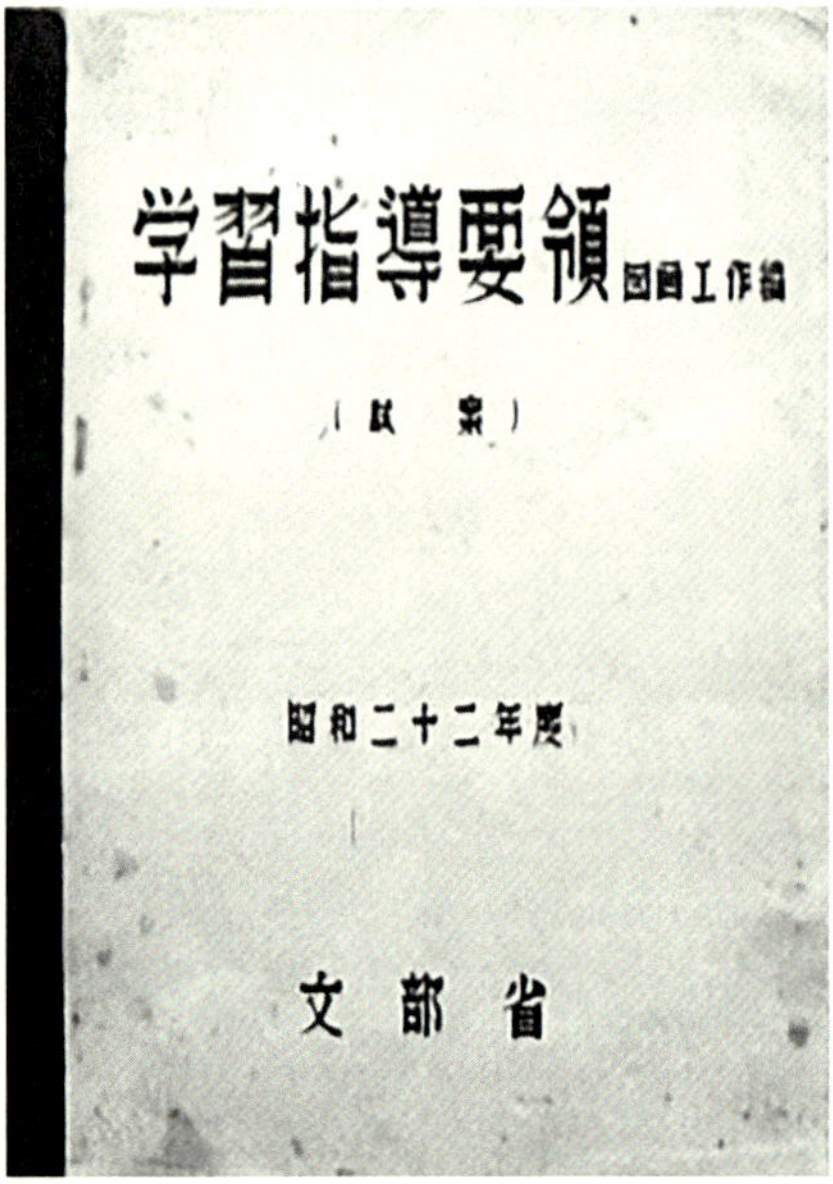

国立教育政策研究所教育図書館資料より

LEARNING THROUGH ART

單元十一　工藝品及び美術品の鑑賞

（二）指導方法——兒童の活動

1.　日常用いる工藝品などは，実際に使いながら，その美しさを比べる。

2.　学用品や教室の花びん，その他について，どれが美しいかを批評しあう。また，家庭で使っている茶わん・盆・さら・などを集めて，どれが，どんなに美しいかを話しあう。

3.　絵画や彫刻などの実物，または写眞や複製品を見て，その美しさを話しあう。

第8章　第3学年の図画工作指導より

2.　美術工藝品や，美術品などで実物を見ることのできないものは，写眞や複製品により，その見どころを研究したり，作者の略傳や，名作についての物語を調べさせたりして，その作品を味わい，それについての感想を述べたり，討論したりする。

第10章　第5学年の図画工作指導より

3.　その作品のできた背景となる時代の特色，作者の略傳・逸話・名作物語，等も調べ，またその作品のどこがよいかについて，これまで多くの人が称えていたことについて調べる。しかし，どこまでも自分の眼で見，自分の心で判断する。

第11章　第6学年の図画工作指導より

て、観察力と思考力を働かせ、コミュニケーション能力や共感力、批判的思考力も働かせ、多面的な見方を行い自己を相対化する。戦後間もない時期に、このような対話による鑑賞の学習活動が国の教育方針として示されていたことには、驚かざるを得ません。日本全国の学校で、対話による鑑賞はこのとき始まったのです。

そしてこれは、『少年美術館』★2。

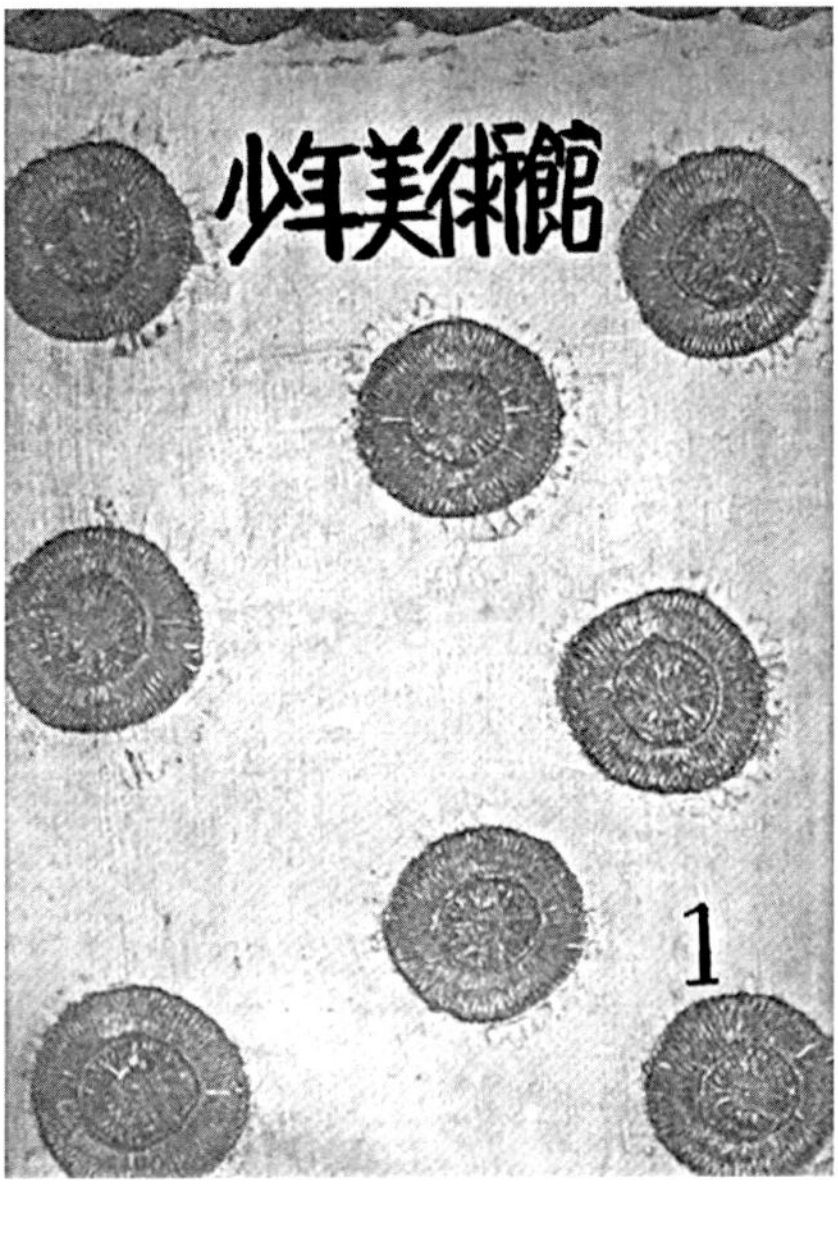

昭和二五（1950）年に岩波書店から出版されたこの画集は、全国の小・中学校のほとんどの図書室に配架されたベストセラーだったといいます。カラー印刷されている作品は、ルノワールの《草束をもつ少女》（第四巻）やフェルメールの《少女》（第十一巻）など、今日でもなじみのある作家と作品で構成されています。[★3]当時は鑑賞の授業をするにも美術館はおろか、十分なカラー図版資料もない時代でした。この本は教材としてずいぶん重宝されたのだろうと想像できます。

注目すべきは、編者の一人である矢崎美盛が書いた読者（子ども）に向けての次の一文です。

「解説を読む前に、作品そのものを繰り返し、繰り返しよく見てください。皆さんが博物館で絵そのものを少しも見ないで一生懸命、下に付いている解説を写しているのをよく見ますが、あれでは美術を味わうことはできません。こうした見方では何百回見ても同じことです。また有名な作者が描いていれば偉いと思い込み、どんなものでも立派な絵だと思うことが私たちにとっていちばんつまらないことです」

これが終戦直後に書かれた文章とはとても思えません。解説に頼りがちな人にとっては耳が痛いことでしょう。作品に関する知識を学ぶ前に自分の目でしっかりと見ることを子どもに説く、つまり鑑賞の主体が見る側にあることを教えているのです。

対話型鑑賞と対話による鑑賞

さて、学習指導要領の説明のところで「対話による鑑賞」という言葉を使いました。よく見聞きする「対話型鑑賞」とどう違うのでしょう。平成二九年度告示版学習指導要領では、鑑賞は「自分の中に新しい意味や価値をつくりだす学習」などと鑑賞は意味生成であることが示され、その基本的な考え方は一貫しています。[★4] 一方、「作者の表現における精神、生き方などと作品との関わり」のような情報の観点から鑑賞することも示されています。[★5]

このような**学習指導要領の考え方に基づいた対話型鑑賞**を、上野行一を代表とする美術による学び研究会では、「対話による意味生成的な美術鑑賞」（略称：対話による鑑賞）と名付けています。

鑑賞者が意味を生成するというところに力点を置きつつ、発達段階や学習の目標に応じて作品や作家の背後にある情報を提供する場合もあります。

教育学と美学の接点

対話型鑑賞を、教育学と美学の接点から生まれてきたと考えてみましょう。教育学における対話型の授業と、美学における受容美学による鑑賞。この両方の考え方と方法が出会い結びついたとき、対話型

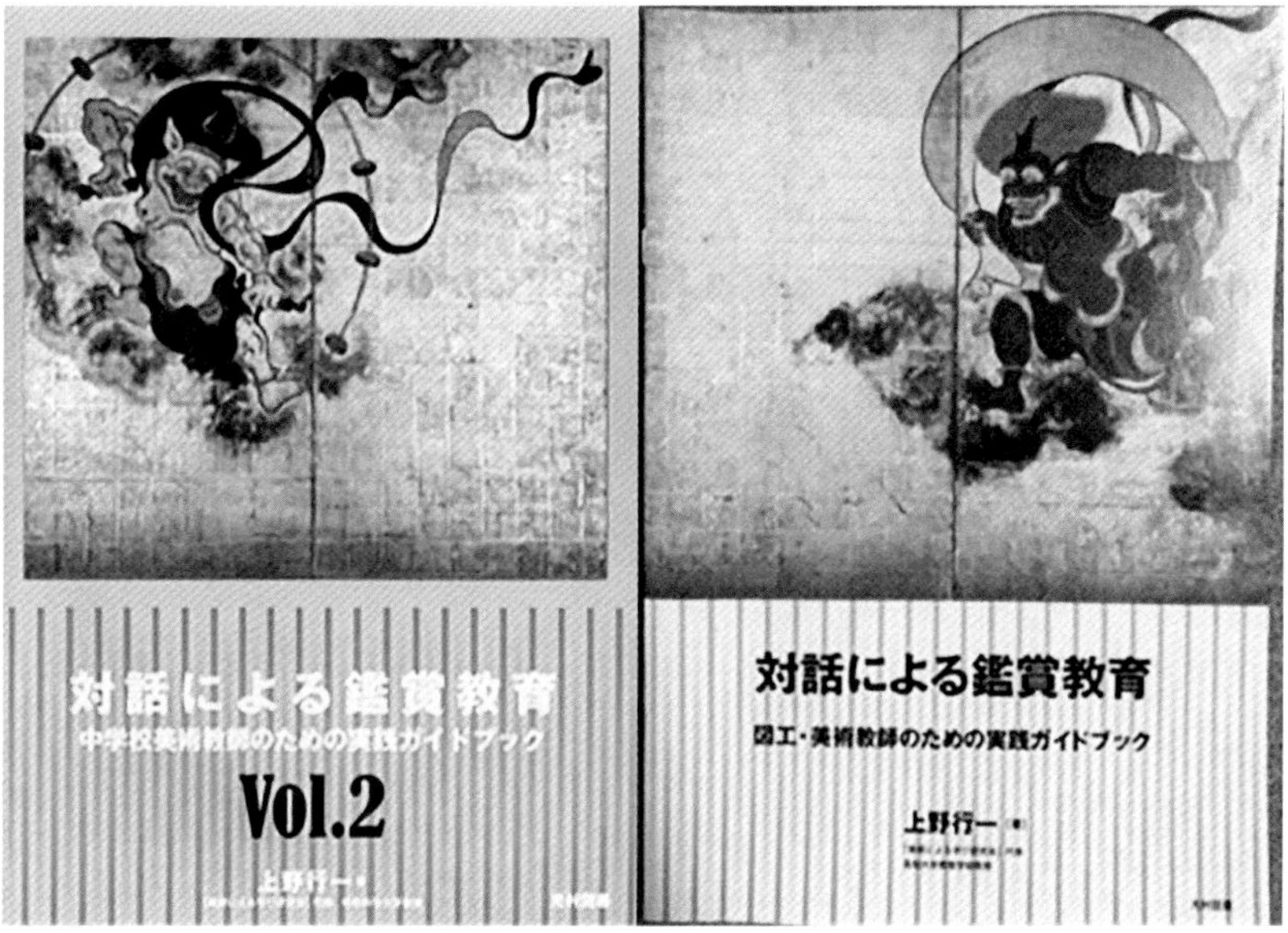

鑑賞は生まれると考えるのです。

この鑑賞方法には、当初は特別な名前がありませんでしたが、二〇世紀後半からＶＴＣやＶＴＳ、ｍｉｒａ！やｍｉｔｅ！、哲学対話、対話鑑賞、そして対話による意味生成的な美術鑑賞など、様々な名称とメソッドが生まれてきました。

これらはすべて対話型鑑賞なのです。対話型鑑賞にはこのような多様性があり、一つの絶対的なメソッドはありません。目的に応じて最適化して活用することが大切なのです。

2　教育学の側面から

集団的教授法の誕生

対話型鑑賞が生まれてきた歴史的な経緯について、まず、教育学の側面から考えてみましょ

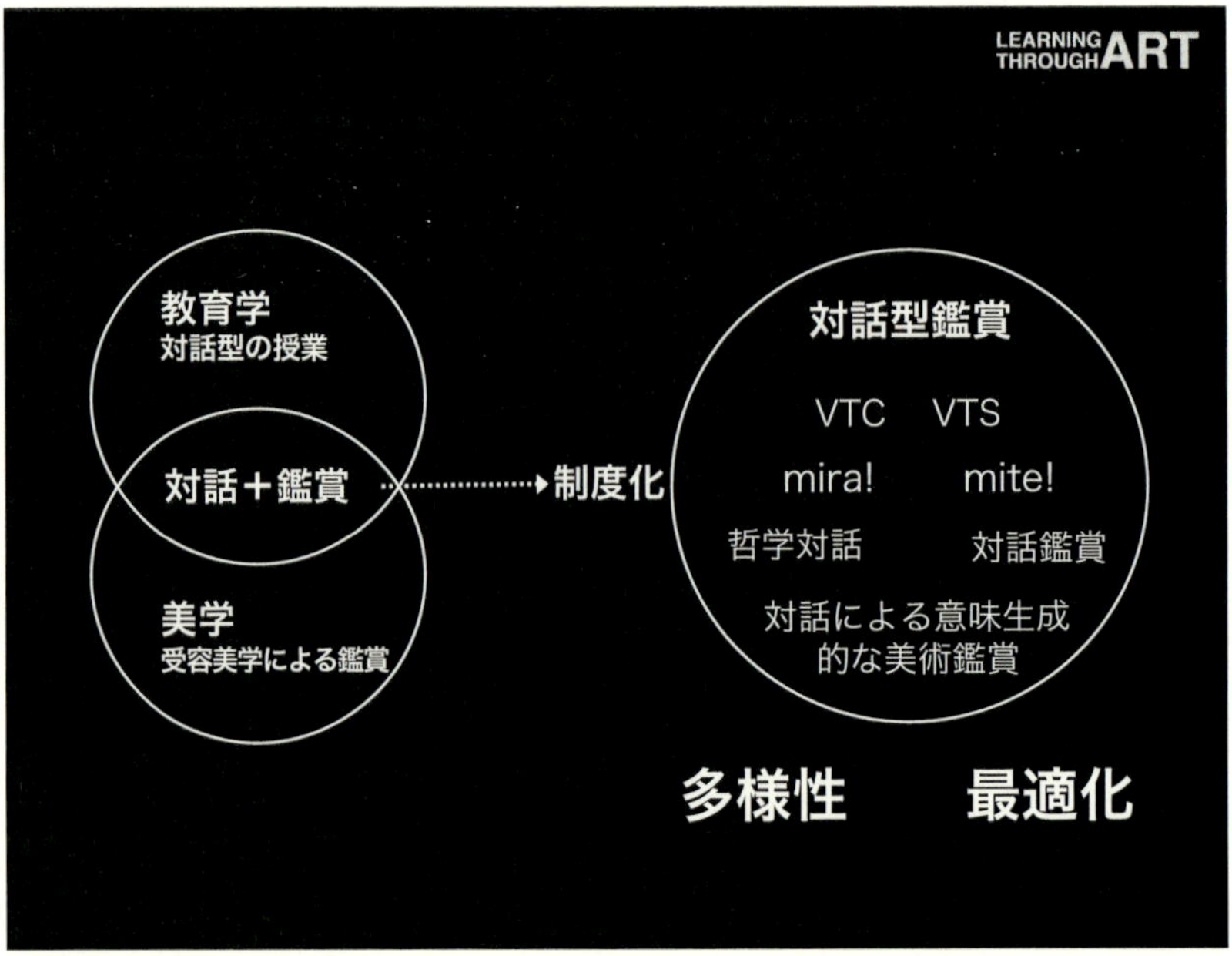

う。対話型鑑賞は対話型の授業の一種ですが、対話型の授業が成立するためには、個人教授ではなく集団的教授という授業形態と、問答法という授業方法が必要になります。集団的教授は一斉教授とも呼ばれ、「一人の教師が、一定数の生徒集団に対して、同一の教育内容を同一時間で教える授業方法及び形態をいう」[★6]などと定義されています。

では今の学校のように、教師が一人で大勢の生徒に対して行う授業はいつ頃どのようにして生まれてきたのでしょうか。一般的には一七世紀チェコの教育学者ヨハネス・コメニウス（Johannes Amos Comenius）が集団単位の授業を開発した先駆者として知られています。

そして、集団的教授を「本格的かつ大規模に」推進したのは、産業革命期のイギリスにおけるモニトリアル・システム

ヨハネス・アモス・コメニウス
（Johannes Amos Comenius　1592-1670）

モニトリアル・システムの一斉教授場面。優秀な生徒が助手として選ばれて指導している。

であると理解されています。[★7]

一八世紀後半、産業革命とともに多くの人々が一般民衆の子どもの教育の必要性を訴え、集団的教授法が大規模に実施されるようになりました。アンドリュー・ベル（Andrew Bell）とジョセフ・ランカスター（Joseph Lancaster）がその中心人物です（一斉授業の始まりについては、デイヴィット・ストウ（David Stow）の実践を原型とするなど諸説あります）。ベル・ランカスター法と呼ばれる一斉授業法は、その後の近代学校における集団と教育の関係の基礎を作り出しました。[★8]

問答法の誕生

対話型鑑賞のもう一つの要素、問答法はどのようにして生まれてきたのでしょう。一方的に生徒に

アンドリュー・ベル
（Andrew Bell 1753-1832）

ジョセフ・ランカスター
（Joseph Lancaster 1778-1838）

アウグスト・ヘルマン・フランケ
（August Hermann Francke 1663－1727）

説明したり教えこむのではなく、生徒に問いを投げかける授業方法である問答法。

いつごろどこでこのような方法が生まれたのかは定かではありませんが、一七世紀末に「授業の主要原則は対話である」と対話に注目したのが、ドイツのハレ大学神学教授アウグスト・ヘルマン・フランケ（August Hermann Francke）でした★9。

フランケは、授業の主要な原則として「生徒との間に対話を交わすこと」を挙げています。この対話は、教会で聖職者が信徒に対して行う教理問答の様式を指します。つまり神学者であるフランケは、教理問答の様式を学校の授業に応用したのです。

したがって、フランケの問答法は正解を生徒から引き出す教理問答に他ならなかったのです。生徒が内容をいかに理解しているか、それを覚えているかを確かめるための問答に過ぎませんでした。生徒に求められたのは問いに対する思考力ではなく、知識と記憶力だったのです。

クリスティアン・ゴットヒルフ・ザルツマン
(Christian Gotthilf Salzmann 1744-1811)

一八世紀末、ドイツの教育学者ザルツマン（Christian Gotthilf Salzmann）は、正答だけを取り上げる教理問答ではなく、問いについて生徒に考えさせることをねらいとする問答法を行いました。教育学者の豊田ひさきはこのような方法を「開発的・発見的な問答法」と名付けています。

生徒が自分の経験や知識をもとに答えを自分で考えるこの問答法は、イギリスの新教育運動やアメリカの進歩主義教育運動など、一九世紀末に始まった生徒中心の新しい教育運動にもつながる先駆的な試みともいえるでしょう。

こうして一八世紀末から一九世紀にかけて、集団的教授の普及とともに問答法への関心の登場によって、対話型の授業を生み出す土壌が形成されたのです。

産業革命後の教育理念

一九世紀末の一八九一年から一九〇〇年、アメリカには約四〇〇万人の移民が押し寄せ、大きな人口変動が起きていました。大勢の子どもが家計を助けるために劣悪な環境のもとで長時間働かされました。これは大きな社会問題となり、子どもたちが工場で働かないで学校で学ぶことを保証する、義務的出席法（compulsory attendance laws）の成立につながります。

その頃のアメリカは、世界最大の工業国になろうとしていたのです。そして当時の教育もまた、近代工場の大量生産モデルを準えたものだったのです。

産業革命のあと発達した資本主義や経済学は、世界を工業化、効率化していきました。国家主義を基盤とする競争原理と産業主義に裏付けられた工業生産の論理は、二〇世紀の教育にも反映されており、佐藤学はその特徴を「産業主義の大量生産と企業経営をモデルとする効率性の原理と、実用的価値の高い知識や技能を能率的に学習する教育の追求」★10にあると述べています。

スタンフォード教育大学院のエルウッド・パターソン・カバリー（Ellwood Patterson Cubberly）もまた、学校は工場のようであるべきだと考えていました。教師を工場労働者に、生徒を新しい産業界のニーズを満たす製品の原料になぞらえたのです。

その背後にあったテイラー（F. Taylor）やボビット（John F. Bobbitt）とチャーターズ（W. W. Charters）による産業主義モデルのカリキュラム論の普及によって、やがて、このような教育モデルは広く受け入れられるようになりました。学校は工場を模倣した場所であり、学習は受動的で孤独な時間でした。教師が生徒に情報を流し込み、生徒は情報を受け取り、記憶し繰り返す。伝統的な学習指導アプローチが始まったのです。

新教育運動

ジョン・デューイ
（John Dewey 1859-1952）

やがてこうした伝統的な信念に挑戦する考え方が出てきました。ジョン・デューイ（John Dewey）は、学校は単に丸暗記を強いる場ではなく、生徒に考えることを教えるべきだと主張しました。彼は生徒が経験によって学ぶことが一番だと信じていました。デューイの考えに賛同する教育者たちから、子どもたちに知的な思考力や主体的な行動能力、コミュニケーション能力などを培おうとする動きが生まれ、それが新教育運動となっていったのです。

同じ頃、レフ・ヴィゴツキー（Lev S. Vygotsky）は、学習は社会的な相互作用であり、知識は社会的に探求し構成されるものである、と考えていました。

ジャン・ピアジェ（Jean Piaget）は、私たちが自分の外の世界から知識を得ることによって学ぶのではなく、むしろそれを内部から構築することによって学ぶことを示しました。

彼らの信念は教育への新しい進歩的なアプローチの基礎になったのです。そしてそれは、美術作品を見て自分の内部に意味を構築することや、自分の解釈を集団の中で対話することなど、作品を見て意見を述べ合う対話型鑑賞の基盤を築くことになるのです。

3　美学の側面から

始まりはニュー・クリティシズム

一方、美学の領域でも大きな地殻変動が起こりました。ニュー・クリティシズムの登場です。

現代における文学批評の出発点ともいえるニュー・クリティシズム。この運動の名称は、ジョン・クロウ・ランサム（John

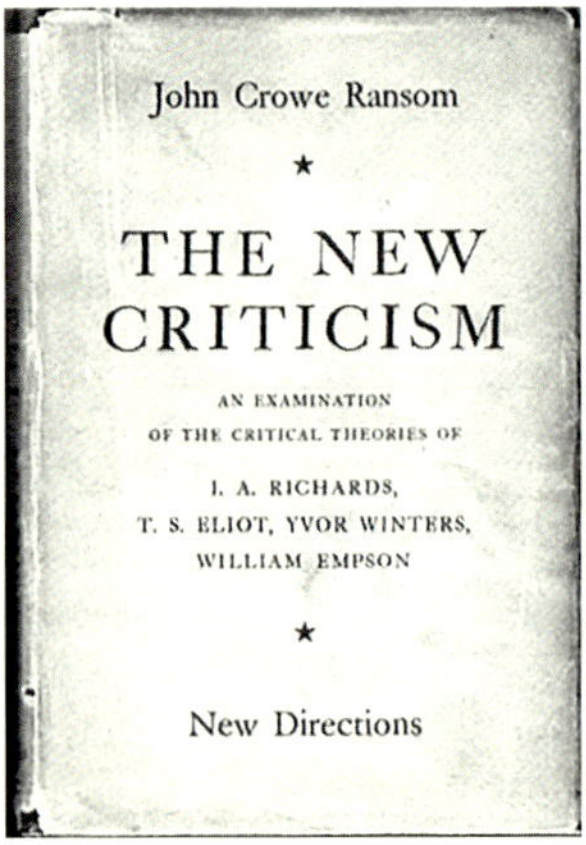

アイヴァー・アームストロング・リチャーズ
(Ivor Armstrong Richards 1893-1979)
トーマス・スターンズ・エリオット
(Thomas Stearns Eliot 1888-1965)

Crowe Ransom）の一九四一年の著書『ニュー・クリティシズム』に由来しています。それは一九二〇年代のアイヴァー・リチャーズ（Ivor Armstrong Richards）やT・S・エリオット（Thomas Stearns Eliot）らの考え方に影響を受けた文学批評の新しい考え方でした。

一九二〇年代当時の文学研究では、作品は作者の紡ぎ出した言葉によって構築されているという動かしがたい事実を土台にして、作品に表わされた言葉の意味は作者の思惑以外の何物でもないという立場が支配的でした。したがって、作品を理解するためには作者の理解が不可欠であり、作者の伝記、手紙や日記、作品の時代背景などを検証し、作品と作者を関連付ける必要があったのです。

このような方法による作品の理解は専門家には可能であっても、一般大衆には手の届かないものとならざるをえません。とすれば、大衆が文学作品を読むことの意味はどこにあるのでしょうか。

こうした疑問を背景に、遅くとも一九二〇年代までには作者から切り離された存在としての読者がはっきりと意識されるようになります。[★11] リチャーズによって「読者の発見」が促され、アメリカでは一九三五年前後からニュー・クリティシズムが興ります。[★12] 日本では新批評とも訳されたニュー・クリティシズムは、読書という鑑賞の行為を作者の意図を読み解く行為から解放したのです。

ニュー・クリティシズムが第二次産業革命以後の大量消費社会に生まれたことは興味深いことです。大量生産される商品を大量に消費する大衆が登場した時代。彼らは「消費者」と呼ばれるようになり、芸術も他の商品と同様に消費の対象となったのです。

そのころ日本では

米国でニュー・クリティシズムが興ったほぼ同時期の昭和初期、日本でも文学の鑑賞についての議論が活発に行われていました。国文学者の石津純道は「鑑賞は結局学ではなく寧ろ芸術である」と述べています。[★13] 同じく国文学者の岡崎義恵は鑑賞の主要部は美的享受にあるが、それだけでなく価値判断を鑑賞の一部ととらえ「鑑賞はそれ自体芸術活動であって学術作業ではない」と述べています。[★14] これは、鑑賞が創造活動であることを明記している文部科学省学習指導要領とも呼応する考え方であり、鑑賞が価値判断を伴った意味生成活動であることを示しているのです。

特に注目したいのは、国文学者の吉田精一の鑑賞論です。吉田は『日本文学大事典（宮島新三郎編）』の鑑賞の説明に見られるような、作品の理解がまずあってそののちに鑑賞が来る、というような当時主流であった鑑賞の考え方を批判しています。

作品の理解と鑑賞の違いについて、「鑑賞の意味」という論文の中で吉田はこう書いています。理解とは、例えば「ゴヤの画いた闘牛の図、フランス軍のスペイン掠奪、強姦等々の図をその実際の事情や環境、歴史的事実と照し合せて、如何なる場合の図であるかと理解につとめる」[★15] というような行為であって、鑑賞とは区別して捉えているのです。

受容美学の誕生

ニュー・クリティシズムの考え方が一般大衆に広がるのは、受容美学の誕生を待たねばなりませんでした。読むという行為によって読者が意味をつくり出すという発想、読者を芸術の消費者としてではなく、意味の生産者として位置づけるという発想は、初期には哲学者ローマン・インガルデン（Roman

Witold Ingarden）によって、のちに一九六〇年代から七〇年代にかけてフランス文学研究者であるハンス・ロベルト・ヤウス（Hans Robert Jauss）と英文学研究者のヴォルフガング・イーザー（Wolfgang Iser）らの著作を通して広く一般に浸透していきます。★16

一九六六年に創設されたコンスタンツ大学に教授として就任したヤウスとイーザー。二人は受容美学を提唱します。テクストは読むという行為を通じて初めて意味を持つという前提により、彼らは作者やテクストよりも読者を優位に捉えました。テクストを創造したのは作者ですが、読者がいなければ、つまり読まれなければ、テクストはその効果を発揮できないというわけです。

ヤウスとイーザーは、読書という鑑賞行為を作品と読者の相互作用として捉え、作品との対話を通じて意味生成していく読者像を示しました。

芸術の受容に関する疑問符、すなわち鑑賞のあり方に対する問い直しは、このあと、読書つまり文学の鑑賞だけでなく、美術や音楽の鑑

ハンス・ロベルト・ヤウス（Hans Robert Jauss　1921-1997）
とヤウスの著した『挑発としての文学史』

ヴォルフガング・イーザー（Wolfgang Iser　1926-2007）
とイーザーの著した『行為としての読書』

賞へも波及していきます。

4　美術の鑑賞について

岡倉天心の先進性

ニュー・クリティシズムや受容美学の誕生以前に、「作品に解説は不要である」と考えた人物がいました。ボストン美術館のベンジャミン・アイヴス・ギルマン（Benjamin Ives Gilman）です。ギルマンは、「美術作品は、見る側との直接的な美的経験のために存在するものであって、解説は不要である」という考えであったといいます。[★17]

当時、ボストン美術館に勤務していた岡倉（覚三）天心は、ギルマンの影響を受けたかのように、英文の著書『茶の本』の中で次のように書いています。

「…美術の価値はただそれがわれわれに語る程度によるものであることを忘れてはならない。…（略）…そ

ベンジャミン・アイヴス・ギルマン
(Benjamin Ives Gilman　1852–1933)

岡倉（覚三）天心　1863-1913

して、われらの審美的個性は、過去の創作品の中に自己の類縁を求める。…（略）…われわれは万有の中に自分の姿を見るに過ぎないのである」[★18]

つまり岡倉は、美術作品を見るという行為が自分の姿すなわち自分の感情や思想、知識や経験などを投射し、それを見ることであると述べているのです。

このように、鑑賞を作者や作品の方からではなく、見る者の側からとらえる立場は二〇世紀初めの時期にあっては極めて先鋭的だったといえるでしょう。

岡倉はまた「…ある批評家の歎じたごとく、世人は耳によって絵画を批評する。今日いずれの方面を見ても、擬古典的嫌悪を感ずるのは、すなわちこの真の鑑賞力の欠けているためである」と述べ、自分の目ではなく「耳（批評家の解説）によって」鑑賞する傾向を「真の鑑賞力」の欠如だと嘆いたのでした[★19]。

今日、美術館でオーディオ・ガイドを耳に当てて鑑賞する人びとの姿をよく見かけます。耳元でやさしく囁くタレントの解説にリードされ、「耳によって絵画を批評する」ことを愉しんでいる姿を見たら、岡倉は何と思うでしょうか。

経験としての芸術

ジョン・デューイは、進歩主義とも称される新教育運動に多大な影響を与えた教育学者として著名ですが、美術教育に関し

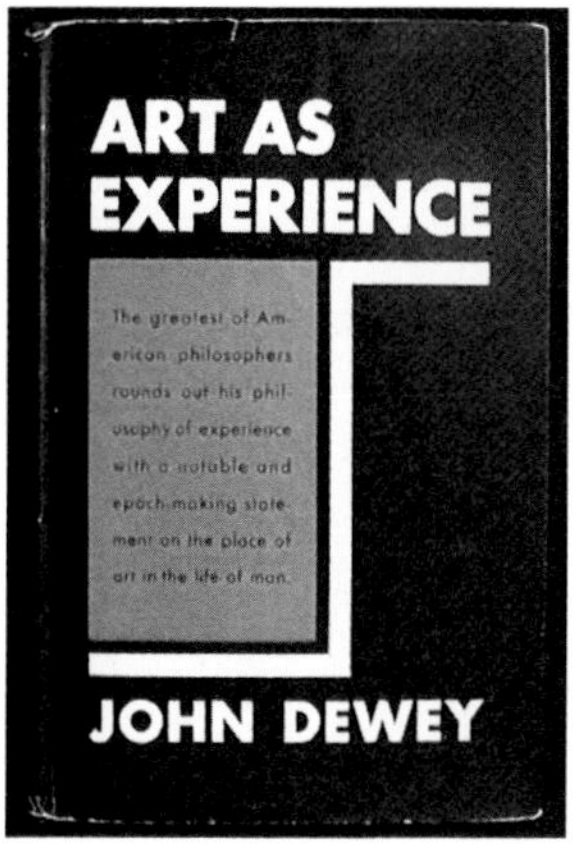

ても大きな足跡を残しています。一九三四年に著された『経験としての芸術』の中でデューイが示した芸術哲学は、芸術を経験として、すなわち作家の創作活動と鑑賞者の鑑賞活動の相互作用と捉えたものでした。

デューイは、作者の経験と鑑賞者の経験とは同一ではなく、鑑賞者の中で「再創造の活動なくしては、ものが芸術品として、認識されることはない」と述べています。また、鑑賞とは鑑賞者の創造的な活動であり、鑑賞者は「彼自身の経験を創造しなければならない」と、鑑賞活動が意味生成的な創造活動であることを示しました。[★20]

デューイもまた、鑑賞を創造活動と捉えている日本の学習指導要領の考え方に影響を与えた人物の一人だったのです。

以上述べてきたように、教育学における対話型という授業法、そして美学における受容美学による鑑賞。この両方の考え方が出会い、結びついたとき、対話型鑑賞は生まれたのです。

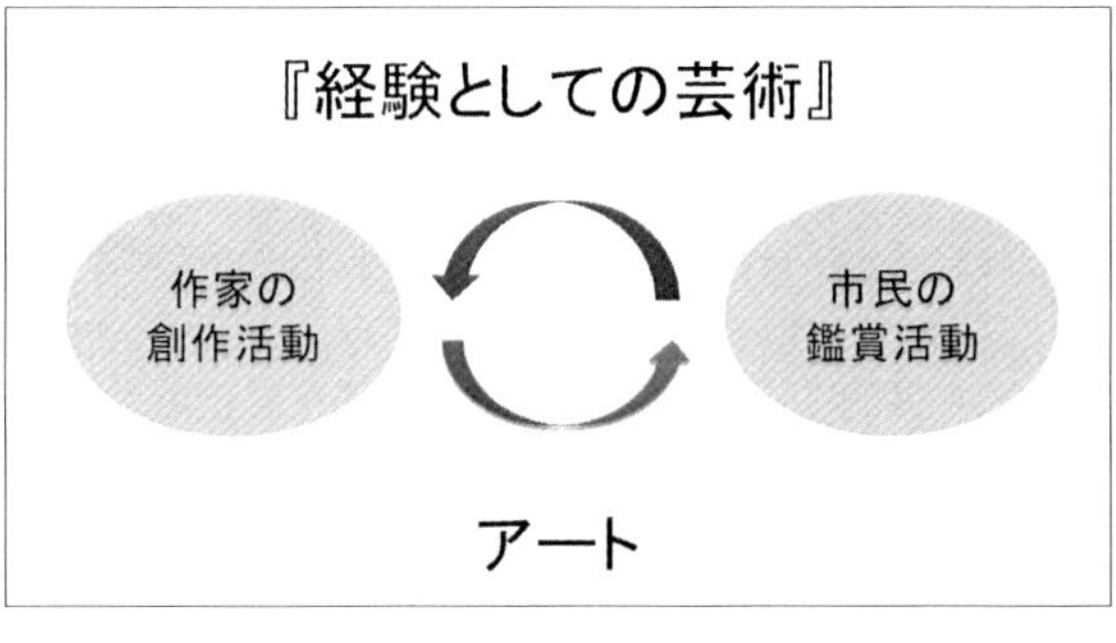

日本での受容美学の広がり

美術に波及した受容美学。六〇年代初頭には美術史家の木村重信が「芸術作品は独善的な芸術家個人の支配を脱し、観者の自由な意識をまって初めて意味を獲得するものであり、その意味でそれは、作者から観者へという一方通行の形で成立するのではなく、両者が真に自由に相互通行するための仲介者であるといいうる」と述べています。[21]
木村の論は、オブジェの登場によって美術作品の意味が大きく変わり、観衆と作家や作品との関係も変わったことを前提にしたもので、木村はこの論考のなかで、オブジェは「見る者の自由な意識を前提としなければ成立しない」と断じています。
そしてサルトルが『文学とは何か』のなかで述べた「創造は読者の中でしか完成しない」という文章を引用しながら、「芸術作品において作者はある特定の意味を観者に告げるのではない。芸術作品は…（略）…観者の自由な意識をまって初めて意味を獲得する」と、オブジェ以後の美術鑑賞の意味や立場について言及したのでした。
観者が作品に意味を与えるという考え方や、作品は意味生成の仲介者という木村の捉え方は、受容理論やテクスト論の浸透を睨んでも、時期的にきわめて先進的な考え方だったといえるでしょう。
そのおよそ一〇年後、美術評論家の藤枝晃雄が「今日、芸術のあらゆる領域においていわれているのは、作者→作品ではなく、作品→観者という方向への要請である」と言い、「見る者の役割の増大は、作者の言葉への盲信といった潜在的な芸術家へのコンプレックスからの、そして芸術からの解放である」と示したように、一九七〇年代初期にはすでに鑑賞者中心的な鑑賞理念が「芸術のあらゆる領域において」要請される状況が生まれていたのです。[22]
さらにその数年後、作品の意味の多様性を美術評論家の宮川淳はこう語りました。
「芸術とは、作品のなかに、あるいはその背後に自己完結的に存在するのではなく、この手前に、この〈みる〉ことの厚みのなかに、共同の幻想として成立する」[23]

学校の授業では

しかしながら、そうした考えが鑑賞の実践に結びついてこなかったことが、対話による美術鑑賞の理解や普及にとって問題であり不幸でもあったのです。学校においても美術館においても。

戦後間もない時期から、学習指導要領でも『少年美術館』でも、解説に頼らずに自分なりに見ることが示されており、対話による美術鑑賞の基本的な考え方が同時期に国からも民間からも示されていたにもかかわらず、そんな鑑賞の授業を受けたことがない、という方も多いのではないでしょうか。

実際、美術の授業では絵を描いたり工作したりの表現の授業が大半で、鑑賞の授業そのものがほとんどおこなわれてきませんでした。また、おこなわれていても、その授業は知識的な内容を生徒に覚えさせることを目的とするようなものが多かったといいます。[★24] いわば古典主義的教育理論に基づく知識伝授型の学習がおこなわれていたわけで、課題を探求し集団で知識を構成するような授業とは程遠いものだったのでしょう。

とはいえ、対話による鑑賞の授業が全くなかったわけではありません。現存する資料によって、少なくとも一九七〇年代初頭には対話による美術鑑賞の授業がおこなわれていた事実が判明しています。次に示すのはその証拠であり、一九七三年におこなわれた授業記録です。

一九七〇年代の対話による鑑賞授業

一九七三（昭和四八）年一一月一日、静岡県浜松市の南陽中学校で三年生を対象に、レオナルド・ダ・

ヴィンチの《モナ・リザ》の対話による鑑賞授業がおこなわれました。指導者は野島光洋。野島は自分の授業を録音し、書き起こした記録を出版しています。[★25]

授業の冒頭、野島は生徒に《モナ・リザ》の図版を見せながら、「人があぁ言った、書物にこう書いてあったとか、そういうことを信じてかかってはいけない。（略）自分の生きた目で見る。これが大事です」と話しかけ、「どれだけ皆さんが率直な見方、感じ方をしてくれたか。（略）感じたことをそのまま言ってくれて結構です」と告げました。[★26]

知識からではなく、自分の目で見た意見を言ってほしいと野島は述べています。授業記録からは、生徒たちが次々と自由に意見を述べ、他者の意見に共感したり、相互に語り合う様子が読み取れます。

授業の導入直後は、さまざまな観点からのバラバラだった意見が、野島の舵取りによって《モナ・リザ》の「目つき」に焦点化されて鑑賞が進んでいきます。そして「肌の色がめだつ。ぼかしって感じがして」とか、「手を重ねているところが憎いっていうか、とにかくいい」とかの《モナ・リザ》の核心に迫るような意見が出てくるのです。[★27]

「ぼかし」という発言はレオナルドのスフマート技法[★28]に生徒が気づいた証であるし、重ねた手は美術評論家も注目するポイントです。[★29]そうした専門的な知識や見方を知らなくても、生徒たちは「自分の生きた目」で気づき、考え、鑑賞していることが読み取れます。

最後に野島はレオナルドに関する資料を配布して、生徒に鑑賞文をまとめさせて授業を終えました。こんな鑑賞の授業が一九七〇年代初頭から行われていたのです。

自分の授業を記録して残す教師がどれほどいるでしょうか。授業の記録が残っていることは稀です。

第IV章　手づくり教材による学習展開　*111*

目つきが悪いで

女の人が……そこからようわからんだ。──ちょっと，なに？

P_5　その女の人の顔が気にくわん。（Ps　爆笑）

どういう点で，それそれ，それ──静かに。

P_5　目つき──目つきが悪いで。（Ps　爆笑）

いやいや，みんな笑いましたが，これ実にいいみどころですよ。（発表生徒が喜んで自分で拍手）

あれ，自分で拍手してちゃ，値うちゃあないなあ。（笑声）つぎ。

P_6　一見穏かにみえるが，実は心の奥では悲しい感じ，戦争のあとのさびしい静けさのよう。

はあ，いろいろいったなぁ。はい，そういう気がする──自分なりの感じかたがあっていいですよ。もうひと通り，はい！

P_7　色っぽい。（Ps　爆笑）

えっ，特にどこが──ふーんどこからそういう感じがしますかねえ。静かに，静かに。

P_7　目つきと，顔から下の感じ。（笑声）

P_8　どこへ逃げても，目が追ってくる感じ。

なるほど，おもしろいいいかただな，もうないかい。

P_9　落ちつきがあるけど，ほほえみというような柔らかさが感じられない。じみ。

柔らかさが感じられないちゅうことは，どういうことですか。あんまり否定形を使わないで──。

P_{10}　ほほえみっていうのは，あの暖かい感じがするんだけど，色からは逆な感じをうける。女の人の服とうしろのバックから，暗い感じを受ける。

はい，暗い感じね，暗いっていうのがいくつか出ましたね。しかし，この組はなかなか独創的な感想が出ておもしろいなぁ。（笑声）

P_{11}　肌の色がめだつ。ぼかしっていう感じがして，ちょっと全体的に暗いので，幽霊みたいな気がします。それと，描きぶりでは光の当てかたが変っている。後の景色が少しなんかおかしい感じがする。急にぱーっと小さくなっている。原色が使ってない。

P_{12}　口もと，目もとが笑いかけているようだけれど，本当に嬉し

《モナ・リザ》の対話による鑑賞授業記録

しかしおそらく全国各地でこうした授業は行われていたに違いないでしょう。野島のような学習指導要領を熟知した教師によって。

対話による美術鑑賞等の対話型鑑賞は、近年の学習指導要領によって生まれたものではなく、ましてやMoMA（ニューヨーク近代美術館）の対話型鑑賞カリキュラムVTC以降にできたものでありません。戦後の学習指導要領以来七十五年を超えて、全国の鑑賞教育に関心のある教師による細々とした、しかし熱心で地道な授業の集積の歴史に支えられている鑑賞教育なのです。

意味生成とは何か

学習活動としての対話による美術鑑賞が目指す意味生成とは何かというと、それは集団で探求する学習のなかで知の相互作用がなされ、知識を構成していく過程を指します。その基盤にあるのは、学習を子どもが知識を構成する過程と捉え、共同体のなかでの相互作用を通じておこなわれるものと捉えた構成主義の学習理論です。デューイの学びに関する理論も、心理学者のジャン・ピアジェが礎を築きレフ・ヴィゴツキーが発展させた発達理論も、すべて学びを意味生成の過程と捉えているのです。

ピアジェの理論では、学習とは個人を単位とする心理的過程であり、知識とは、子ども一人ひとりが多様な事象に働きかけ、自己の認知スキーマを使って一人ひとりが構成するものとされています。

一方、ヴィゴツキーの理論では、学習は社会的な相互作用であり、知識は社会的に探求し構成されるもの、子ども一人ひとりがその過程に協働的に参加し、生み出された知識は共有されるものとされています。

二つの学習理論は、どちらも知識は与えられるものではなく学習者が獲得する（構成する）ものであるという点で共通していますが、ヴィゴツキーの場合は「発達の最近接領域」[★30]の理論によって教育活動の重要性を説き、社会的な要素に主眼を置いているため社会的構成主義と呼ばれています。教育学者の佐藤学は、社会的構成主義の学習論を次のように規定しています。[★31]

・言語を媒介として意味を構成する言語的実践としての学び
・反省的思考＝探究としての学び
・社会的コミュニケーションとしての学び
・自己と社会を構成し続ける実践としての学び

これらの学びのすべてが、対話による美術鑑賞の授業における意味生成を支えています。一人ひとりが作品世界を探求し、内なる対話により意味を反省的に思考し、対話という社会的コミュニケーションにより言語を媒介として集団的に作品の意味を構成する経験は、自己と社会を構成し続ける能力の育成に寄与するものだからです。

対話による美術鑑賞では、生徒一人ひとりが主体的な学習者として、どのように作品に向き合い何を感じ取ったか、何を考えたか、鑑賞活動を通してどのような力を伸ばしたのか、ということが問われます。知識を「蓄積するもの」としてではなく「創りだすもの」としてとらえ、学力を知識の量ではなく学ぶ意欲や能力ととらえる構成主義的な学習理論があってこそ、集団の対話によって作品の意味をつくりだす意味生成的な美術鑑賞は、学習活動として成立するのです。

5　誤解はなぜ生まれたのか

日本に来たVTC

対話型鑑賞、対話による美術鑑賞にはこのように長い歴史があるのです。

近年、美術を鑑賞することに注目が集まり、対話型鑑賞を冠するアクティヴィティも盛んですが、「対話型鑑賞とは一九八〇年代にＭｏＭＡで生まれた鑑賞法」であるとか、「対話型鑑賞はＶＴＳが元になっている」というような事実誤認を、個人のウェブサイトのみならず、美術館やＮＰＯ法人のサイトでも見かけます。こうした誤解はどのようにして生まれてきたのでしょうか。

もちろん原因は一つではなく、様々な要因や思惑が絡み合って生じたのでしょう。解明することは難しく、これから述べることも推測に過ぎません。そのことを前提に原因を考えてみたいと思います。

ＭｏＭＡの対話型鑑賞プログラムＶＴＣが本格的かつ大規模に日本に紹介されたのは、一九九五年のことです。それ以前からアメリカ特にニューヨーク在住の日本人美術関係者や、その周辺の人々の間では話題になっていたのですが、知る人ぞ知るという域を超えたものではありませんでした。

一九九五年八月、茨城の水戸芸術館で「ミュージアム・エデュケーションの理念と実際～ニューヨーク近代美術館の事例に学ぶ～」[★32]という研修会が開催されます。

ＭｏＭＡで教育部カリキュラム担当であったアメリア・アレナス（Amelia Arenas）と、すでに同館を辞していた元教育部長フィリップ・ヤナワイン（Philip Yenawine）が来日しておこなわれた美術鑑賞に関する研修会です。

このとき紹介されたVTCとは、アビゲイル・ハウゼンの研究[★33]をもとに開発されたVisual Thinking Curriculumの頭字語であり、美術の知識のみを与えることに重点が置かれてきた従来の方法に対して、観衆が作品と対話しながら鑑賞能力を開発していくという方法論でした。

この研修会は、日本の美術館教育関係者に大きな衝撃を与えました。なぜなら、それまでの美術館の鑑賞に関わる教育普及は、観衆が聞き手に回る美術講話や解説型のガイド・トークが中心だったからなのです。

日本の美術館における教育普及活動、とりわけ子どもを対象にした活動や学校との連携の歴史は、それほど古いものでありません。

一九四九年の社会教育法、一九五一年の博物館法制定を受けて、多くの美術館や博物館が講演会や実技講座を開催するようになりますが、その多くは美術愛好家を対象にした専門的なものであり、一般市民や子どもを対象とした教育普及活動とはいえませんでした。解説ガイドにしても、子ども向けはもちろんのこと、大人向けのものですら過度に専門的で高尚なものでした。こうした状況に対して博物館学者の広瀬鎮は、社会からの必要不可欠の要請に応えていない、一般教養型のものでしかないために市民の利用が低い、と指摘しています。

一方、アメリカの美術館・博物館はそもそも社会教育施設としての性格を強く持って誕生したこともあり、子どもへの対応や学校との連携は日常的でした。

児童文学者のエレイン・ローブル・カニグズバーグ（Elaine Lobl Konigsburg）が著した『クローディアの秘密』には、一九六〇年代の美術館教育の様子が描かれています。家出したクローディアと弟が着いたメトロポリタン美術館では、来館した小学生たちがゴムの座布団を床に敷いて、作品の周りに座って鑑賞しているのです。

こんな光景が日本各地の美術館でみられるようになるのは、一九九〇年代後半になってからでした。

歴史クイズ

ここで歴史のクイズをしてみましょう。下図のA、B、C、Dは美術館の教育普及に関する出来事です。これを時系列に並べ替えてみましょう。

――読み進む前に、ぜひお試しください。

A	アメリア・アレナスとフィリップ・ヤナワインが来日し、VTCを日本に伝えた。
B	美術館教育普及国際シンポジウムが横浜で開催され、ケント・ライデッカーが教育施設としての美術館の社会的な使命を力説した。
C	中央教育審議会が「美術館等の社会教育施設は子どもたちのそれぞれの興味や関心に応じた主体的な学習の場であることを要求する」旨の答申を提出した。
D	伊藤俊朗が著書『市民の中の博物館』で「学習の主体性を尊重することで博物館の教育は本来の役割を達成できる」と述べた。

一九九二年に「美術館教育普及国際シンポジウム」が横浜で開催されました。これは日本で初めて開催された国際的な教育普及の会合でした。翌年、全国美術館協議会は教育普及ワーキング・グループ（現在の教育普及研究部会）を発足させま

す。[34]「学習者の主体性を尊重することで博物館の教育は本来の役割を達成できる」[35]として、作品ではなく市民が主役となる美術館のあり方を説いた伊藤寿郎が『市民の中の博物館』を著したのもこの頃です。

一九九六年には中央教育審議会が「美術館等の社会教育施設は子どもたちのそれぞれの興味や関心に応じた主体的な学習の場であることを要求する」[36]旨を文部省に答申しました。

つまり正解はB－D－A－Cの順ということになります。

すべてが九〇年代初頭のわずか五年間の出来事であることに驚かざるを得ません。社会的な動向として、また国の教育施策として、主体的な観衆を教育する場としての美術館のあり方とその具体化が求められていた時期だったのです。アレナスとヤナワインの来日時期は、美術館にとってまさに絶妙な時期だったのです。解説中心のガイド・トークではこうした動向や施策に対応できないのですから。美術館が市民の側に立った教育普及の在り方を模索し始めていた時期、まさにその時期にアレナスとヤナワインは来日したのです。

絶妙なタイミングで紹介されたVTC。観衆を巻き込んでおこなう美術鑑賞の手法は当時の美術館関係者に大きな驚きと関心を与えたものでした。そして、その後の美術館におけるギャラリー・トークにも影響と変化を与えることになるのです。

学校教育と美術館教育

とはいえ、集団的教授と問答法を教育の基盤として、対話による学習活動の長い歴史と伝統がある学校と違い、観衆との対話による教育的関わりが希薄であったことが、美術館関係者に「対話型鑑賞＝ＶＴＣ」という印象を与えてしまった可能性は否定できません。しかも、そもそもＶＴＣには対話型という意味合いはなく、注目すべきポイントは対話という形式ではないのですが、ことさら静寂が求められる日本の美術館では、観衆が対話によって自由に意見交換して鑑賞する形式は新鮮で、衝撃的だったのでしょう。

しかし学校教育の視点から捉えると、教育活動が対話形式なのは当然のことなのです。

国語の授業を思い出してみると分かりやすいかもしれません。全ての国語教科書に掲載されている新美南吉の作品「ごんぎつね」の授業を例にとりましょう。キツネのごんが村の青年兵十に撃たれる最後の場面では、先生が「この場面はどんな場面？　何が起こったの？」と問いかけ、「兵十の気持ちはどんな気持ちですか？」と問います。生徒は悲しいとか後悔とか自分の解釈を発言します。先生は生徒の様々な意見を分類したり、「そう思った理由は何？　どの文章からそう思ったの？」と意見の根拠を聞いたりします。

これは全国の学校でごく普通に行われている、ごく当たり前の授業です。こうした対話形式の授業を美術の鑑賞でおこなうことに何の違和感もないでしょう。ＶＴＣの形式との親和性も感じられます。

そもそも一九九五年のアレナスとヤナワインによる研修会は、「ニューヨーク近代美術館の事例を通して、美術館における鑑賞教育の役割と意義を考える特別研修会」[★37]と名付けられていたように、**美術館における鑑賞教育**についての研修会であったことを正確に理解する必要があります。

美術館教育という枠組みから捉えれば、一九九五年の研修会は重要なエポックであったし、その後のアレナスの精力的な活動もあって、日本の対話による鑑賞が活性化したことも確かでしょう。しかし、その考え方の基盤にあったのがＶＴＣやＶＴＳだったのでしょうか。学校教育という枠組みからすれば、授業の形式としての対話による鑑賞は遥かに長い歴史をもち、その理念基盤は一世紀近く前から構築されてきたのですから。

今日の対話型鑑賞の隆盛は、一つには、受容美学等の鑑賞理念の受容や構成主義の学習理論の受容、そして対話による授業実践の水脈があったところに鑑賞を重視する学習指導要領の改訂がおこなわれ、「生きる力」など主体的な思考力や判断力等のコンピテンシー育成の教育理念が脚光を浴びたことなどの背景があったからでしょう。

それに加えて、アレナスと上野行一や、当時文部科学省教科調査官だった奥村高明等の美術による学び研究会メンバーの活動などが契機となり、教育実践の歴史に沈潜していた対話による意味生成的な美術鑑賞が顕在化し活性化した、と捉えるのが妥当なところではないでしょうか。

これらの動向については第二部でお伝えしますが、その前に紛らわしいネーミングであるＶＴＣとＶＴＳについて少し整理しておきましょう。

6　ＶＴＣとＶＴＳの成立過程

ＶＴＣの成立過程

ＭｏＭＡが開発し、実施したＶＴＣは、これまで実施していた来館者に対する作品解説を改め、問いを発し対話を促す鑑賞プログラムでした。作品の情報や美術史の知識を授けることをねらいとせず、ビジュアル・リテラシーや批判的思考力を育成することをねらいとする鑑賞方法です。

その当時、米国の教育界では知識を生み出し活用する市民の育成への関心が高まり、能力観がリテラシーからコンピテンシーへとシフトしていました。また労働省も、学校の役割として三つの基礎と五つのコンピテンシーの育成を求めました。[★38] 協力して活動することや情報を解釈し伝達するコンピテンシーを育成することが求められたのです。こうした動向を受けた鑑賞授業が学校では行われるようになるのですが、美術館では画期的な方法だったのです。

なぜＭｏＭＡはこのような新しいプログラムを作成するに至ったのでしょうか。

一九八〇年代後半、当時、ＭｏＭＡの教育ディレクターだったフィリップ・ヤナワインは、とある大口寄付者から美術館の教育プログラムの妥当性に関する評価を求められました。教育プログラムへの投資が、来館者の現代美術に対する理解を深めることに繋がっているのかどうか、その検証を求められたのです。

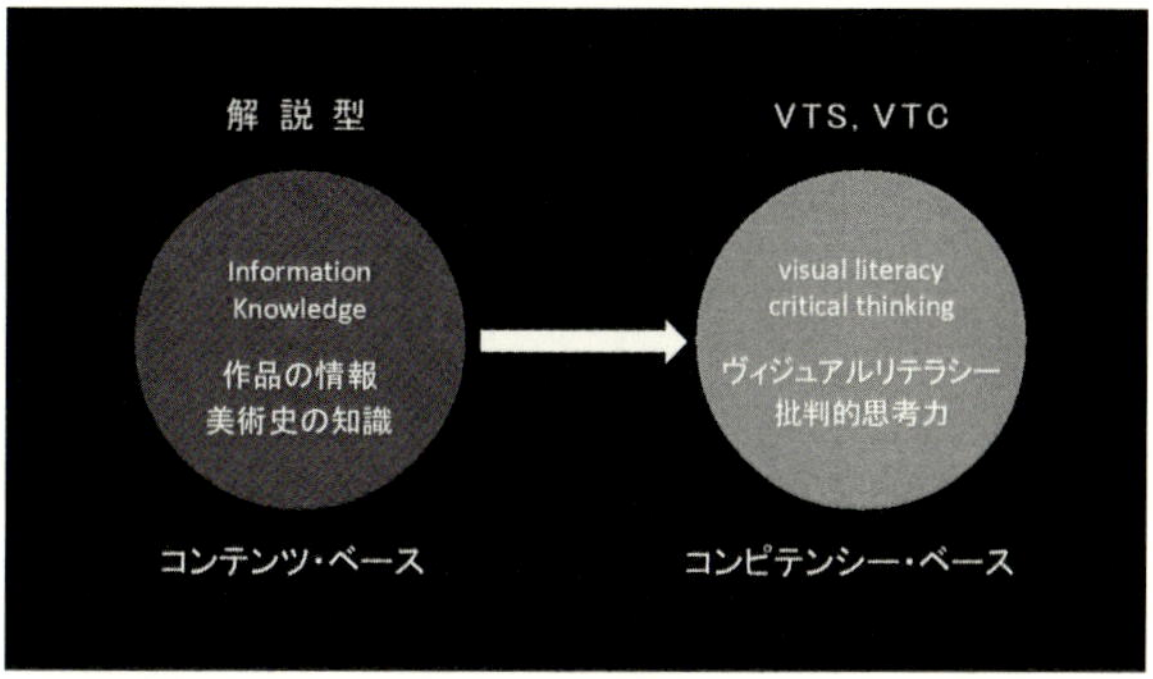

ヤナワインとナンシー・リー・ミラー（Nancy Lee Miler）に加えてハウゼンが雇用され、この三人が中心となり、プログラムの効果の検証が始められました。その結果、ほとんどの教師と生徒がハウゼンの研究仮説である美的五段階の初歩のステージ（ステージⅠかⅡ程度）にあり、対照的に美術館スタッフのほとんどは、ステージⅢからⅣ以上の検査結果を示しました。そのためＭｏＭＡのビジュアル・リテラシー・プログラムでは、教師が受け取った入力（用語や概念）に理解の欠陥が生じ、後に欠陥のある出力によってさらに悪化するという伝達の問題があったのです。学校の教師は、理解不十分な情報を生徒に伝えなければならなかったのです。これは「送信機の歪み」と呼ばれました。

ＭｏＭＡのビジュアル・リテラシー・プログラムでは、初歩のステージの集団である教師や生徒にとっては馴染みのない分析用語や専門用語が用いられていたのです。発達段階の違い、そしてその結果生じる受信機と送信機の歪みが、生徒や教師がこの専門的な語彙を吸収し、使用することを困難にしていました。用語や概念について、段階によって理解の差があることがわかったのです。

専門家の使う用語や概念がそのまま一般の人に通じるわけはありません。美術館の教育プログラムでは長らくその対応が放置されていたことにＭｏＭＡは気づき、改善をしようと考えました。段階の違いによる歪みの影響を最小限に抑えるため、生徒と同じ美的段階にある教師が、生徒に興味深く、段階に適した課題を与えるのを助けるような指導方略を作成することになりました。

この調査研究は一九九一年に報告書としてまとめられ、結果に基づいて改善されたプログラムの検証が一九九二年に始まり、「ＭｏＭＡ学校プログラム評価調査報告書２」がその翌年に刊行されています（次頁の下図）。

こうした調査結果の評価とそれに基づくプログラムの改善に基づいて、新たなカリキュラムVTCが開発されたのです。最終的にVTCの作成に関わったのは、ハウゼン、ヤナワインとMoMAのエデュケーターのアメリア・アレナスでした。ハウゼンによれば、「VTCは、ビジュアル・リテラシーの概念を学ぶ準備を整える方策として、美的段階を活性化する」というプログラム戦略の転換を反映したものです[★39]。また、MoMAの紀要には「子どもたちにアートの見方や考え方を教える革新的なアプローチです。そして美術についての学習を初等教育の不可欠な要素にしようという意欲的な試みでもあります」と書かれています[★40]。

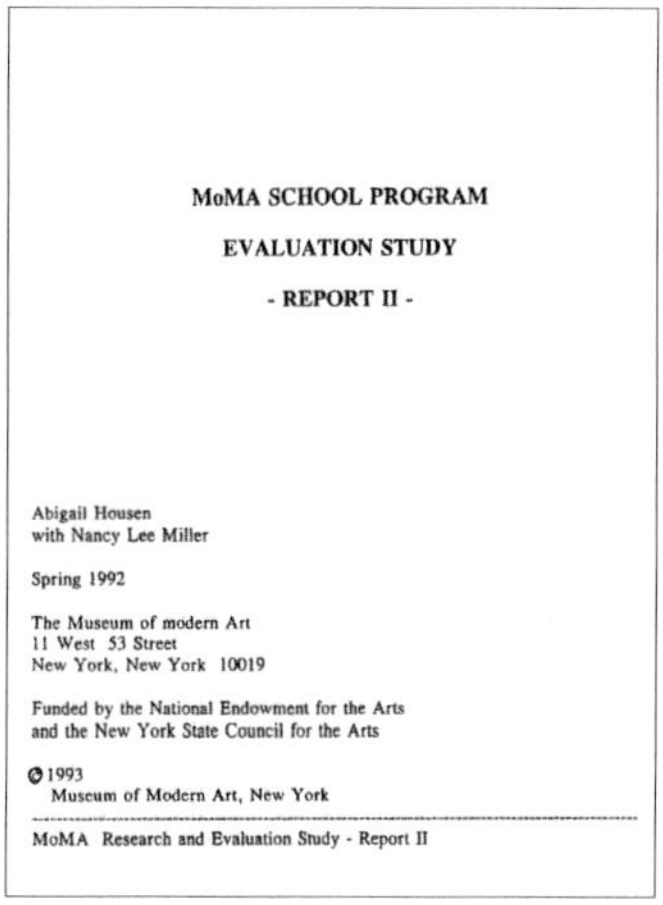
MoMA SCHOOL PROGRAM

EVALUATION STUDY

- REPORT II -

Abigail Housen
with Nancy Lee Miller

Spring 1992

The Museum of modern Art
11 West 53 Street
New York, New York 10019

Funded by the National Endowment for the Arts
and the New York State Council for the Arts

© 1993
Museum of Modern Art, New York

MoMA Research and Evaluation Study - Report II

VTCとVTS（ビジュアル・シンキング・ストラテジーズ）

こうしてVTCが緒に就いたもかかわらず、一九九三年にヤナワインは職を辞しています。これからカリキュラムを広く展開し検証していこうという大切な時期に、なぜ彼は辞職したのでしょう。詳細なことは差し控えますが、ハウゼンが語るように、VTCについてMoMA内部では必ずしも合意が形成されていなかった、という背景は注目に値します。

ヤナワインとハウゼンは来館者の美的段階が低いという理由から、作品や作家の歴史的情報や形式的用語の使用をカリキュラムから排除しました。しかし、実際にプログラムを実践してみると、参加者の対話の傾向や関心の方向性は多様であり、作品や作家の背後にある歴史的情報を伝えないと対話が間違った方向へ進みかねないことも多々あったようです。こうした実態に鑑みて、教育部のエデュケーターたちは状況に応じて歴史的情報を伝えることがあったのです。

しかしハウゼンはこうした臨機応変な「現場対応」を「VTCに重要な変更を加えた」と捉え、「VTCというタイトルはそのままに、MoMAのエデュケーターたちはヤナワインと私が排除した歴史的情報や形式的用語の多くを再導入した」と書いています。[★41]「ヤナワインと私が排除した」という文節から、この二人がVTCの基礎構築を主導していた様子が垣間見えます。教育部のアレナスもVTC開発者の一人でしたが、エデュケーターとしてVTCを実践するときは、必要に応じて情報を提供していたことを筆者らに明言しており、プラン構築サイドと実践サイドとの協議や意見の擦り合わせがうまく機能していなかったことが推察されます。

しかもエデュケーターによる情報の提供は、「YearI」と呼ばれるカリキュラム研究初期のビジュアル・リテラシー・レッスンの頃からすでに始まり、「YearⅢ」のVTCでより徹底して行われていたとハウゼンは書いています。「MoMAのVTCは、生徒の積極的な参加を促すために、私たちのオリジナルの質問戦略の要素[★42]を残しているが、その情報や用語の使用は、調査によって支持されていない」と、はっきりとエデュケーターたちの「現場対応」を批判しているのです。

しかもヤナワインが退職する以前から、ハウゼンとヤナワインはVTCとは並行してVTS（ビジュアル・シンキング・ストラテジーズ）を共同作成し、継続的に改訂してきました。VTSはVTCを基盤にしつつ、よりハウゼンの研究を取り入れたものだったとハウゼンは自ら書いています。[★43]

こうした状況を背景にヤナワインはＭｏＭＡを退職し、ハウゼンらとともに自分たちの法人Visual Understanding in Education（ＶＵＥ）を設立し、ＶＴＳによる教育活動を始めるのです。

情報の提供についての意見

作家や作品に関する歴史的情報を除外することについて、当時の美術館界はどのような見解を持っていたのでしょうか。例えばゲティ美術教育センターとポール・ゲティ美術館は「来館者の姿勢と期待に関する研究」の調査結果を一九九一年に発表しています。そのなかで情報については、「美術の評価を高めるものである。特定の作品とその背景について来館者たちが知れば知るほど、その作品との関係は強くなる」という結果を示しました。[★44] また、『全国ドーセント・シンポジウム・ハンドブック一九九一』は、個人的経験と情報は相互排他的なものではなく、「それらは、観衆にとっての意味を協力してつくり出すものである」と記しています。

ドレクセル大学大学院で博物館リーダーシップ・プログラムを指導していたダニエル・ライス(Danielle Rice)[★45]は、かつてフィラデルフィア美術館でエデュケーターを務めていた時にヤナワインと対談をしています。彼女は、ギャラリーでの指導は最も論争が多い分野の一つであり、その意見の相違の多くは、初心者の鑑賞指導における情報の位置づけに集中している、と述べました。そして、ＶＴＳでおこなわれるような観衆による物語の構築が鑑賞に不可欠であることに同意した上で、見る者の最初の反応と、「事実の広大な領域から引き出され慎重に選択された情報」を組み合わせた「情報レイヤー化アプローチ」を提唱しました。情報をうまく活用すれば、見る者の美術作品に対する自然な反応を強化し、強調することができる、と彼女は考えたのです[★46]。それはまさにMoMAのエデュケーターたちが実施していたVTCの「現場対応」を彷彿させるものでした。

ヤナワインとの対談のハイライトは、情報の役割についての議論の場面でした。ヤナワインが作品に関する事実や作家の人生に関する情報など、作品では明らかではない情報を「周囲の情報」と呼び、それらは省略されるべきものと述べました。その際にライスが「誤解を正すことはありますか」と問うのですが、ヤナワインは即座に「ありません。少なくとも非常に稀です（No, or at least very rarely.）」と答えているのです。

鑑賞者が誤解をしてもそれを正さない？ 作品に対する様々な見方や考え方は認めるが、その中に誤解があり、その誤解が対話の方向性を導いたとしたら？ 誰しもそんな素朴な疑問を持つでしょう。フリック美術館の教育部長リカ・バーナン（Rika Burnham）は、エリオット・カイキー（Elliott Kai-Kee）との共著書のなかで、VTSの興味深い実践事例を紹介しています[★47]。

VTSのHPで紹介されていた事例[★48]ですが、ジャマイカの美術家エベラルド・ブラウン（Everald Brown）作の《ジャマイカ山に登るシモン・ボリバル》（1983）[★49]を見て対話するトークが取り上げられていました。トーク参加者は絵の左側に大きく描かれている男性を、島を侵略した征服者と捉えてトークが進んでいきます。

しかしこれは重大な誤解です。描かれている男性は侵略者などではなく、一九世紀初め、ラテンアメリカ諸国のスペインからの独立を指導し、コロンビアやベネズエラ、エクアドルやボリビア、ペルーの独立を実現した英雄シモン・ボリバルなのです。ラテンアメリカではリベレイター（解放者）と敬意を払われ、ボリバルの名はボリビアの国名の由来にもなっているのです。しかし、ＶＴＳ指導者は最後まで誤解を解くことはありませんでした。[★50] ヤナワインが誤解を正すことはないと語ったように。リカとエリオットは次のように書いています。

「参加者たちは、ブラウンの絵画に関して自身の誤った結論に達するしかない。大きく逸脱した会話を導くような手段を美術館教育者にとらせるいかなる方式にも、私たちはしっかりと疑問を抱かなくてはならない。特に、その結果に何の責任も生じないような方式には」と。

情報は文化という他者の声

一九九八年、明らかにＶＴＳに対して、ダニエル・ライスはこうコメントしました。近年の美術館教育における課題の一つは、「いかなる見方も、他の見方に優越しないという相対主義の蔓延である」と。美術との思慮深い関わりを促すかもしれないが、同時に「広く同意を得られた理解で構成された情報を観衆に伝える責任を放棄しようとする美術館教育者」に、誤用される可能性もある手法に対して、彼女は警告を発したのです。

ライスの警告に、美術館教育学の世界的権威であるアイリーン・フーパー＝グリーンヒル教授（Eileen Hooper-Greenhill　英国レスター大学[★51]）が賛同します。「個人的解釈は、社会的かつ文化的枠組みの中で形成される」と主張して。

このような社会的側面や美術館教育学的側面から起こったＶＴＳへの批判的見解は一つの潮流となり、美術館が文化的に共有された、もしくは受容された知識をないがしろにすることで、個人の経験的知識を優先してよいのかという批判につながっている、というわけです。

ライスやフーパー＝グリーンヒルの考え方は、対話による意味生成的な鑑賞の底流にあるものです。私たちはそれぞれが世界との交流の中で意味を形成していくわけで、文化的な情報や思想や言語から隔絶した形で、そうした行為をすることはありえないのですから。情報は文化という他者の声として、活用すればよいのです。その声を授業で用いるかどうかは、学習課題と発達特性（段階）に即して決まってくるのです。

7　世界は変わる　美術鑑賞は進化する

ＭｏＭＡは今

二〇〇六年のＭｏＭＡのリニューアル後、ウェンディ・ウーン（Wendy Woon）が教育部長代理となり、ギャラリー・トークに傾斜していた教育計画を見直し、初代教育部長ビクトル・ダミコ（Victor D. Amico）を再評価して制作プログラムを復活し、ＶＴＣに代わる鑑賞プログラムを実施しています。それが探究的な鑑賞ＩＢＡ（Inquiry-based Appreciation）です。探究的（Inquiry-based）とは、作品について自由に話し合うのではなく、テーマに沿って思索し探究することを意味します。ＶＴＣやＶＴＳでは対話の進行は観客の発言に委ねられましたが、ＩＢＡではテーマに沿って発言が方向づけられます。鑑賞プログラムの特徴については第二部第2章で詳しく紹介します。

では、ＭｏＭＡがこのような新しい鑑賞プログラムを実施するのはなぜでしょうか。その根底には、美術館は美術愛好家のためだけにあるのではないという基本的な理念があるようです。つまり、美術館はすべての市民に対して、さまざまな目的のために開かれているという自覚。美術館とは、歴史を学びたい、社会風俗を学びたい、日常生活で見失いがちな自分の立ち位置を確認したいというような様々なニーズを持った市民が、美術作品という具体的資源を通して何かを学ぶ場所である、という自覚。そしてその経験を通して、人としての豊かな成長を支援する場所であるという矜持。

グッゲンハイム美術館で教育部ディレクターを務めたシャロン・ヴァッキー（Sharon Vatsky）が「美術に関して成果があるというだけでなく、他の分野（教科）にも成果があるということを発信しないといけない」と筆者らに語ったのは、そのような自覚があるからに違いないでしょう。

また、ＳＤＧｓの実現や二一世紀社会における現代的な諸課題に対応できる市民の育成を図るために学際的な学びが求められ、学校教育のカリキュラムが教科中心から学際的・総合的な課題ベースの学習中心に移行しつつあることも背景にあるでしょう。

ＭｏＭＡが未だにＶＴＣを継続しているというような誤解をよく見聞しますが、世界は変わる、美術鑑賞も進化するのです。

（上野行一）

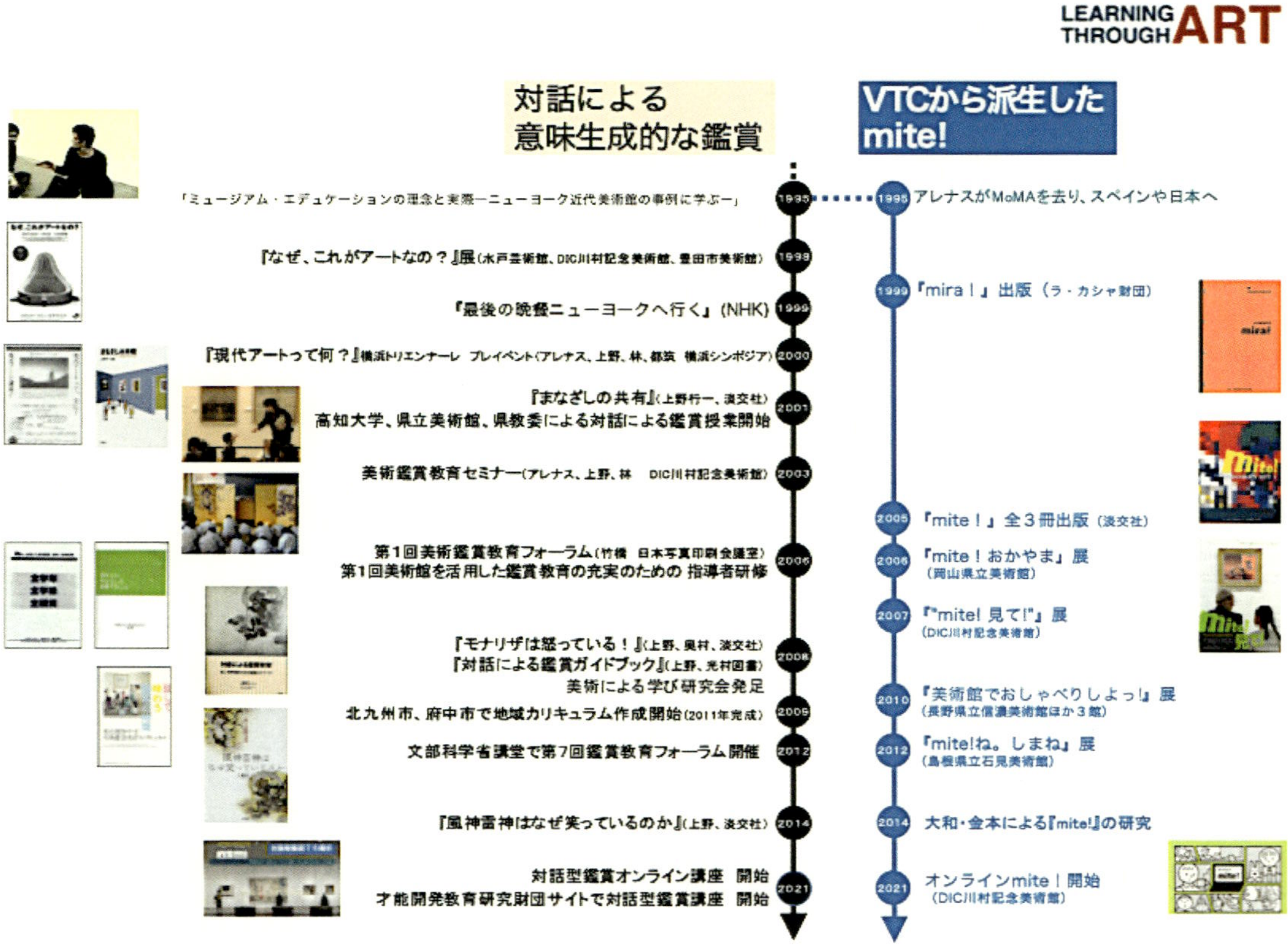
LEARNING THROUGH ART
対話による
意味生成的な鑑賞
VTCから派生した
mite!
1995 「ミュージアム・エデュケーションの理念と実際―ニューヨーク近代美術館の事例に学ぶ―」
1998 『なぜ、これがアートなの？』展（水戸芸術館、DIC川村記念美術館、豊田市美術館）
1999 「最後の晩餐ニューヨークへ行く」(NHK)
2000 『現代アートって何？』横浜トリエンナーレ プレイベント（アレナス、上野、林、都筑 横浜シンポジア）
2001 『まなざしの共有』（上野行一、淡交社）
高知大学、県立美術館、県教委による対話による鑑賞授業開始
2003 美術鑑賞教育セミナー（アレナス、上野、林 DIC川村記念美術館）
2006 第1回美術鑑賞教育フォーラム（竹橋 日本写真印刷会議室）
第1回美術館を活用した鑑賞教育の充実のための 指導者研修
2008 『モナリザは怒っている！』（上野、奥村、淡交社）
『対話による鑑賞ガイドブック』（上野、光村図書）
美術による学び研究会発足
2009 北九州市、府中市で地域カリキュラム作成開始（2011年完成）
2012 文部科学省講堂で第7回鑑賞教育フォーラム開催
2014 『風神雷神はなぜ笑っているのか』（上野、淡交社）
2021 対話型鑑賞オンライン講座 開始
才能開発教育研究財団サイトで対話型鑑賞講座 開始
1995 アレナスがMoMAを去り、スペインや日本へ
1999 『mira！』出版（ラ・カシャ財団）
2005 『mite！』全3冊出版（淡交社）
2006 『mite！おかやま』展（岡山県立美術館）
2007 『"mite! 見て!"』展（DIC川村記念美術館）
2010 『美術館でおしゃべりしよっ!』展（長野県立信濃美術館ほか3館）
2012 『mite!ね。しまね』展（島根県立石見美術館）
2014 大和・金本による『mite!』の研究
2021 オンラインmite！開始（DIC川村記念美術館）

【注および引用】

★1　文部省、『学習指導要領図画工作編（試案）』、一九四七年。なお当時は、中学校の美術も図画工作と呼んでおり、これは小・中学校用である。
★2　矢崎美盛、児島喜久雄、安井曾太郎、『少年美術館』、岩波書店、一九五〇年。題字は安井曾太郎の書。
★3　画題は同書より。ちなみにフェルメールの《少女》は何度も画題が変わり、一九九五年以降は《真珠の耳飾りの少女》と称されている。
★4　文部科学省、「中学校学習指導要領（平成二九年告示）解説　美術編」、二〇一七年、29頁。
★5　文部科学省、上掲書、84頁。
★6　デイヴィット・ハミルトン／（訳）安川哲夫、『学校教育の理論に向けて―クラス・カリキュラム・一斉教授の思想と歴史』、世織書房、一九九八年、5頁。
★7　児美川佳代子、「近代イギリス大衆学校における一斉授業の成立について」（『東京大学教育学部紀要』三二）、一九九三年、44頁。図も引用。
★8　豊田ひさき、「ランカスター法と一斉授業」（『大阪市立大学大学院文学研究科教育学論集』二一巻、一九九五‐7）、1‐15頁。
★9　以下の記述は、豊田ひさき、「学級授業と問答法の方法史」（『大阪市立大学文学部紀要』第49巻 第1分冊）、一九九七年、1‐21頁を参照。
★10　佐藤学、『カリキュラムの批評―公共性の再構築へ―』、世織書房、一九九五年、9頁。
★11　外山滋比古、『近代読者論』、みすず書房、一九六九年（初出は垂水書房、一九六三年）、7‐25頁。
★12　波多野完治、「文学教育はなぜ必要か」（『教育』一九五七年六月号）、国土社、25頁。
★13　石津純道、「鑑賞に関する見解に就いて」（『国文学　解釈と鑑賞』、一九三六年一〇月号）、至文堂、38‐41頁。
★14　岡崎義恵、『日本文芸学』、岩波書店、一九三五年、28頁。
★15　吉田精一、「鑑賞の意味」（『国文学　解釈と鑑賞』一九三六年一一月号）、至文堂、36頁。
★16　ローマン・インガルデン／瀧内槇雄、細井雄介（訳）、『文学的芸術作品』、勁草書房、一九八二年（Roman W. Ingarden, Das literarische Kunstwerk, 1931）・ハンス・ロベルト・ヤウス／轡田収（訳）、『挑発としての文学史』、岩波書店、一九七六（H. R. Jauss, Literaturgeschichte als Provokation, 1970）・ヴォルフガング・イーザー／轡田収（訳）、『行為としての読書』、岩波書店、一九八二年（Wolfgang Iser, Der Akt des Lesens, 1976）を参照。

★17 烏賀陽梨沙、「アメリカの美術館教育の理念及び実践の史的展開」（『美術教育学25号』）、二〇〇四年、79-83頁。

★18 岡倉天心／村岡博（訳）、『茶の本』、岩波書店、一九二九年（原本はThe Book of Tea, 1906）。

★19 岡倉、上掲書。岡倉は「ある批評家」を数世紀前の中国の批評家としているが、賀茂真淵の『古風小言』に「名によりて物を貴むは、学者の悪（にく）むことなり」という同意の叙述がある。

★20 ジョン・デューイ／鈴木康司（訳）、『経験としての芸術』、春秋社、一九五二年、59頁（John Dewey, Art as Experience, 1934）。

★21 木村重信、「現代美術におけるオブジェ」（『京都市立美術大研究紀要』）一九六三年、9頁。

★22 藤枝晃雄、「偏見の不在」（『美術手帖』一九七四年六月号）、美術出版社。

★23 宮川淳、『手の失権　宮川淳著作集Ⅱ』、美術出版社、一九八〇年、258頁。

★24 大橋晧也、「鑑賞教育の課題」（山本正男監修『造形教育体系　鑑賞2 鑑賞の展開』）、開隆堂、一九七六年、45頁。

★25 野島光洋、『美術鑑賞の授業』、明治図書、一九八九年、106-125頁。

★26 授業の詳細は野島の上掲書を、分析は上野行一、『風神雷神はなぜ笑っているのか』、光村図書、二〇一四年を参照のこと。

★27 野島、上掲書、111-112頁。

★28 スフマート（Sfumato）とは薄く溶いた絵具を塗り重ね、描写対象の輪郭をぼかして自然な立体質感を表す技法。

★29 柳亮、「絵の秘密」（『美術手帖』九号）、美術出版社、一九四八年、49頁。

★30 子どもの能力が成熟した段階を発達水準と呼び、成熟中の段階にあって他者の支援があれば問題解決が可能な水準を発達の最近接領域と呼ぶ。言い換えれば、自分で解決できる水準と支援によって解決できる水準のずれを指す。

★31 佐藤学、「現代学習論批判」（堀尾輝久他編『講座学校第5巻　学校の学び・人間の学び』）、柏書房、一九九六年、170頁。

★32 会期は、一九九五年八月二三日（水）～一九九五年八月二七日（日）。

★33 Abigail Housen, The Eye of the Beholder : Measuring Aesthetic Development, (Harvard Graduate School of Education, 1983).

★34 同グループは一九九七年に報告書『美術館の教育普及・実践理念とその現状』を提出する。文中の「これまでの教育がしてきたのと同じような問題を再生産することだけは避けたい」とか、「現在の学校教育が陥っているさまざまな問題を繰り返さない」などの文言からは、学校に対する美術館側の姿勢が垣間見える。学校を連携のパートナーとしてとらえる意識は希薄であったようだ。

★35 伊藤寿郎、『市民の中の博物館』、吉川弘文館、一九九三年、75頁。

★36 中央教育審議会、『二一世紀を展望したわが国の教育の在り方について（第一次答申）』第二部第三章および第四章、第三部第三章など、一九九六年。

★37 「地域創造レター」七月号No. 003、財団法人地域創造、一九九五年。

★38 SCANS（Secretary's Commission on Achieving Necessary Skills), What Work Requires from Schools（Washington : Department of Labor, 1991）.

★39 Abigail Housen and Linda Duke, Visual Responding to Alper : Re-presenting the MoMA Studies on Visual Literacy and Aesthetic Development.（Arts Research Vol. 24, No. 1998）, p. 97.

★40 Christopher Lyon, Schooling the Eye : Museum introduces innovative school art program.（MoMA's Bulletin Spring 1992）, pp. 14-16.

★41 Abigail Housen and Linda Duke, ibid, P. 99.

★42 「この絵では何が起こっていますか」（What's going on in this picture?）のような定型の質問のこと。

★43 Abigail Housen and Linda Duke, ibid, P. 99.

★44 Amy Walsh,ed., Insights : Museum, Visitors, Attitudes, Expectations, A Focus Croup Experiment,（J. Paul Getty Trust, 1991）, p. 21.

★45 ダニエル・ライスは二〇一九年九月一二日に死去。弔辞のなかでデレク・ギルマン（Derek Anthony Gillman）は「アメリカで最も重要な博物館教育者の一人」と述べた。

★46 Danielle Rice and Phillip Yenawine, A Conversation on Object-Centered Learning in Art Museums,（Curator : The Museum Journal. Vol. 45, No. 4, 2002）.

★47 Rika Burnham and Elliott Kai-Kee, Teaching in the Art Museum-Interpretation as Experience,（J. Paul Getty Museum, 2010）.

★48 現在は削除されている。元のＵＲＬは、www.vtshome.org/pages/a vts discussion#discussion.

★49 作品はアメリカフォークアート美術館が所蔵している。https://collection.folkartmuseum.org/objects/3188/the-ascensionof-simon-bolivar-on-mount-jamaica?ctx=0345592ee964d8df64cd8b8aa60e38092d2f15b7&idx=0.

★50 このトークの詳細は、上野行一、『風神雷神はなぜ笑っているのか』、光村図書、二〇一四年、130-132頁参照。

★51 レスター大学は秋篠宮家の長女・眞子さまが留学され、修士課程のMuseum StudiesでMAの学位を取得された大学である。ちなみに研究ベースの修士（Research Masters）とは異なり、Taught Mastersは一年で修了できる。

第1部　対話型鑑賞七十五年を超えて
―みえてきたもの

北海道から九州・沖縄まで全国で実施されてきた対話型鑑賞。
それらを俯瞰して、みえてきたものとは。

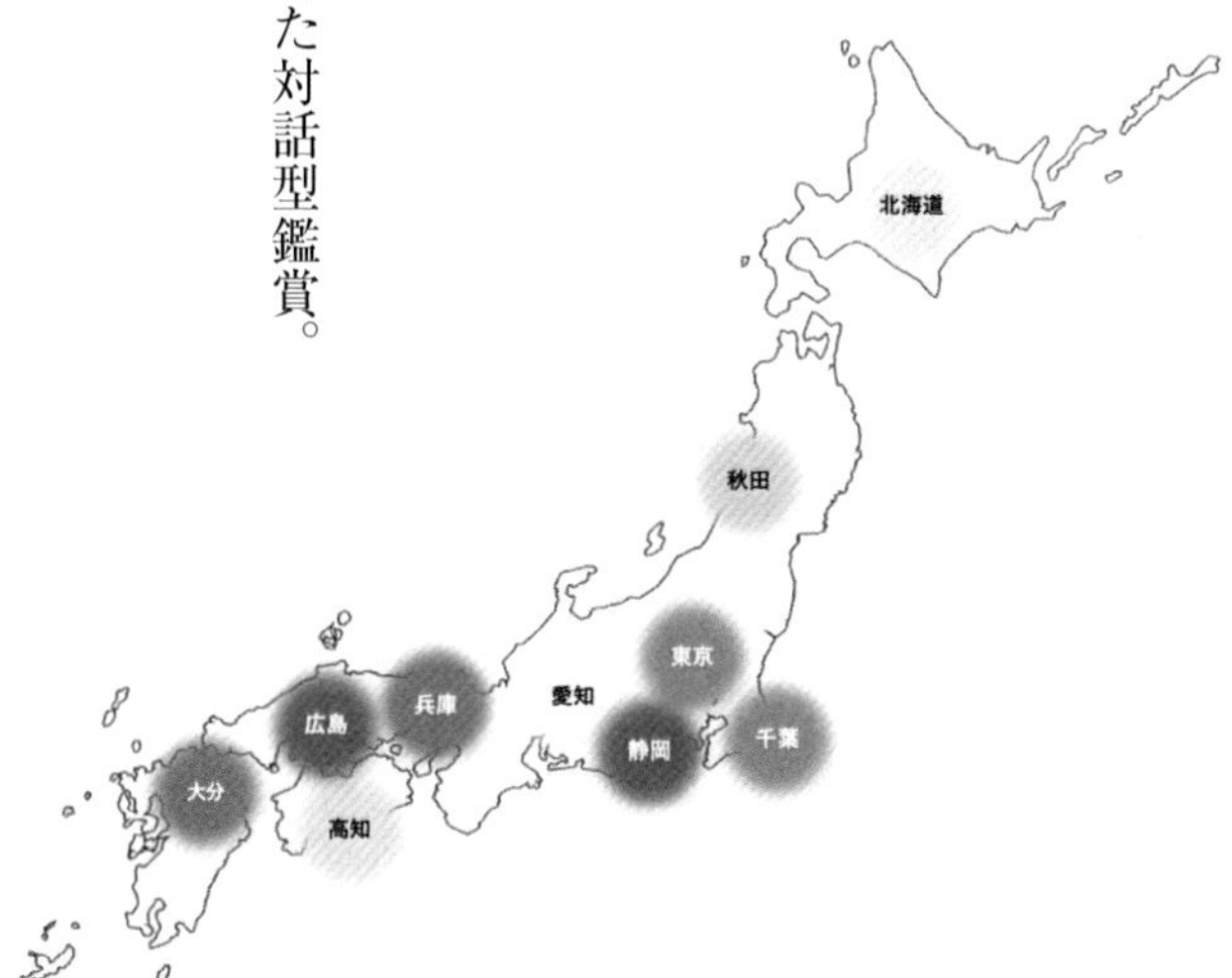

プロローグ

司会（中川）　ただいまより、『美術による学び研究会一五周年東京大会』を開催いたします。わたくしは、第一部の司会を務めます日本教育公務員弘済会の中川昇次と申します。よろしくお願いいいたします。

はじめに、文化庁長官都倉俊一氏よりご祝辞をいただきます。

林　みなさまこんにちは。文化庁の林と申します。今日は都倉長官は所用があって出席できないのですが、祝辞を預かってまいりましたので代読させていただきます。

美術による学び研究会一五周年東京大会の開会にあたり、一言御挨拶申し上げます。

美術による学び研究会は、「学校種の壁」「学校の壁」「教科の壁」という三つの壁を越えて、美術教育に関わる人々が情報交換や意見交換を行う貴重な「場」として平成二〇（2008）年二月に設立されて以来、特に、鑑賞教育に焦点を当てた美術教育を推進してこられました。

近年、鑑賞教育への関心は非常に高まってきている状況にあり、昨年三月に文化審議会文化経済部会がとりまとめた報告書においても、「鑑賞教育を表現教育とは別の独立した内容であると捉え、生涯にわたる鑑賞活動の基礎を築くと同時に、鑑賞の基本である作品を実際に見ることができる環境の整備が必要」との提言がなされています。

今回、美術による学び研究会が設立一五周年という節目を迎えられるに当たり、美術教育に関わる人々が一堂に会し、昭和二二（1947）年以来の我が国における対話型鑑賞の歴史をみつめるとともに、今後の発展に向けた議論が行われることは誠に時宜にかなう取り組みであると大いに期待しております。

今後、我が国において創造性豊かな人材が多く育つとともに、素晴らしい文化が創造され続けていくためには、文化を創り出す人材とともに、文化を求め、素晴らしい文化の支え手となる需要層の育成が急務であり、その実現には、皆様のお力が必要不可欠です。

文化庁といたしましても、様々な施策を通じて、我が国における鑑賞教育の振興に取り組んでまいりますので、皆様方におかれましても、引き続き鑑賞教育の更なる発展に御尽力賜りますよう御願い申し上げます。

結びに、本日御出席の皆様の御健勝と美術による学び研究会の益々のご発展を祈念いたしまして、お祝いの言葉とさせていただきます。令和五年六月一一日、文化庁長官都倉俊一。

司会（中川）　ありがとうございました。

本大会のテーマは『対話型鑑賞七十五年を超えて「みえてきたもの　みつめていくもの」』です。第一部「みえてきたもの」でナビゲーターを務めますのは、全国造形教育連盟委員長の松永かおりさんと美術による学び研究会代表の上野行一さんです。

では第一部の開幕です。

第1章　なぜ、これがアートなの？

第一部では、ＶＴＣの講習会が開かれた一九九五年以降の対話による意味生成的な鑑賞の広がりを中心に対話型鑑賞の歩みを振り返っていきます。ＶＴＣ講習会の後、アメリア・アレナス監修による展覧会「なぜ、これがアートなの？」が一九九八年から開催されました。この展覧会の会場となった豊田市美術館、ＤＩＣ川村記念美術館の当時の担当学芸員、都筑正敏さんと林寿美さんからご報告をいただきましょう。

展覧会までの動き

林　こんにちは。キュレーターの林寿美と申します。ただ今ご紹介いただいたように、一九九八年にＤＩＣ川村記念美術館で開催された「なぜ、これがアートなの？」という展覧会を担当いたしました。そして私の横にいらっしゃるのが都筑さんです。

都筑　皆さんこんにちは。豊田市民芸館の都筑と申します。民芸館で館長をしています。二年前から現職で、

その前まで二七年間、豊田市美術館で学芸員をしていました。よろしくお願いします。

林　では、早速「なぜ、これがアートなの?」展についてお話ししていきましょうか。

都筑　この展覧会は一九九八年、今から約二五年前に行われました。ご覧になった方はいらっしゃいますか?

林　あ、少しいらっしゃいますね。嬉しいです。

都筑　ありがとうございます。やはりほとんどの方がご覧になったことがないので、今日どんな展覧会だったのかを発表させていただきます。

林　二五年も前のことなので私たちの記憶もあやふやで、今回これを機にいろいろと二人で話し合ってようやく昔を思い出しました。まず、この展覧会の成り立ちについて簡単にお話ししてみたいと思います。

先ほど一九九五年にVTCが初めて日本で紹介されたというお話がありましたが、さらに遡って一九九三年、現在は国立新美術館の館長で、当時は水戸芸術館のキュレーターだった逢坂恵理子さんと、ニューヨーク近代美術館でお仕事をされていた福のり子さんのお二人が、ニューヨーク近代美術館でVTCの研修を始められました。ここに淡交社のニューヨーク支社でお仕事をされていた藤元由記子さんが参加されたのですね。福のり子さん、逢坂恵理子さん、藤元由記子さん、この三人の女性が「なぜ、これがアートなの?」展の発端になったキーパーソンでした。

この一九九三年のMoMAでの研修を踏まえて、逢坂恵理子さんが日本で鑑賞教育のレクチャーをしようと発案し、ニューヨーク近代美術館の教育部門で働いていたアメリア・アレナスと彼女の上司だったフィリップ・ヤナワインの二人を招聘して、水戸芸術館で鑑賞教育のレクチャーを行ったのです。これが一九九五年。そのレクチャーに、日本に戻ってきていた淡交社の藤元由記子さんが再び参加され、同社でアメリア・アレナスの本を出版する計画を進められた。そのタイトルが「なぜ、これがアートなの？（Is This Art?）」だったのです。

　その頃、アレナスは自分の本で採り上げる作品をどれにするかを検討中で、日本で出版する本なら国内の美術館で見られるものがいいのではという話になり、私が当時勤めていたDIC川村記念美術館に藤元さんと二人でやってきて、同館の収蔵品の図版をお借りできませんかとお願いされました。それを聞いてものすごく面白い本の企画だと思い、そのまま展覧会にしたらどうでしょうと提案し、展覧会の企画が立ち上がったというわけです。

　ただし、一つの美術館が単独で展覧会を開催するのは実務的にも経済的にも結構大変なので、どこかへ巡回した方がいいんじゃないかということで、都筑さんがいらっしゃった豊田市美術館に相談にいきました。素晴らしいコレクションをお持ちの美術館なので。覚えていますか、その時のこと。

都筑　覚えていますよ。僕が美術館で働き始めた頃にいらっしゃったんです。豊田市美術館もオープンしたてで、まだ、どういう美術館にしていこうか、どういう教育普及活動を展開していこうかと

考えていたところだったと思います。豊田市美術館がオープン前、一九九〇年の初め頃に全国の美術館の教育活動を調査したんですが、美術館では基本的にワークショップが非常に盛んでした。でも私が勤める美術館の教育活動では、鑑賞活動の支援を中心にやりたいという思いがあって、どうしたら作品と鑑賞者との間に豊かな関係性を創り上げることができるか、ということ考えていたときに、ちょうど「なぜ、これがアートなの？」展の企画のお話をいただいたのです。

林　一九九〇年代はまだバブルの影響が多少あったせいか、たいていの美術館では特別展に力を入れていて、収蔵品はまだあまり重んじられていなかったというか……、常設展示がただおまけ程度にあるといった感じだったのですが、ＤＩＣ川村記念美術館も豊田市美術館もコレクションを非常に大事にしている美術館だったので、「なぜ、これがアートなの？」展がコレクションを中心に構成されるということも、お互いが開催を合意できた理由だったのではないかと思います。

都筑　ＤＩＣ川村記念美術館のコレクションはアメリカの戦後美術が中心で、豊田市美術館はヨーロッパ、特にドイツやイタリアの現代美術が主なものでした。両館のコレクションを軸にして展覧会をしようというのが展覧会の基本にあったと思います。

林　そうですね。こうして、豊田市美術館とＤＩＣ川村記念美術館で展覧会をやることになったのですが、その後、淡交社の藤元さんと、アメリア・アレナスを日本に呼んだ逢坂さんに仁義を切るべきではという話になり、逢坂さんにお目にかかって「実はこういう本を作ることになり、展覧会も考えています」と伝えたところ、その場で「ぜひとも水戸芸術館でも開催したい」とおっしゃって、最終的にこの三つの美術館で「なぜ、これがアートなの？」展を開催することになったのです。

都筑　ＤＩＣ川村記念美術館、水戸芸術館、豊田市美術館って、それぞれが独自の企画展を開催しているというイメージのある美術館だったと思います。だから観客にしてみると、この三館が一緒になって、どんな展覧会をするんだろうという期待はあったと思います。そういう視点でも「なぜ、これがアートなの？」展は注目された展覧会だったと言えるのかもしれませんね。

林　水戸芸術館は収蔵品を持っていないのですが、現代美術の展覧会を開催するなかで鑑賞教育をどうするのかということを、当時の逢坂さんは悩まれていたのではないでしょうか。何かやりたいと思われていたから、この展覧会に参加してくださったのかなと。……ということで、アメリア・アレナスが監修者となり、展覧会の担当学芸員がこの三人（林、逢坂、都筑）に決まりました。

都筑　はい、「なぜ、これがアートなの？」というタイトルの付いたものには、書籍がある、ビデオもある。多分、皆さん書籍は一回は読んだことがあるのではないかと思うんですが、これが展覧会というかたちに展開していったということです。それにしても、そもそも美術館が「なぜ、これがアートなの？」という発言をすること自体が結構珍しいことだと思うのですが。

林　そうですね。来館者は美術館にある作品は全てアートだと当たり前に思っているし、自分には分からないけれど、美術館にあるのだからきっと素晴らしいものなんだと思い込もうとしているところがある。だから、美術館からわざわざ「これがアートなの？」なんて言うことはまずないし、言ってはいけないものですよね。

「なぜ、これがアートなの？」展のコンセプトについて

都筑　では、まずは「なぜ、これがアートなの？」展を組み立てていく上で、アメリアと三つの美術館の学芸員で共有していた展覧会のコンセプトについてお話しします。

基本的な展覧会の目的としては大きくは三つですね。

一つ目は、見慣れない作品を前にした鑑賞者に、個々の作品に接したときに感じる自分の素直な気持ちや反応を出発点として作品を見ればよいのだ、ということに気づいてもらうこと。これはこの展覧会のタイトル「なぜ、これがアートなの？」に表現されていると思います。

二つ目は、鑑賞者が自分自身にとってのアートの楽しみ方を見出せるよう自分を開いてもらうこと。

三つ目は、鑑賞者が先入観や知識ではなく、自分の目でしっかり作品を見るという経験を促す場やプログラムをつくりだすこと。

「観客自らが美術（作品）を主体的に見る」という行為を、いかにして美術館は促していくことができるのかということをテーマにした、当時としては非常に挑戦的な展覧会だったと思います。

「なぜ、これがアートなの？」展の出品作品と構成について

都筑　この展覧会では、二〇世紀の一〇〇年間につくられた、日本で鑑賞できる作品を中心に約四〇点を選定しました。美術史とか年代順とかではなく、作品の色や形、素材やテーマで五つのセクションに分けて展示したのです。作品同士の意外な組み合わせや作品自体の魅力を、自分で体験し、楽しみながら展示を見て先に進むことができるように構成されました。

展覧会は全部で五つの章に分かれていました。まず一つ目の章のタイトルが「アートを見る、アー

トを作る」。この世界にはいろいろな「ものの見方」がある。じっと見る、チラッと見る、覗き込んで見たり、ぼんやりと見たり、想像して見たり……。そしてアートをつくるのにも驚くほどさまざまな方法がある。まずはそういった見ること、つくることの多様性を知ってもらうのが、この一つ目のセクションでした。

二つ目の章は「形のない形」です。ここでは、荒々しく衝動的なイメージを表した作品を紹介するセクションでした。あえて「アブストラクト・アート」とは言わずに「形のない形」という表現でテーマ設定がなされていました。

林　ここでは面白い作品の組み合わせで、一つの壁面を構成しました。右側はシンディ・シャーマンの一九八〇年代の写真、左側はカンディンスキーの一九一〇年代の絵画です。普通は決して隣り合うことのない二つの作品ですが、

Ⅰ アートを見る、アートをつくる
Art–Looking at It, Making It

Ⅱ 形のない形
Formlessness

よく見ると色や形の構成が似ていて、見る人にいろいろな連想を呼び起こします。こういう興味深い組み合わせがいくつも考えられました。

都筑　第三章のタイトルは「すっきりしたイメージ」。シンプルで幾何学的なイメージを持った作品を紹介するセクションです。もちろんミニマル・アートという用語は使いません。秩序を求めてやまない強い意志を感じる作品たち。それらは何も語っていないように見えて、現実的な「何か」につい

Ⅲ すっきりしたイメージ
The Exact Image

Ⅳ 物は語る
The Thing as Idea

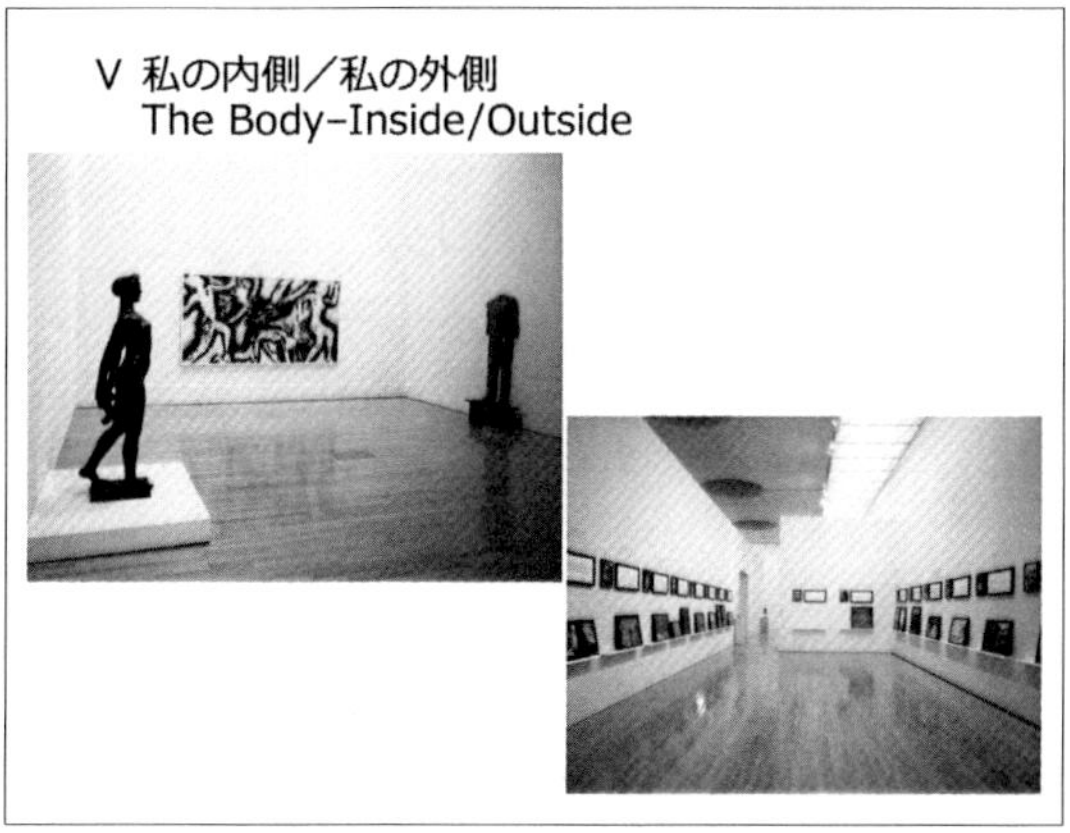
Ⅴ 私の内側／私の外側
The Body–Inside/Outside

て考える場を与えてくれるのではないか、ということなどを考えてもらうセクションでした。

第四章のタイトルは「物は語る」です。現実世界に存在するさまざまなものを用いた作品を紹介するセクションでした。ここはいわゆるコンセプチュアル・アートを紹介する章だったのですが、もちろんそういう専門用語は使いません。身の回りの日用品は、いつも見慣れた環境から切り離してみると、思いもよらない連想を呼び起こしてくれる。そういった意識を呼び起こす作品たちを紹介しました。

そして最後の第五章のテーマが「私の内側／私の外側」。これはアートの普遍的なテーマである、人の姿を題材にした作品を紹介するセクションでした。人間の体をさまざまなシンボルとして用いた作品や、人の体をテーマにしながら、肝心の体そのものはどこにも見当たらない作品などを展示しました。

林　この最後の章は、アメリアの個人的な好みが強く反映された章だったと思います。

観賞者の自発性を促す

都筑　はい、次にこの展覧会では「観賞者の自発性を促す」ということが重要で、その実現のために試みたことを紹介します。

一つ目。会場では文字情報を極力削ぎ落とし、平易な表現に努

1　会場では文字情報を極力そぎ落とし、平易な表現に努めること

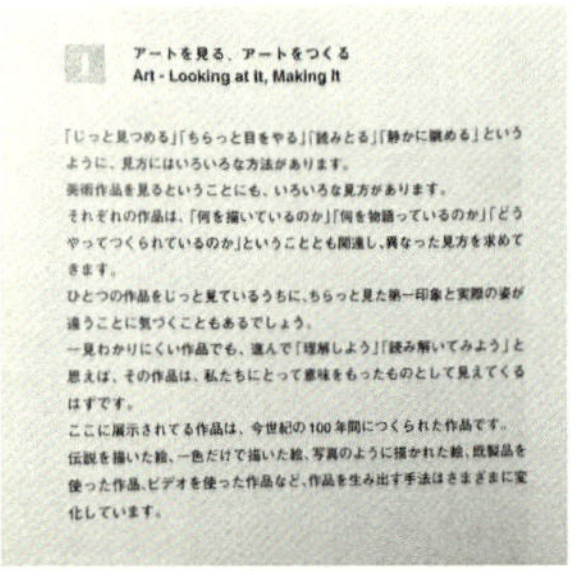

1

アートを見る、アートをつくる
Art - Looking at it, Making it

「じっと見つめる」「ちらっと目をやる」「読みとる」「静かに眺める」というように、見方にはいろいろな方法があります。

美術作品を見るということにも、いろいろな見方があります。

それぞれの作品は、「何を描いているのか」「何を物語っているのか」「どうやってつくられているのか」ということとも関連し、異なった見方を求めてきます。

ひとつの作品をじっと見ているうちに、ちらっと見た第一印象と実際の姿が違うことに気づくこともあるでしょう。

一見わかりにくい作品でも、進んで「理解しよう」「読み解いてみよう」と思えば、その作品は、私たちにとって意味をもったものとして見えてくるはずです。

ここに展示されてる作品は、今世紀の100年間につくられた作品です。

伝説を描いた絵、一色だけで描いた絵、写真のように描かれた絵、既製品を使った作品、ビデオを使った作品など、作品を生み出す手法はさまざまに変化しています。

めました。会場に掲示した各章立てを説明する文章は、四〇〇字から五〇〇字程度。このくらいの文字数が、観客が会場でストレスを感じることなく読むことができる情報量かなと思います。東京国立近代美術館の常設展の解説パネルも同じくらいの情報量で統一されていて、いつもとても読みやすく工夫されているなと感じています。

二つ目。まず観客自らの目で作品を見てもらうために、作家名やタイトルはあえて作品の横に付けず、最後に作品リストを渡すようにしました。自分の目で作品を見た後、作品リストを手にもう一度会場を回ってもらえるようにしたのです。

林　これは当時としてはすごくチャレンジングな試みでした。キャプションを会場に設置しないというのは、館内外でかなり物議を醸しましたね。

都筑　三つ目。帰りの電車の中、あるいは家でもう一度

2　まず自分の目で見てもらうために作家名やタイトルはあえて作品の横につけず、最後に作品リストを渡すようにすること

3　家でもう一度ゆっくり読んでもらうために、誰でも持ち帰れる無料ガイドを用意すること

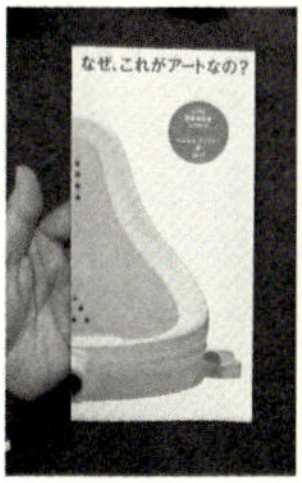

じっくり読み込むことができる、無料の展覧会ガイドを用意すること。

林　キャプションが無い代わりに、会場の最後に展覧会のガイドが置いてあるので、それを持ち帰って後でゆっくり読んでねというメッセージでした。

都筑　はい、そうでしたね。そして四つ目。実際の作品を前にして対話型のギャラリートークをおこなうこと。このトークについてはアメリアから必ず実施するようにと強く言われていました。

4　作品を前にして対話式のギャラリートークを実施すること

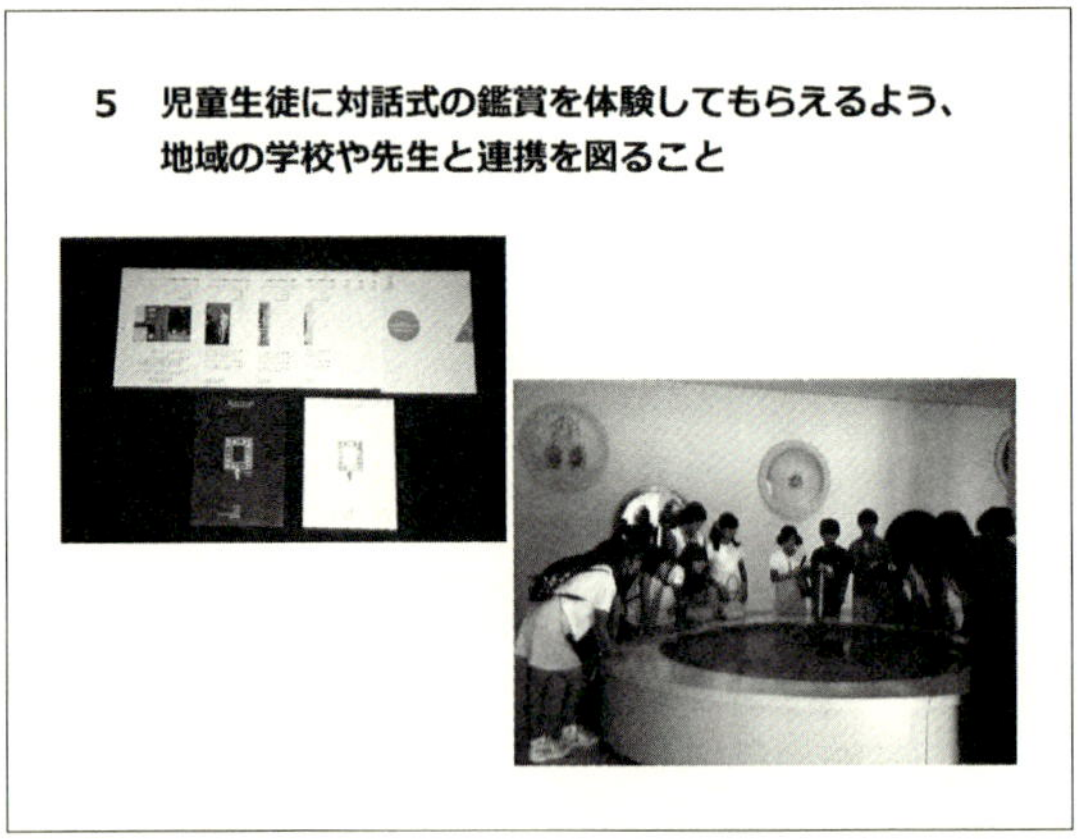
5　児童生徒に対話式の鑑賞を体験してもらえるよう、地域の学校や先生と連携を図ること

林　そう、しかも毎日ですからね。川村ではもともと毎日ガイドスタッフによるガイドツアーをやっていたのですけれど……、豊田市美術館でも毎日実施されていたんでしたっけ？

都筑　はい、ガイドボランティアが展示のガイドをしていました。

林　そうなんですね。当時はまだ毎日ガイドをやっている美術館ってあまりなかったと思います。川村の場合は開館以来、お客様に作品解説をするツアーをやっていたのに、突然この展覧会で全く別種の対話型のトークをすることになったので、スタッフも戸惑ったはずです。

都筑　このトークをやるために、三館のガイドスタッフやボランティアの方々に豊田に集まっていただいて、三日間ほど研修をやりましたよね。さらに、児童生徒に対話式の鑑賞を体験してもらうため、「ティーチャーズキット」という対話型鑑賞に関するツールを制作し、地域の学校に配布して、学校の先生に美術館の会場で対話型のトークを実践してもらうというプログラムも行いました。

林　これも大変でした。豊田は市立で地域に根ざした美術館なので、もともと学校と繋がりがあったと思うのですが、川村は企業の美術館なので、地域の子どもたちや学校との繋がりがほとんどありませんでした。ですから、先生と連絡を取るとか、来館してもらうために送迎バスを手配するとか、そうしたことが個人的には大きな課題でした。

駆け足になりましたが、「なぜ、これがアートなの？」展はこうした経緯で実現に至りました。アレナスの本が先に出て、半年くらい経ってから展覧会がオープンしたという感じです。

ガイドスタッフの養成

司会（松永）　はい、ありがとうございました。「なぜ、これがアートなの？」展の関連プログラムでは、対話を通じてギャラリートークを進行するガイドスタッフの役割が非常に大きかったのではないでしょうか。

都筑　はい、そのとおりです。では続いて、豊田市美術館の作品ガイドボランティアの活動についてご紹介したいと思います。「なぜ、これがアートなの？」展において大変重要な役割を果たしたのが豊田市美術館のガイドボランティアです。このガイドボランティアには、二〇二三年現在、一期生から七期生までの四五名ほどが在籍しています。実はこの豊田市美術館のガイドボランティアの活動は、美術館を舞台に対話型のギャラリートークを始めておよそ二五年、四半世紀が経過しました。対話型鑑賞をめぐるガイド活動を、二五年という長きにわたって継続して実施してきたこと自体がすごいことではないでしょうか。この長期にわたる活動そのものが、まさに対話による鑑賞の奥深さ、尽きない魅力を語っていると思います。

　ここで少しだけこのガイドボランティアの歴史を振り返りたいと思います。豊田市美術館は一九九五年秋にオープン。九〇年代の日本の美術館の教育普及活動は、とにかくワークショップが全盛期でした。こうした状況の中で、豊田市美術館ではあえて「来館者の『見る』という行為をいかにサポートしていくか」を教育活動のテーマにしてきたのです。こうしてガイドボランティアを募集することを決意。オープンの半年後に、ガイドボランティア一期生を三〇名ほど募集しました。ガイドボランティア一期生は幸運なことに、その養成研修の過程でアメリア・アレナスのギャラリートークを体験します。その後、「なぜ、これがアートなの？」展の特別研修も受講したうえで、対話型のギャラリートークをスタートさせます。

以来二五年間、対話による鑑賞活動を継続して行ってきたのです。

これまでたくさんのガイドボランティアを養成してきました。もちろん、ボランティアの方々には対話型鑑賞の方法論やテクニックを学んでもらいます。しかし何よりも大切にしてきたのは方法論やテクニックではありません。最も大切にしてきたポイント、それは「多くの人々と一つの作品を見ることで、確実に目（視覚）の解像度が上がる」ということ。そして鑑賞とは「見る人それぞれの主体的で創造的な営みである」ということ。さらに作品は、「アーティストが半分、見る人が半分」ではじめて完成するものであるということ。ガイドボランティアによる対話型鑑賞の活動を二五年間も継続することができたのは、以上に挙げたような認識を、ボランティア自身が鑑賞体験として実感してきたからだと思うのです。

次に、ガイドボランティアの活動にはどのようなものがあるか端的にお話ししていきます。まず一般の来館者に向けたギャラリートーク、これは毎日定時に開催しているメインプログラムです。そして予約制の団体向けのギャラリートーク、これは事前にご連絡をいただいた団体向けのプログラムですね。

ちょっと面白いプログラムとしては、一つあるいは二つの作品をじっくりと時間をかけて参加者みんなで読み解いていく「作品をじっくり読み解く鑑賞会」という活動です。これは月に二回ほど開催していまして、展示室の作品の前に椅子を並べて参加者に

作品をじっくり読み解く鑑賞会（月２回）

座ってもらうスタイルで実施しています。他にも「子どものためのギャラリーツアー」「親子のためのギャラリーツアー」「建築ツアー」「学校への出張授業」など多彩なプログラムが用意されています。

ガイドボランティアの情報共有の場として、月に一回の定例会を開催しています。この定例会では、ギャラリートークや団体対応のスケジュール調整をするとともに、これから始まる展覧会について資料発表をしています。この資料発表とは、年の初めに、年間に開催される展覧会ごとにガイドボランティア五名くらいのチームを作り、展覧会それぞれ資料を作成して随時発表するものです。展覧会の担当学芸員を捕まえて、展覧会の構成や出展作品、要点などを事前に聞き取って、それらを資料にまとめ発表する。その後、「こんなギャラリートークをしてみては……」というようなトーク案のプランを作成し、みんなで共有する、といったことをしています。

ここまで、豊田市美術館作品ガイドボランティアの成り立ちと活動について紹介してきました。

未来に向けて

最後に、少しだけ未来に向けての話をして終わりたいと思います。実は、現在豊田市では、豊田市美術館に隣接するかたちで新しい博物館を建設していて二〇二四年の春にプレ・オープン、秋にグランド・オープンを予定しています。ちなみにこの博物館の建築家は坂茂さんです。

豊田市ではかつて「美術館学習」という事業がおこなわれていました。一九九六年から二〇〇八年まで、一二年間。毎年、市内の中学二年生と小学四年生八〇〇〇人が来館したのです。累計で一〇万人の児童生徒が美術館を体験しました。この事業では作品ガイドボランティアがガイド役として大活躍したのです。ただ残念ながらこの「美術館学習」という事業は、二〇〇八年秋に起こった「リーマンショック」の影響でバスを手配する費用が削減され中止を余儀なくされます。美術館と学校との連携については、この二〇〇八年からずっと空白の時間があったのです。が、そこに新しい動きが芽生え始めたのです。豊田市では新しい博物館のオープンにあわせて「博学連携プログラム」という事業がスタートするのです。二〇二〇年度から現役の各教科の教員が博物館のスタッフと協力して授業プログラムを作成して、これからオープンする博物館に来館してもらうプログラムの作成を始めていきます。二〇二二年度からは美術館も事務局の一員として鑑賞プログラムの作成に参加しています。数年後には、美術館、博物館の垣根を越えた学際的なプログラムが、ガイドボランティアとの協働で展開されていく予定です。以上です。

シンポジウム「現代アートって、なに?」

司会（松永）　ありがとうございました。そして、「なぜ、これがアートなの?」展の後、二〇〇〇年には「現代アートって、なに?」と題するシンポジウムと講演会が、翌年から始まる横浜トリエンナーレのプレ・イベントとして行われました。

林　二〇〇〇年ですよね。私はこのシンポジウムのことをあまりしっかりと覚えていなくて……、すみません、都筑さんに話してもらわないといけないですね（笑）。

都筑　二三年も前のことですからね。これは、翌年から始まる横浜トリエンナーレのプレ・イベントとして、第一部に私と林さんと上野先生とで対話型鑑賞の魅力について話をしたんです。その後に第二部として、アメリア・アレナスが登壇して、対話型鑑賞に関してもっと詳しく話す、という想定だった。しかし、第二部が始まったら、アメリアは突然、《モナ・リザ》を会場の画面に映して、会場にいた観客を相手に対話型のトークを始めたんですよ。後で聞いたら、アメリアは、第一部で私たちが話をしている最中に、第二部のために用意してきた講演の内容を変えようと思い立って、いきなりスライドを差し替えて登場したというんです。

林　つまり、アメリアは対話型鑑賞についての講演をしようとしていたのに、急遽トークを始めてしまったっていうこと？

上野　覚えています。会場が盛り上がりましたよね。アメリアがナビゲーターになって、《モナ・リザ》について一時間くらい話し合ったんです。今でも印象に残っているのは、会場から色々な意見が出てくるけれども、アメリアは、明らかに「誰もがそう思うよね」という意見には、わりと冷たく対応していて、「この人、怒ってるんじゃないか」とか、そういう少数意見に大きな反応を示していたってことですね。

林　そうですね。みなさんもご存知かと思うのですが、対話型鑑賞の進め方についてアメリアからよく言われたのは、「えっ？」という意見をうまく使って会話を進める

方が面白いってことでしたね。普通だったら「変なこと言ってるな」って、すっ飛ばしちゃうような意見を拾うべきだと。

都筑　確かに対話の中で思わぬ少数意見が重要な指摘をすることってありますよね。アメリアはそういったトークの方向づけをしつつ、会場を巻き込んだ筋書きのないギャラリートークを展開したのです。彼女が突然トークを始めたのにはびっくりしましたが、実に印象に残るドラマチックな講演会になったなと思いました。

（林寿美・都筑正敏）

第2章　北海道における対話による鑑賞の広がり

『なぜ、これがアートなの？』展のあと、報告書を作ろうということになったのですが、ただ過去を振り返るのではなく、これから使える内容にしたいなということで生まれたのが『まなざしの共有』でした。二〇〇一年、『まなざしの共有』の出版と同時に、高知大学と高知県立美術館、高知県教育委員会による対話による鑑賞の授業研究が始まります。これには、くもん子ども教育研究所にもご協力いただきました。

さて、この時期には全国各地で様々な対話型鑑賞が行われています。まずは北海道の様子をご紹介しましょう。

庄子展弘先生の先駆的な授業実践

今日は、三つのことについて話したいと思います。まず、最初に私の知る限り北海道で対話を取り入れた鑑賞授業が始まったのは旭川だったと思います。そのことと、私が何をしてきたか、ということ、それから札幌では美術館では対話型鑑賞ということがあまりされてこなかったのですが、今、札幌で起きている出来事についてお話します。

そもそも二〇〇二年、『まなざしの共有』が出た後、旭川の庄子展弘先生が鑑賞の授業を公開しました。彼は鑑賞の授業を実際にやってみて「鑑賞は、面白い」と実感したわけです。当時はまだ拙い授業だったとご本人は言っていますけれど、とにかく彼の中での鑑賞授業に対する意識が大きく変わってきたということです。

そして二〇〇五年、彼はNHKのテレビ番組（再放送）アレナスの「最後の晩餐・ニューヨークをゆく」も見ました。庄子先生は次のように述べています。

「アレナスのギャラリートークは、美術館で行われ、本物の作品を見ながら、どんな人かよく知らない一般人を対象にするものである。鑑賞に対する評価は行わない。それに対して、学校教育での鑑賞授業は、学校で行われ、本物の作品ではなく、掛図やプロジェクターの画像などを見て行う。相手は普段受け持っている児童・生徒なのでよく知っている相手を対象とする。学校教育であるので、評価を行う。こういった違いを踏まえた上で、学校教育の目的を踏まえた授業化を考え、改善を図る必要がある」

北海道の美術館ではこのような鑑賞の取り組みがありませんから彼は書籍から学んできたわけです。先ほど、林寿美さんの方から様々な取り組みについて報告いただきましたが、それを形として残していただいたことが、結果として、旭川の取り組みにもつながっているのだと思いました。

ファシリテーション・マトリックス

彼は鑑賞の実践と研究を進めていくうちに、板書の重要性に気付きます。

「生徒達は、作品と出合い、作品と対話する。そして、教師側から「何が起こったのか？」「どう

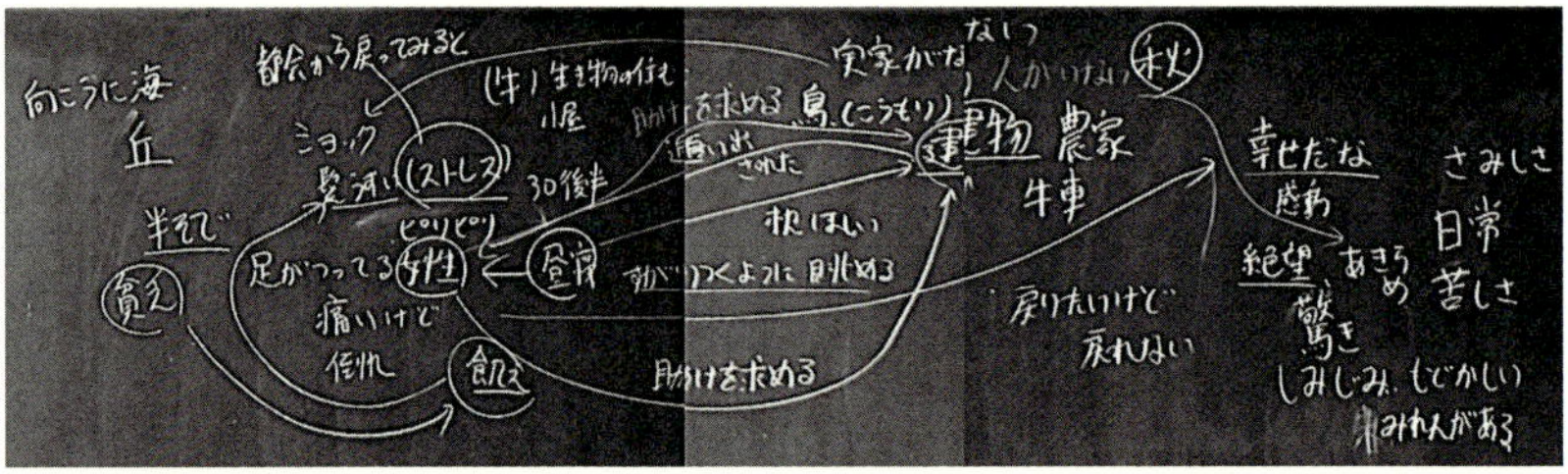

してそう思ったのか?」と問いかけられて、自分の考えを述べていく。そこで他者の考えを知り、自分の考えを深めていく（自己との対話）。最終的には、今日の授業を振り返り、鑑賞カードに作品の解釈（主に客観的な説明部分）と、感想（主に主観的な感じや味わいなど）をまとめる。そのときに、授業全体を振り返られるように板書上に対話の痕跡を残すことは有効な手段である。言葉は消えてしまうが、書けば定着する」

そして、鑑賞授業の時にファシリテーション・マトリックスというものを開発しています。これは、「生徒の発言を黒板に板書するときに、その意味に応じて板書する位置を調整していく。最初の発言を基準として中央付近の高さに板書し、横軸は絵の中に描いてあるものの位置関係に対応させる」という板書技術です。

これが広がっているというわけではなのですが、私は授業での有用性という面で大切な提案の一つだと考えます。ファシリテーション・マトリックスを授業で活用すれば、生徒自身も発言の流れがつかめます。

二〇〇四年には北海道の全道造形教育研究大会で、岡本太郎『森の掟』と徳岡神泉『刈田』の鑑賞授業について発表します。その時もファシリテーション・マトリックスも合わせて報告しています。この頃は先生の多くはまだ「対話型鑑賞」のことは知りませんでした。そんな頃に鑑賞におけるファシリテーションについて発表したことは、なんと先進的なことか！

さらに翌二〇〇五年、これがちょっと画期的だなと思ったのですが、インターネット上の掲示板に旭川図工美術部会の鑑賞領域の研究部会の情報が公開されていました。（残念ながらネット上にはもう当時の情報はありません）それを見た私は、本当に刺激を受けました。その頃の中学校美術の研究会って「表現」の授業一色でしたから。

当時の私の鑑賞授業ですが、生徒に対して「どうだ、すごいだろ？」というような思いがまずあっての感動の押し売りみたいな授業でした。とはいえ、生徒に発表はさせていましたが、教師の言いたいことや教えたい内容に誘導するための添え物みたいなものでした。

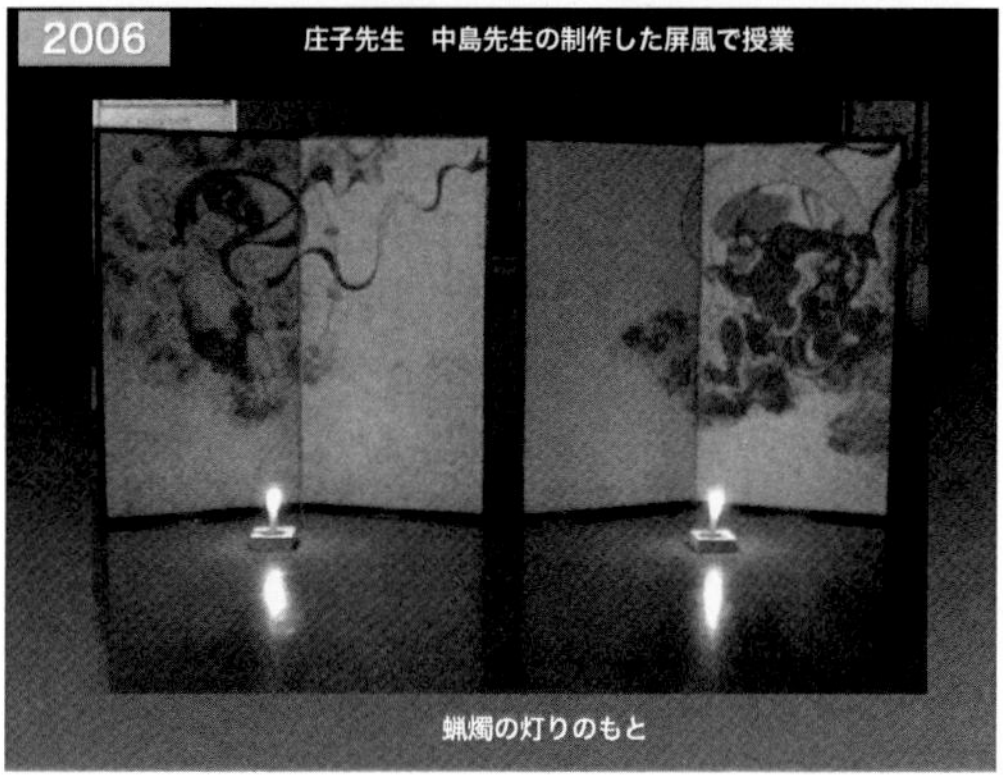
2006
庄子先生　中島先生の制作した屏風で授業
蝋燭の灯りのもと

そういう時期に、旭川ではこうやって「とにかく鑑賞授業の研究をやるぞ！」と年に三回もの鑑賞授業の研究をしていました。旭川では鑑賞授業には様々な視点から柔軟に取り組んでいました。

いろんな方法で取り組んでみたことが結果として長続きしたのではないかと思います。

年に三回鑑賞の研究授業をやることは、結構大変なはずですが、本当に意欲的に取り組んでいました。そこで中島圭介先生が実物大の屏風のレプリカを作り、授業をしたんです。そのレプリカは他校へ貸し出しをしたり、小学校への出前授業の時に活用されたりしました。私は旭川のｗｅｂ掲示板でいろいろな取り組みを知り、対話型の授業について勉強を始めました。

2008
第3回「鑑賞教育フォーラム」高知大学で発表
北海道の仲間の実践が評価されたことの喜び

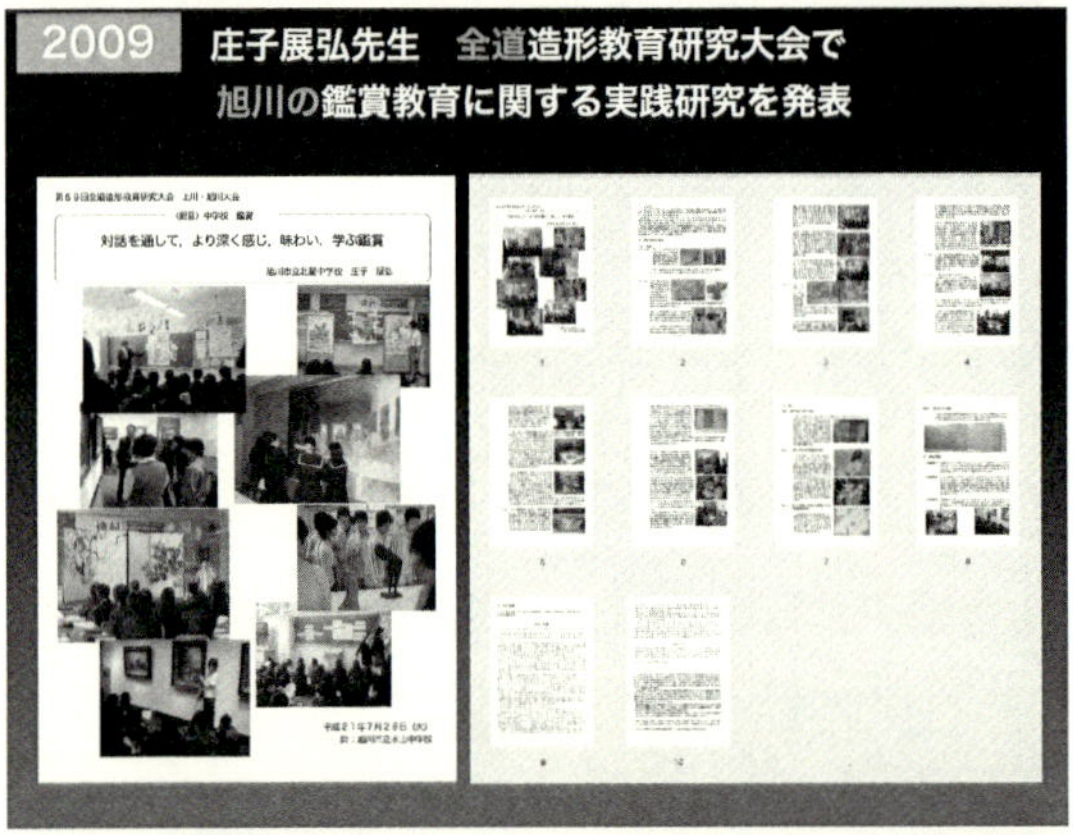
2009
庄子展弘先生　全道造形教育研究大会で
旭川の鑑賞教育に関する実践研究を発表
対話を通して、より深く感じ、味わい、学ぶ鑑賞

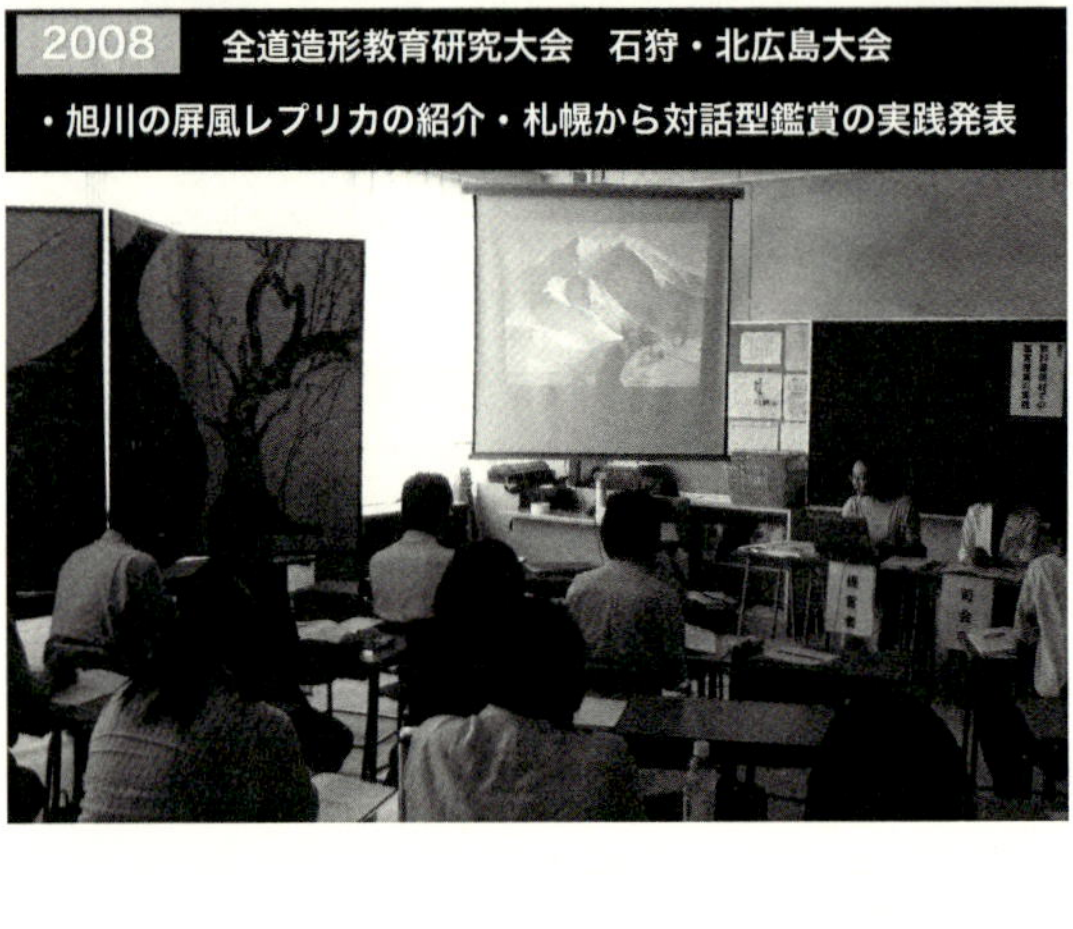
2008
全道造形教育研究大会　石狩・北広島大会
・旭川の屏風レプリカの紹介・札幌から対話型鑑賞の実践発表

全国への発信

「学び研」の前身に高知大学で開催されていた「鑑賞教育フォーラム」という研究会があるのですが、庄子先生がそこで鑑賞授業の実践を発表したということは私にとっても北海道の人間にとっても大きな喜びがありました。このことを通して、旭川で取り組んだことが、全国のいろんなところでも通用するんだなという風に考えることができましたから。

そして二〇〇八年、この頃は対話型の鑑賞の授業が少しずつ広まってきた頃です。この年、「全道造形教育研究大会いしかり北広島大会」が開催されました。私はこの研究大会の研究部長でしたが、鑑賞教育の普及にも力を入れました。研究会場には、旭川の屏風レプリカを展示しました。反響がありました。また、分科会では札幌から対話型鑑賞の実践発表をお願いしました。

続いて二〇〇九年、「全道造形教育研究大会旭川大会」において、庄子さんが一つのレポート「対話を通して。より深く、味わい、学ぶ鑑賞」を発表しました。このスライドに映っている発表のレポート一つ一つに、本当にいろんな工夫が見て取れます。かなりの内容のことをやっていることがわかります。

この発表が個人の研究ではなく、共同研究を背景にしているのも大切なポイントです。それは旭川では、鑑賞教育がそれだけ広がり、深まっていることを意味しますから。今回プレゼンをまとめてみてあらためて本当にすごいなというふうに思っています。旭川の鑑賞教育が与えた影響は相当なものです。

1．はじめに

「いま，ここで，「作品」と「人」とをつなげる」対話は意味（価値）を高めあい，そのまま生きる力へと結びついている。対話は協働の学びであり，さまざまな対話を通して作品を鑑賞することで，子どもたちはより深く学びを実感できる。

前大会では，アメリア・アレナスのギャラリートークを，如何に学校において実施するかという授業化の問題に取り組んだ。また，鑑賞という学びが，作品に関する解釈や知識を伝授するのではなく，自分たちで作品の意味（価値）を作り上げる行為であるということも提示した。

それから５年間，本鑑賞部会ではアレナスの対話型鑑賞だけにこだわるのではなく，対話を基にさまざまな鑑賞の授業の実践を積み上げてきた。領域を広げ，方法を試行し，作品を取り巻く環境も工夫し，「より深く感じ，味わい，学ぶ鑑賞」を目指した。領域についても，絵画，彫刻から，生活に密着したデザイン・工芸へと発展させてきた。

2．研究の視点と経過

（1）経過

２００４年　7月　第５４回全道造形研旭川大会　アレナスの対話型鑑賞を授業化し，『森の掟』岡本太郎，『刈田』徳岡神泉２点での鑑賞授業を公開。（春光台中学校　庄子）

１０月　写真を使っての彫刻の鑑賞に取り組む。砂澤ビッキの午前3時の玩具。また，キースヘリングの地下鉄アートも題材化する。（春光台中学校　庄子）

２００５年　2月　南稜中学校の平野先生による研究授業。少人数クラスのメリットを生かし，個別の発言で色分けしながらの板書により，授業中の発言の質の変容を押さえた。また，プロジェクターの画像の提示の他に，個人用に A4 サイズの印刷画像を生徒に渡して詳細に作品を鑑賞する工夫もした。

6月　十分な対話を行うために，1時間の授業で1作品の鑑賞に取り組むようになる。また，板書についても生徒の気付きを関連づけるマッピングの考えを取り入れるようになる。

１０月　公開授業　旭川市彫刻美術館の移動展で展示中の藤川叢造『冬』，及び春光台中学校に寄贈されている板津邦夫『木の岩』の

鑑賞。全学年同一題材で取り組む。彫刻美術館の学芸員にも案内したものの，都合が悪く参加できなかった。教育大学の大泉先生は参加。授業記録を取っていただく。本物の彫刻を触れての鑑賞であり，他の作品や材質との比較鑑賞となった。作品がホールにある関係上，板書は使えないので，手元でメモをしながら，生徒の発言を整理して，進行する。

１０月　研究授業　東光中学校の中島先生が，実物大の『風神雷神図屏風』を作成し，鑑賞の授業に取り組む。最初は作品のパズルを組み立てながら，最後は実物大の屏風を鑑賞した。教科書では味わえない，屏風の折れ曲がった立体的な視点なども踏まえた鑑賞となった。また，上造研の大会において，小学５年生での出前授業に同作品で取り組み，風神雷神のポーズを動作化して，味わう実践も行った。

１１月　緑が丘中学校の藤井先生（表現部会）が，アルテピアッツア美唄の安田侃さんの彫刻『天沐（てんもく）』と『相響』の鑑賞に取り組む。自ら美唄で撮影した写真をもとにし，作者の安田侃さん自身から話を聞いた上での授業である。作品を見てどう感じたのかをカードに書かせて黒板上で分類して意識化を図った。

２００６年　6月　公開授業　レオナルド・ダ・ヴィンチ作の『最後の晩餐』の CG による複製画を鑑賞する。前半を対話型でフリーに鑑賞し，後半は視点を変えて，ユダを探す鑑賞に取り組む。１０月研での研究授業を見越しての取組。（春光台中学校　庄子）

１０月　旭川中学校の吉野先生（教師も生徒も初めての対話式の鑑賞）による「『最後の晩餐』の絵の中へ」。上造研との協働での指導案検討を経て，大型画像印刷の提供による教育大学との連携

や，東光中学校の中島先生によるプレ研による事前検討も行った入念な取組。授業自体は，絵の中を３人ずつのグループに分けて，その中の希望のグループを自分たち３人一組で動作化することにより心情を考察させるという鑑賞に取り組んだ。また，研究協議後には，是非使わせてほしいという希望も寄せられ，教材の共有化（他校への貸し出し）が図られた。

１０月　『風神雷神図屏風』を借用して，春光台中学校（庄子）でも鑑賞に取り組む。美術室の机を壁側に寄せて，室内を遮光し，ろうそくの揺らめく灯りのもとで鑑賞する。生徒も直に床に座り，日本古来のいろりのある家屋を想定して，建具としての用途や，屏風として，位置を変えての見方の違い（左右入れ替えや，上下に重ねるなどの変化）も踏まえて鑑賞に取り組んだ。それまでは，生徒の発言を黒板に残す板書に取り組んでいたが，作品設置の位置関係により，板書が使えなく，手元でメモをしながら対話を進めていった。

２００７年　１１月　北海道立旭川美術館でのロビーフォーラムで東光中学校の中島先生がパネラーとして参加。教育現場から，一般の方へ時数の削減や鑑賞の授業の実態，また，美術館との連携について発表する。美術館学芸員の中村さんや，作家の方も出席されて有意義な会となる。

２００８年　2月　北門中学校の成田先生により，デューラーの版画『メレンコリア・Ｉ』を鑑賞する。ワークシートの画像に書き込んだり，生徒の気付きを黒板上の拡大図版にカードで示していったりと，発見したこと・感じたことを新しい意味（価値）の獲得に「つなげる」という学習のテーマに迫る取り組みが見られた。

6月　板書の色分けを改善し，作品に描いてあり，見たままを発言した場合は白，見たものから考えた状態や，想像したものを黄色，深くイメージした作品のテーマなど，より本質に近い部分を赤とした。（北星中学校　庄子）

１０月　２００９年の全道造形研に向けてデザインの鑑賞に取り組むことになり，旭川中の吉野先生が，お菓子のパッケージデザインの鑑賞に取り組む。生徒が持ち寄ったお菓子のパッケージをお菓子のパッケージのデザイナーになった設定で研究する視点で鑑賞する。「『誰を』対象に考えられているのか，『何を』アピールしているのかという視点から商

品のもつコンセプトを浮かび上がらせ，コンセプトとデザインの関係に気づかせたい。また，お菓子の形状や商品の展示の仕方などにより，それぞれがもつ機能としてのパッケージデザインの工夫にもきづかせたい」という授業者の意図である。この授業の後に，実際にパッケージデザインに取り組み，表現と鑑賞がつながった行為として実践されていきました。

１１月　デザインの鑑賞の実践が少ないので，同じデザインでも実際に使って鑑賞する視点で，バターナイフの鑑賞に取り組む。１００円ショップで販売されているバターナイフや，ジャムスプーンを中心に使いやすいも，自分の好みのデザインとはどんなものか，手に持ってみて考えさせる。その後，オーブントースターで食パンを焼き，マーガリンを塗らせて実際に塗りやすいかどうか試させる。使ってみることで予想と違う使い心地に自分の意識が変わっていく。そのご，実際に木を削ってバターナイフ（ジャムスプーン）の制作につなげていく。お菓子のパッケージと同じく，生活に結びつきやすい実践となった。ただ，授業としては，個々の気付きを対話で深めていく過程が不足しており，反省点が明らかになった。

１２月　全道造形研で授業を行う東光中学校の中島先生が，同じ内容で授業を行う。お菓子のパッケージを平面に限定して，グラフィックデザインとしての鑑賞に取り組む。シンプルに形，色，レタリング，意図について視点を絞り，まずはおさつスナックでポイントをつかませて，生徒達の希望によって『かっぱえびせん』か『カール』を鑑賞する。国語科のディベートの要素も取り入れての比較鑑賞にも発展させる。ちょうど２学期の最終の授業であるので，冬休みの宿題に発展題材として，自分でお菓子のパッケージデザインのレポートに取り組む。これについても，生徒がワークシートに書き込む視点と時間の取り方，その後の対話の深め方をどう改善していくかが課題となった。

２００９年　6月　鑑賞部会ではないが，附属小学校においても，3年生担任の泉先生により，鑑賞の実践が重ねられていた（附属研の公開授業）。ピカソの『ゲルニカ』やマグリットの『大家族』を活発な意見で，意味（価値）を作り出していく姿に，小学生でもここまで深く読み取り，感じることができるんだということと同時に，そこまで伝える作品の力の凄さをも再認識した。

６月　直前のプレ研として，グラフィクデザインの見方のポイントを示す例としてアイスキャンデーの『スイカバー』を用い，『かっぱえびせん』と『カール』を比較鑑賞しながら，ワークシートの図版に直接書き込みをさせて，形，色，それらからイメージするものという３つの視点で鑑賞させ，対話の時間を１５分とった。活発な対話で，自分の気付かなかった他の生徒の気付きから新しい意味（価値）を作り出していく姿がワークシートからも見て取れた。視覚によるデザインは至る所にあふれていることもあり，生徒達はお菓子のパッケージの見方が変わり，気になりだした。また，現在取り組んでいる旭山動物園の案内表示の平面デザインにおいても共通する観点があり，絵画や彫刻の鑑賞と異なり，表現に直結する可能性を秘めている。

６～７月　北海道立旭川美術館，北海道教育大学旭川校，旭川市教育研究会図工・美術部の三者が連携して取り組む地域連携会議の企画，「いろんな美術部大集合 in 旭川美術館」　～みる・ひびきあう・つながる～　が４回に分けて開催された。旭川近郊の美術部員を対象に約２００名の生徒が旭川美術館に足を運んだ。開催中の『ヨーロッパ絵画の輝き』展において，ギャラリートークやアートゲーム，ワークシートに取り組むというものである。以前から部活動で美術館とのつながりの深い学校や旭川市教育研究会図工・美術部の事務局の教師が企画から加わり，アイディアを出し合いながらプログラムを作り上げた。また，実際に４回のプログラムを行いながら，常に改善を重ねていった。本鑑賞部会も，ギャラリートークの３人の担当者の一人として，４名が参加し，トロワイヨンの『小川で働く人々』やクールベの『波』という本物の作品を目の前にして，１０名前後の生徒達を相手にしてギャラリートークに臨むという得難い経験をすることができた。

秋には，作品制作のワークショップを中心とした，地域連携の第２の企画が動き出す予定である。現在は中学校の美術部と美術館，教師，大学（教授や学生）との連携になっているが，一般の中学生や小学生まで含めて，さらに広がっていくことように努力していきたい。

（２）視点

視点１　身体で感じる題材の設定

作品との出合いをどう演出するかという問題である。作品の掛図であっても，その授業でどう子どもたちと出合わせるのか，その場面を演出することで新鮮な感動や驚きが生まれ，作品との鑑賞もスムースに進んでいく。プロジェクターの画像でも同じであるし，それが暗い室内にろうそくの炎で揺らめく『風神雷神図屏風』の鑑賞のように実物大の作品の複製であったり，美術館から借用してきた本物の彫刻作品を実際に触れられるならば，なおさら子どもたちの心が動く鑑賞となる。

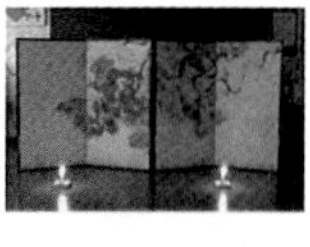

視点２　心はずませる活動場面の設定

作品を見ながら，気付いたことを発表し，なぜそう感じ，思ったのか，深く考えていくだけでも子どもたちの中に思いがふくらんでいく（作品との対話）。自分とは違う他者の意見に耳を傾け，新しい見方や考え方にふれることで，視点３の新しい意味（価値）の獲得に発展する（他者との対話）。以上が基本の流れであるが，アートゲームのように作品のパズルを組み立てたり，『メレンコリア・Ｉ』の版画の画像に気付いたことを書き込んでみたり，『最後の晩餐』の人物になりきって演じてみたり，ブロンズ像に実際に触れて温度を感じ，撫でてみたり，バターナイフを道具として使ってみたり，比較鑑賞したりするなどの活動を通して，作品，他者，そして自分自身との対話を繰り返す。

視点３　新しい意味（価値）を獲得させる活動場面の設定

対話を通したさまざまな活動を通して，最終的に自分にとってのその作品の意味とは何なのか，自分自身と向き合って考える。それらを文章化することによって，自分の中に意味（価値）を決定づける。つまり鑑賞も自分にとっての新しい意味（価値）をつくり出す，創造行為である。

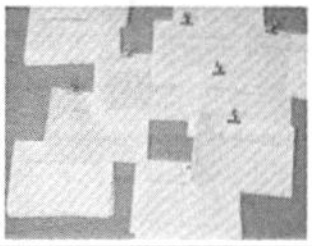

視点４　個に応じた指導

子どもたちの感性は教師の想像を超えている。子どもたちの素直な思いについて，教師は率直に受容し全てを受け入れるべきである。作品の本質に迫る意見もあれば，むしろその解釈の方が本当ではないかという意見もあらわれる。

３．指導の実際

公開授業１：「お菓子のパッケージをデザインしよう」において，お菓子のパッケージのデザイナーとしてパッケージを研究する視点で鑑賞し，最後は実際に新製品をデザインするという表現に発展する実践に取り組んだ。グループでの話し合いを通して価値獲得場面（視点３）を重視し，多様な気づきを得られた。

公開授業２：「イメージを届けるデザイン」において，お菓子のパッケージをグラフィックデザインとして鑑賞した。共通事項の形と色に着目して見るポイントを示し，提示された２つのデザインの中から気に入ったデザインを選択してどこが優れているのか，造形言語をもとに説明する活動を行った。身近な題材を改めて取り上げる提示が新鮮であり（視点１），子どもたちは興味を強くもって鑑賞に取り組んだ。本大会の公開授業では，視点２，３においての対話についてさらに改善して取り組む予定である。

公開授業３：６月段階のプレ研（スイカバー）。前述のように，形，色，それらからイメージするものと，共通事項を想定した視点で生徒に考えさせた。板書で記録することもできないスピーディーな対話，様々な気づきを生徒たちが共有することができた。

４．今後の課題

２００７年（平成１９）年５月に研究集録用として作成した文書がある。２年前に考えられていた成果と課題である。

・・

成果と課題

本領域では，「対話を通した鑑賞の工夫」をいかに効果的に進めるかという研究を進めてきました。

全道造形研究大会における授業『主の鑑賞（共有するまなざし）』（春光台中学校・庄子　展弘）では，アメリア・アレナスの対話型鑑賞をいかに授業化するかという内容で，現在の研究のスタートを切るものでした。

２００５年（平成１７年）２月研の『気楽研』平橋田中『悲しみの歌を歌う』ベン＝シャーン　（西御中学校２年・平野　雅征）では，少人数学級での鑑賞への取り組みや，彫刻を写真で鑑賞する取り組みを試みました。絵画においてもA4サイズでプリントした画像を手元に持たせることで，プロジェクターの画像だけでは分からない細かい部分まで読み取ることも分かりました。

同１０月には，『風神雷神図屏風』の実物大の複製を作成しての鑑賞の授業も行われました（東光中・中島　圭介）。また，後日上川造形教育連盟とのタイアップとして，東神楽小学校の５年生に出張授業としても取り組みました。いずれも実物の持つサイズや日本家屋に置かれた屏風としての機能性，折れ曲がって見えるという本来の姿は，教科書などの印刷物にはない視覚的効果を得られました。上川造形教育連盟における教科書題材という視点もここには取り入れられています。子ども達の意見交流もギャラリートークのみで板書等で記録を残さなくても，効果的に進められることも確かめられました。

平成１７年度には，鑑賞領域の研究方法として公開授業の方法がとられました。指導案づくりを進めながら，授業公開，研究協議の方法もあるが，もっと気軽にお互いに授業を見せ合い，交流を持とうというもの。また，対話型の鑑賞の授業をもっと広めたいという意図もありました。春光台中学校（庄子　展弘）で１，２学期に公開に取り組み，『彼女の周辺』シャガール，『ゲルニカ』ピカソ，『クリスティーナの世界』ワイエス，『冬』藤川　義三，『木の砦』板津　邦夫などの鑑賞を公開しました。特に「触って鑑賞しよう」ということで行った彫刻の鑑賞では手の触感を生かしてブロンズと木という材質の違いにも意識しながらの鑑賞を行いました。３６０度の視点をもち手で撫でて鑑賞する。こういう機会はもっと増やすべきだと思います。

鑑賞部会ではありませんが，安田　侃さんの『相響』『天泪』を作品の置いてあるアルテピアッツァ美唄まで訪ね，作者本人に話を聞き，撮影した写真で緑が丘中学校（藤井　真理子）の校内研として授業に取り組み，鑑賞部会に公開してくれたという事もありました。

着実に鑑賞の取り組みが広まった１年だったと思います。

平成１８年度になり，１０月研授業に向けて『最後の晩餐』の授業（旭川中学校・吉野　法行）を指導案検討から進めました。春光台中学校においても独自に『最後の晩餐』の鑑賞に取り組み，撮影したビデオによる授業観察や感想などの傾向を交流しました。授業者の構想で洗浄されたオリジナルの『最後の晩餐』を用い，絵の中の人物になりきってその場面を考えるという授業に取り組みました。また，教育大学旭川校との連携もあり，実物大ではありませんが，横３ｍ×縦２ｍの『最後の晩餐』の画像を印刷していただき授業の中で活用することができました。鑑賞の資料としては見たことのないサイズで教室に入った瞬間の生徒達の驚きの姿が印象的でした。

授業後に，この『最後の晩餐』の画像を旭川市教育研究会図工美術部会で共有しお互いに活用しようということになり，その他の鑑賞資料もいろいろあるはずなのでそれらも紹介して活用しよう

山崎の取り組み

次に山崎の取り組みについてです。私は二〇〇四年からブログ「美術と自然と教育と」を始めていました。それがきっかけで鑑賞教育を学ぶことができました。発信すると情報が集まってきますので。実はブログの前にＷＥＢサイト「豊かな美術教育を」を開設していたのですが、これをベースに庄子さんと頻繁にやり取りをしていました。

私が本格的に「対話型鑑賞」をやったのはロダンの「カレーの市民」（画集の写真を使用）でした。二〇〇六年のことです。学校全体が荒れていて、授業中に抜け出すなど、まともに授業できる教科はごくわずかでした。美術の授業はなんとかギリギリ成立するという感じでした。そんな中ですが、鑑賞の授業をやる決意をしました。そこで、鑑賞する作品として何を見せるかと本当に考えました。その結果、ロダンの「カレーの市民」を選びました。生きるか死ぬかという人間の生き方に関わる重いテーマの作品です。この作品なら生徒の心揺さぶるはずだと考えました。

実際に、作品を見せたときに、生徒が食いついてきました。「この人たち死ぬんじゃない?」「死にそうだよ」というところから始まりました。「え、どうしてそう思ったの?」と、私も心のそこからその

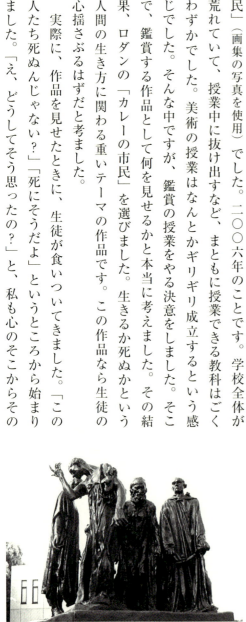

理由を聞きたくなるような展開になりました。このクラスで授業中に生徒の発言が飛び交うことそのものが、驚きでした。ビギナーズラックもあったと思うのですけどスペシャルな手応えを感じました。

ただ、その後です。私の鑑賞授業は形骸化していきます。いつの間にか「させる」ようになっていったのです。そりゃ、先生方、願いますよ「みんなに発表してほしい」と。私もそうでした。でもこうして、いつのまにか発表させることが目的化されていたのだと思います。今思うと生徒の中に意味生成というのは十分行われていない、形ばっかり求めた授業でした。初めてのロダンの作品鑑賞の授業と比較すると、その後の鑑賞授業は弱いものでした。

転機の訪れ

そこで鑑賞の授業について改めて見直すことにしました。ちょうどありがたいことに上野先生が、鑑賞のガイドブック『対話による鑑賞教育』（光村図書出版）を作ってくれた時期と重なりました。これは、非常に読みやすくできていました。小学校の授業例だったのですが児童が「こんなことを本当に言うのか？」と驚き、こんな鑑賞授業がしたいと憧れながら読んでいました。

このように、私は鑑賞の授業の前には必ずこの「ガイドブック」を読んで気をつけるべき点を押さえ、授業に臨みました。おかげで授業改善も進みました。

そして二〇〇九年には「美術による学び研究会」第一回大会の開催です。二月に行われた鑑賞教育フォーラムの懇親会の席で山崎が発案し、七月には開催しました。なお、その後北海道大会は何度か開催しています。

当時その旭川で開催された時に、上野先生や文部科学省の教科調査官の奥村高明先生が鑑賞についてレクチャー的な内容を発表していただいたのも、ありがたいことでした。

当時、私もいい授業をしたかったので、とにかく授業を録画し、生徒の自己評価などももとに実践した鑑賞授業の検証を繰り返しました。録画を見ると恥ずかしくなるところが、いっぱいありましたけれども録画を見て検証する方法は今も良い方法だと考えています。

二〇一二年、光村図書から『美術準備室』という教師向けの冊子が刊行されることになり、その企画で「対話による鑑賞」の授業をやろうという

2009
第1回　美術による学び研究会　旭川
北海道における
対話型鑑賞のパイオニア旭川で開催
子どもの「学び」を通してこれからの図工美術教育を考える
「美術による学び研究会」北海道大会
北海道での開催　2009.2016. 2018.2022

話が出たわけです。授業は山崎が行いました。『美術準備室』には生徒の発言とその意味や価値について上野先生の解説付きで、まとめられたものが掲載されました。

冊子と同時に私のこの時の授業がＤＶＤ化され、全国の先生にけっこう見てもらえたと聞きました。中学校に「対話による鑑賞」がわずかとはいえ、広がることにつながったのではないかと思います。

対話による鑑賞の広がり

二〇一四年、山崎は中学校の教員から大学の教員へと転身します。私の活動のフィールドが広がります。今度は大学の教員として、美術館ほか色々なフィールドで、「対話による鑑賞」を広める側に立つことになりました。さっそく二〇一五年、オリンピックセンターで開催された「学び研東京大会」で「対話による鑑賞」のワークショップの講師をさせていただいたことも非常に勉強になりました。

さて、私は小学校への出前授業も引き受ける機会が増えました。日頃はあまり活発に発言しないクラスでも行いましたが、児童が鑑賞に積極的に関わり担任の先生も驚かれていました。

それから大学ではアーティストと一緒に対話による鑑賞を取り入れた「グループ展」にファシリテーターとして参加させていただきました。アーティストと一緒に展覧会を作っていく中で、「見る人が作品を作る」という考え方が生まれました。まさにこれは「対話による意味生成」と重なります。

それから続いてアルテピアッツァ美唄安田侃彫刻美術館の教育普及の講師とか、高校生の美術作品展で鑑賞ファシリテーションなどもしました。

北海道でも少し動きが出てきています。例えば、道立近代美術館のアートカードや鑑賞学習ツールの登場もそうです。この会場にいますけど湯浅先生がこれに関わってくれています。

また北海道立函館美術館でも「タグチアートコレクション」で小学校四年生を対象に鑑賞の授業をやりました。作品の力ってすごいなと改めて感じました。こんなに児童が盛り上がるとは！と実感したところです。さらに道内外で小学校や中学校での出前授業を続けています。どの学校でも、児童生徒の反応に参観された先生が驚いてくれましたし、何より児童生徒が鑑賞に積極的に取り組んでくれました。

さて、今年は、一〇年ぶりに中学校に戻りました。時間講師として。オリエンテーションの次の授業で「対話による鑑賞」をしました。授業を参観された先生は、私の授業を見て「対話的な深い学び」の理想として捉えてくれました。

札幌ではアートコミュニケーターの取り組みということで、東京都美術館の「とびらー」に続いて、メンバーの募集が始まりました。そこで私は「対話型鑑賞」についての講師をすることになりました。社会教育の視点では、アートコミュニケーターの登場は大きな意味を持ちます。

作家のグループ展での「対話による鑑賞」はほぼ毎年開催
実際に作品をつくった人の前で「対話による鑑賞」

2018
美術部の高校生と
高校の美術部展で
「対話による鑑賞」

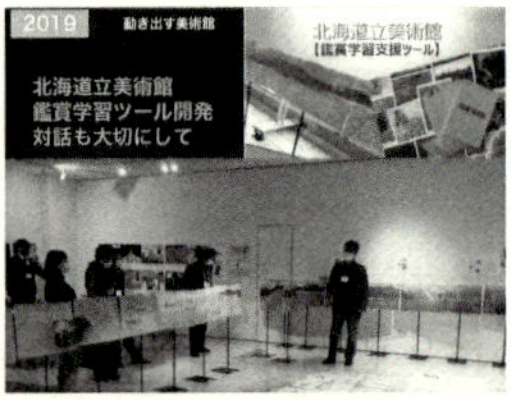
2019
動き出す美術館
北海道立美術館
【鑑賞学習支援ツール】
北海道立美術館
鑑賞学習ツール開発
対話も大切にして

2020
校内の資源を活用したい。地方には美術館がない。

札幌芸術の森美術館で
展覧会の中にアートコミュニケーターの活動をセット

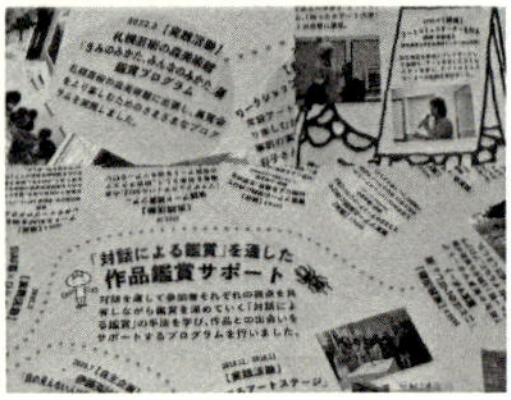
「対話による鑑賞」を通した
作品鑑賞サポート

夕張では、アートコミュニケーターが「対話による鑑賞」をしました。市民の人たちが喜んで鑑賞に参加してくれました。「鑑賞ってこんなに面白いんだ」と言ってくれたことが本当に嬉しかったです。私ではなくアートコミュニケーターがファシリテーションをしたということに、広がりと希望を感じています。まだ小さい動きですが、こういうことをどんどん広めていきたいなと思います。

（山崎正明）

第3章　ポーラ美術館 対話型鑑賞の二〇年

二〇〇三年にアメリア・アレナスと上野行一、林寿美らによる「美術鑑賞教育セミナー」が開催されました。二〇年後のいま、ここに参加された方は全国の美術館や学校、大学や行政で活躍されています。今井敬子さんもその一人です。

ポーラ美術館で教育普及を担当される今井さんを、二〇〇七年、高知大学で開かれた第二回美術鑑賞教育フォーラムにお招きしました。高知市の一ツ橋小学校の全学年全学級で行われた対話による鑑賞の授業の紹介のあと、今井さんは対話による鑑賞のワークショップを行っています。

では、ポーラ美術館の取り組みについてお話いただきましょう。

ポーラ美術館のラーニング活動

こんにちは。ポーラ美術館で学芸員をしております今井敬子です。本日は「ポーラ美術館　対話型鑑賞の二〇年」というタイトルでお話をさせていただきます。ポーラ美術館は今年でオープン二二年目になります。私は開館前の準備室の時代から勤務しておりまして、美術館では、展覧会の企画、コレクションの研究、そしてラーニング活動を担っています。

現在、学芸員は八名おりまして、ラーニングの活動については、開館当初から専任者を置かず、活動をローテーションで受け持っています。ラーニングの活動を担う専任者、いわゆるエデュケーターを定めるか否か、という議論を当館では度々行ってきましたが、運営規模が比較的小さいため、各業務を分担する方式をとって現在にいたっています。

その利点としては、展覧会企画、研究活動をはじめ、ラーニングの活動とは別のアウトプットの仕事においても、ラーニングの観点を持つことがあげられます。また、例えば対話型鑑賞のスキルを、普段の会議のファシリテーションにも活かすという、組織運営上の効果も認められます。なお、対話型鑑賞のファシリテーションは、学芸員八人全員が経験を積み、鑑賞会が実施可能な状況です。これは全国の美術館でも、めずらしい例かもしれません。

二〇〇三年、つまりオープンの翌年に、DIC川村記念美術館で開催された「美術鑑賞教育セミ

ナー」に参加させていただきました。上野先生、林寿美さんのコーディネートで、アメリア・アレナスさんによるセミナーを受講しました。

このセミナーで得た二つのことは、まず、アレナスさんによるファシリテーションのテクニックを直に学ぶこともできた点、もう一つは、会場となった美術館での対話型鑑賞の運営方法を具体的にご教示いただけたことです。この二つの経験が原点となり、当館での鑑賞会が二〇〇四年にスタートすることになりました。以降、毎年子ども向けの夏の特別なイベントとして継続実施しております。また、これを応用するかたちで、大人向けの講座、そしてビジネスパーソン向けの講座も開催するようになりました。

ざっと、約二〇年を振り返ると、美術館と社会との関係、アートと人との関係が変化していく中で、対話型鑑賞という方法を、多くのみなさんにご教示いただきながら、途切れることなく継続して行ってくることができたといえます。

「ボートに犬がいるよ」

前のページの写真が二〇〇四年、最初の「子ども美術鑑賞会」を開催した際の写真です。

今回、上野先生からのリクエストで、この鑑賞会について

クロード・モネ《バラ色のボート》1890年、ポーラ美術館

少し振り返ることにいたします。このグループの参加者は小学三年生から五年生くらいでした。モネの《バラ色のボート》（1890年）という作品を二〇分程かけて鑑賞したのですが、上野先生にお越しいただきまして、トークの記録を取っていただき、内容の一部を先生のご著書『私の中の自由な美術 鑑賞教育で育む力』にてご紹介いただいております。このとき実施したファシリテーションの方法と、現在私が行っている方法は基本的に同じです。

重視している点は、子どもたちの集中力を途切れさせず、飽きさせず、「なんだろう」「なぜだろう」という好奇心を持続させることです。その際に、これはアレナスさんから学んだことですが、声のトーンや、身振りなどにも、ある種、演劇的なアクションや、リズミカルなテンポ、抑揚を取り入れ、明解なふるまいをファシリテーターとして意識することが大変役立ちました。

アレナスさんご自身は目力が強く、大変表情豊かな方で、彼女の非言語の伝達能力の高さに圧倒された覚えがあります。

さて、モネ《バラ色のボート》は、実に複雑な要素・トピックが曖昧な状態で同居している、対話型鑑賞向きの名作です。例えば、「場所について」「色彩と筆触について」「ボートやオールといったモティーフ」「二人の女性の関係」など。二〇〇四年の鑑賞会では、ほとんどこれらすべてのトピックへと発言のポイントが移り変わっていく、ある意味、理想的なものでした。

鑑賞中にとても興味深いことが起きました。ある参加者が、ボートの間に犬がいると、早い段階に発言したのです。そして終盤に、他の参加者が、「この絵を描いた人は赤色が好きなんだ」と、それまで踏み込まなかった「作者の意図」を説明しはじめました。「赤色が好きで、だからボートを漕いでいる人の目も赤く、犬も赤色に塗った」というのです。その参加者の、「そうだ、ついに突き止めた！」とでも言いたいような表情を、今でも覚えています。

犬に見えたものは、実際はボートの一部を描いたものですが、滑らかで有機的な筆致や、ボート上の二人の女性の親密な関係、赤色という色彩の重要な象徴性を、鋭く言い当てている発言と解釈できるでしょう。このように、鑑賞により、思いがけないヴィジョンの広がりや、自分だけでは到底得ることのない体験が、ふいにもたらされる瞬間があります。対話型鑑賞を実践されている方は、同様の思いを抱いているのでは、と察しますが、当館では、このような深く揺さぶられる体験に私をはじめ学芸員たちが大いに刺激を受け、対話型鑑賞を継続していく原動力になってきたと言えます。

ラーニング活動の三つの軸

ポーラ美術館でのラーニング活動の軸として、対話型鑑賞を発展させていきたい、いくべきだと、とこの頃から、決心をしていました。しかしながら、その際に一番の課題となったのは、スタッフ側のモチベーションの問題です。当館の学芸員は、私をはじめ、展覧会企画と研究の膨大な仕事と責務を担っていました。対話型鑑賞会の開催がそれらの仕事と矛盾なく繋がる在り方を、長年模索しています。二〇〇四年当初はその在り方がまったく見えていなかったのですが、振り返ってみると、私個人としては、次の三つの事項を、意識してきたように思えます。

第一に、対話型鑑賞を「ファシリテーター／エデュケーター」を担う学芸員が、参加者とともに新鮮な気持ちで楽しめる、試行錯誤を行いながら無理のないスタンスで行う、という基本です。

第二に、対話型鑑賞を、「研究者／キュレーター」として、参加者とともにアートに関する省察の機会とする。たとえば、私自身、研究対象としている作品、展覧会の核となる作品を、繰り返し多くの方とみていくことで、重要な発見を得ています。対話型鑑賞と美術史の研究がどう繋がるのかをいつも念頭に置いています。

第三に、対話・ファシリテーションの方法の学び直しと応用を心がけ、いかに「社会の一員」として社会＝生活の場に広げて活用できるのか意識してきました。対話型鑑賞の対象者を広げるとともに、対話型鑑賞の方法や概念を、美術館の組織活動にさまざまに応用していく考え方を、次に説明していきたいと思います。

社会環境の変化とともに、当館も開館以来、来館者の属性、そして美術鑑賞に限らない来館動機の多様なさまが見えてくるようになりました。合わせて、ラーニングの対象の捉え方、定義も変化し続けています。近年、当館では国内外のアーティストを招いて展覧会を開くようになり、また、他の組織や研究者などと協働する機会も増え、さまざまな人と協働するプラットフォームとして大きく変化してまいりました。と同時に、対話型鑑賞をこれまでとは異なる対象にも広げています。例えば、子どもたちだけでなく、ビジネスパーソンのグループや、視覚障がい者の方を対象に実施するなどです。将来的には、近隣の要介護者の施設やその職員・施設利用者を対象とするなど、今後の広がり検討しているところです。

当館では、私たちの活動のリソースを、「箱根の自然」「コレクション」「展覧会・アーティストの活動」として大まかに捉えています。多様な人たちと繋がる元となるのは、これらの3つを媒介にしています。そして方法は対話です。

バウンダリー・オブジェクト

美術館が提示するアートの作品は、前提として正解のないもの、未知のものと捉えています。それは、異なる人、組織、さらには、異なる文化背景をもつコミュニティーや社会が、境界を越えて交わり、繋がることを可能にする働きをもちえるものです。これを、「つなぐもの」として、バウンダリー・オブジェクト、と言い換えられます。

我々が対話のリソース、として活用するのは美術の作品だけでなく、美術館の周りの箱根の自然、そして、展覧会の場もまた、そのような働きをもつものとして活用しています。

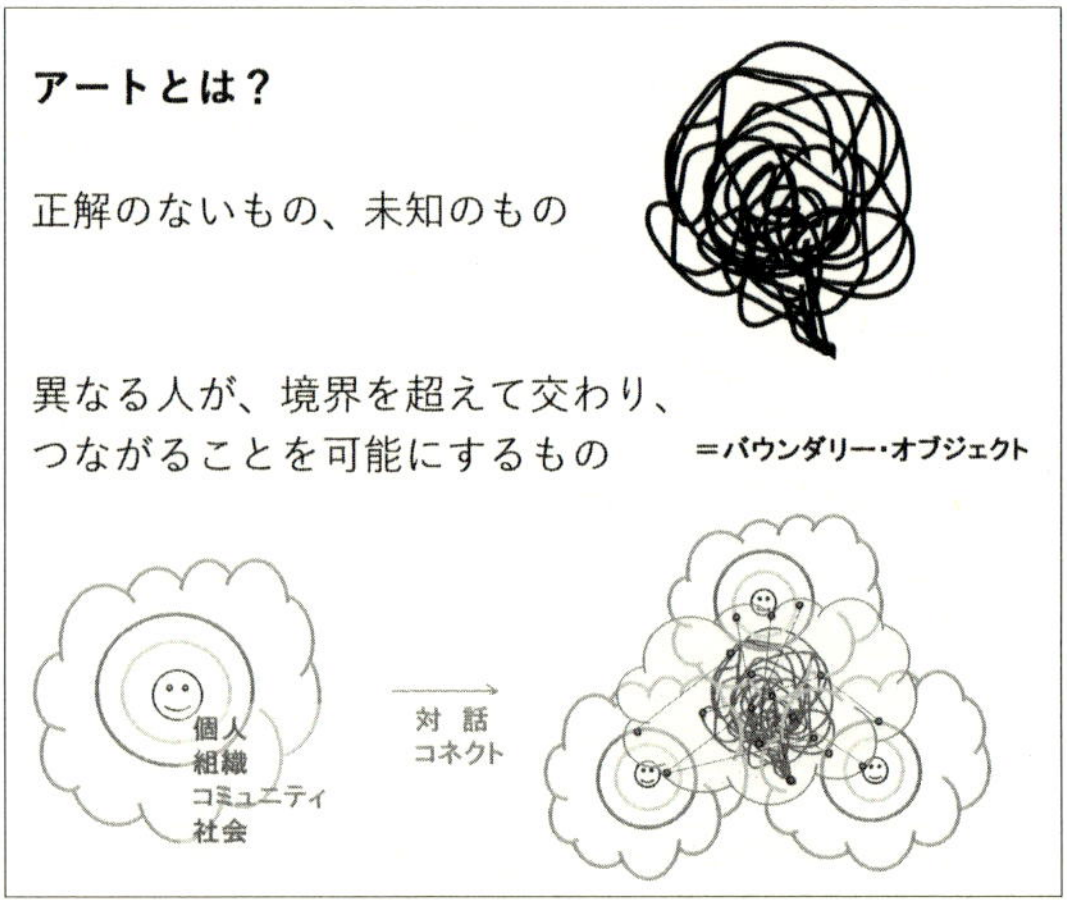

さまざまな対話型鑑賞の実践例

いくつかの対話の実践例を紹介します。展覧会を紹介するいわゆる解説会においても、対話型鑑賞の要素を取り入れてギャラリートークを実施する場合もあります。

次のページの写真は、当館で初めて開催した現代美術の企画展「シンコペーション」（2019年）における子ども向けの美術鑑賞の様子です。当館は、開館当初は近代、戦前の美術を主に紹介していまし

たが、近年は、現代美術へとジャンルを広げ、過去の作品と現代作家との対話をテーマとした展示を、館内のそこかしこに配し、体験できるようにしています。上の写真は、フランス人の作家セレスト＝ブルシエ・ムジュノの作品で、モネの絵画作品《睡蓮》（1907年）との対話を意図しています。中の写真は日本人のペインター渡辺豊さんとピカソの絵画を合わせた展示です。

また箱根の中学校とともに特別授業を実施しています。先生たちと話し合い、鑑賞だけでなく絵の制作と発表の機会も設けています。またアーティストを招いて共にふさわしいワークショップを検討して提供しています（写真中、下）。

写真上は箱根の自然を活用したものです。当館は、一〇年ほど前から周囲の森を散策できるように遊歩道を設置し、野外に彫刻やインスタレーションを置く活動も始めました。当館は、国立公園内にあるのですが、近隣にある箱根ビジターセンターの専門官の方をお招きして、来館者との対話を取り入れたレクチャーを実施しています（前頁写真下）。コロナ禍では、対話型鑑賞会など広く活動を展開

されているARDAさんに運営をお願いし、オンライン鑑賞会を実施いたしました。当館にはノウハウや経験がないことを、協働者を募りあえて試みることで、我々自身が学んでいくチャンスをいただいております。

また、ビジネスパーソン向けの講座も二〇一八年から開催しています。コロナ禍でストップしていましたが、再開準備を進めています。

この講座は企業単位のグループでの申し込みとしています。昨今ではビジネスにおけるアート思考の重要性への認識が定着してきた感がありますが、当初は、美術館に縁遠かったビジネスパーソンをターゲットとして開拓する方策としてスタートしました。

これまで、さまざまな業種の方々を対象に講座を開きましたが、毎回、美術にそもそも関心が無い方もおられ、社会においていったい美術館はなにができるのか、必要であり続けるためには、自分たちはどう行動すればよいのか、という問いが突きつけられる、いわば自身の修行の場となっています。

美術館と社会との境界を強く感じる場であるのですが、幸いアートの力は底知れず、その力を借りて受講者のみなさんと対話により繋がることができ、毎回多くの気づきや内省の

きっかけをいただいております。今後も、当館では対象者を広げつつ試行錯誤を続け、さまざまな対話型鑑賞の機会を設けていく予定です。

以上、ポーラ美術館の対話型鑑賞の二〇年、そしてこれからについてお話をさせていただきました。

（今井敬子）

第４章　兵庫県における対話型鑑賞の実践

美術鑑賞教育フォーラムが始まった同じ二〇〇六年には、国立美術館で美術教育関係者を対象とした鑑賞教育のための研修が始まりました。このころ、兵庫県では高校生がファシリテーターを務めるギャラリー・トークが、西宮市大谷記念美術館で行われています。兵庫県立美術館の遊免寛子さんにお話を伺いましょう。

「対話型鑑賞」という呼び方について

兵庫県立美術館で教育普及を担当しております学芸員の遊免寛子と申します。二〇〇四年度から鑑賞教育を主に行うミュージアムティーチャーとして、二〇〇七年からは教育普及担当の学芸員として、多くの子どもたちと対話による鑑賞を行ってきました。本日は兵庫県における対話による鑑賞の実践と「美術館を活用した鑑賞教育の充実のための指導者研修」を紹介させていただきます。

まず兵庫県における対話型鑑賞の実践をふりかえります。この「対話型鑑賞」という呼び方についてですが、一般的によく使われているので今回はそちらを使用していますが、当館では現在「型」という言葉を使用せず、「対話による鑑賞」とか「対話を用いた鑑賞」というように呼んでいます。また、本日の発表では、当館や周辺の美術館と学校の連携について、その一部を紹介します。もちろん、兵庫県内ではこれ以外にも、学校現場やさまざまな美術館で数多くの実践が行われていたかと思いますが、私がその全てを把握できておりませんもので、一例となることをお許しいただけたらありがたいです。

一九九二年から始まった小学校との連携

まず私が所属しております兵庫県立美術館ですが、兵庫県立近代美術館を前身とし、二〇〇二年四月に開館しました。近代美術館は一九七〇年に神戸市に開館しました（上図）。現在の美術館の場所から歩いて二〇分ほどの場所です。近美では一九七六年から学芸員による学校への出張解説を行っており、一九八〇年代から週末に一般向けの常設展の「列品解説」を行っていました。内容は、展示室でコレクションの作品解説を行うというもので、今で言う解説型のギャラリー・トークのことです。

一九九二年に学校が週五日制になり、県内の小中学生は兵庫県立を中心とした社会教育施設の観覧料が無料になりました。それもあり、美術館からそれほど遠くない場所にあった神戸市立成徳小学校の図工専科の教員であった池田真規子先生が初めて美術館に子どもたちを連れて来られます。

一九九三年には、江上ゆか学芸員が新たに採用され、教育普及に非常に熱心に取り組みました。それ以前には、学校の団体鑑賞の際には、鑑賞前に展覧会のレクチャーはしていましたが、展示室での取り組みが何もなかったため、通り抜けるだけの子どもも一定数いて、実り多き活動とは言えない状況がありました。江上学芸員は池田先生とアイデアを出し合い「美術作品とともだちになろう」というテーマを設け、展示室でワークシートを用いた鑑賞を行います。ワークシートはたくさんのコメントで埋め尽くされ、他の課外学習では見られなかった余りの強い反応に、池田先生はもちろん、担任の先生方も大変驚かれ、その後、毎年美術館に足を運ぶことになったそうです★1。

学校の教員と連携した授業

一九九四年度から五年度は、学校と美術館の双方にとってより実り多きものにするために、近隣の小学校と共にさらに研究し、一段階前に進め、自由鑑賞の際に学芸員が子どもたちと一緒に回って、話をしながら鑑賞するということを始めます。学芸員と共に話すことで、子どもたちの力が引き出されたのか、この時、これまでにない能動的な鑑賞を行う子どもたちの姿が散見されました。作品について問いを設けることで鑑賞が深まるということがわかったことから、一九九六年度には、小・中・高等学校の教育課程における美術館活用のモデル事業を立ち上げ、学校の教員と連携した授業を行います。その当時の江上学芸員の言葉を引用します。

「美術館での鑑賞教育は、それぞれの来館者が、自らの鑑賞方法を発見し、深めるために、鑑賞の体験を重ねる手助けを行い、あるいはその幾つかのやり方を示して見せることだと考えている。対象者が子どもであっても、成人であっても、最後は一人ひとり異なるところへ導いてゆく作業である。その柔軟な対応は、生身の人間にしかできないことである。結局、普及・教育活動の根本とは、人の介在にあるのではないだろうか。ものいわぬ作品を多弁にするのは人である。優れた美術作品がより強く人に訴えかけるものであり、多くを語らしめるものであるとすれば、尚更であろう。そして美術館とは、こういった作品と人との会話、人と人との会話を、広く長く伝えてゆこうとする場なのではないだろうか★2」

学校教育との連携（神戸市立成徳小学校）

学芸員が進行役となり意見を聞く

この頃、神戸市立成徳小学校ほかいくつかの小学校の団体鑑賞の際に、より対話を深めるために、常設展示室の特定の作品の前に集まり学芸員が進行役となって子どもたちの意見を聞くギャラリー・トークが行われるようになります（上図）。子どもたちと作品の出会いをいかにファシリテートするか、それを重視した活動を試行錯誤しながら行っているうちに、展示室で作品の前で学芸員と一緒に話をしながら鑑賞するということが、最も鑑賞を深めることがわかったことが大きなきっかけとなりました。

また、これまで常設展示室で列品解説を定期的に開催してきたこともあり、普通なら展示室は静かな場所だという来館者の意識があるので、抵抗が大きいと思うのですが、当館ではいつもの解説の拡大版のようなかんじで、一般来館者の抵抗が少なかったようです。
江上が普及課を離れてからも、多くの学芸員がローテーションで学校団体のギャラリー・トークを実施してきました。そして、二〇〇二年の四月、阪神淡路大震災からの文化の復興のシンボルとして現在の美術館が開館します（下図）。

美術史的な情報をどうする？

私がミュージアムティーチャーとして働き始めたのは二〇〇五年度でした。私の仕事には、ギャラリー・トークのファシリテーターが含まれており、先輩のミュージアムティーチャーからテキストとして渡されたのが、上野先生の『まなざしの共有』です。その頃の当館のギャラリー・トークは、上野先生が紹介されているトークの形を参考にしたものであると言えるでしょう。
ただ、実際に先輩学芸員やミュージアムティーチャーのギャラリー・トークを聴いていると本とは少し違うところもありました。子どもたちの言葉をたくさん引き出すところは同じですが、最後に、この作家はね、この作品はね、という情報が必ず入ります。また当時のトークは、子どもたちの意見とは関わりなく美術史的な情報を伝えることもあり、時に子どもたちの発見と異なる情報で締めくく

られることもありました。私は、それら美術史的な情報を必ず提供すべきだとは思っていないので、今はさらに鑑賞が深まると思われる場合に情報を伝えるようにミュージアムティーチャーに伝えています。ここ数年コロナ禍にはギャラリー・トークを全く行えませんでしたが、ようやく今年度の五月八日以降にギャラリー・トークを再びこういう形で再開できるようになって、非常に喜んでおります（下図）。

神戸市立小磯記念美術館の活動

さて、兵庫県には当然のことながらさまざまな美術館があります。今回はその中から鑑賞教育に非常に熱心に取り組まれ全国的にも知られている神戸市立小磯記念美術館の活動を紹介します。

県美がオープンした二〇〇二年度、近代美術館に子どもたちをたくさん連れてきてくれていた池田真美子先生が小磯記念美術館に指導主事として着任されます。先生は、対話を交えた鑑賞をずっと続

けられていて、それを小磯美術館でもやれないかということで、積極的に実施されました。ただ、小磯美術館は小磯良平の作品がコレクションの中心なので、ギャラリー・トーク向きではないと悩まれた時期もあったそうです。しかし、子どもと作品との間に何があるかということを常に考え、一見不向きと思われる作品であっても、どのような作品でも子どもたちは対話を楽しみながら鑑賞するということを発見されたそうです。

その頃、学習指導要領が改定され、美術館・博物館の活用が謳われ始めたことから、神戸市を中心とする多くの学校の団体鑑賞あるいは出前授業の中で、さらに対話による鑑賞が深められました。最も多い年では、団体鑑賞と出前授業で二万人の神戸市立の小中学校生が対話による鑑賞を体験したということです。

現在、鑑賞教育に熱心に取り組まれている神戸市の学校では、四年生の時に比較的小規模で具象画の多い小磯美術館、五年生の時に大規模で抽象的な作品や彫刻がある県美という流れができています。そしてそれはこの地域の特色だと思います。

浅野吉英先生の実践

県立の高等学校では、また異なる実践がありました。県立美術館がオープンした二〇〇二年に、県立の高等学校の美術・音楽・書道の芸術三科の研究大会が開催されました。その研修のために、かねてよりアメリア・アレナスのギャラリー・トークに強い関心を寄せていた県立高等学校の美術教員の浅野吉英先生が中心となり上野先生に講演を依頼されます。講演会の後には、事前にギャラリー・トークの進め方についてアドバイスをもらっていた上野先生から一二名の先生がファシリテーターとなって、他の先生方を対象に当館の常設展の展示室でギャラリー・トークを行いました。これが兵庫県の高等学校の先生にとってのギャラリー・トーク元年となりました。

しかし浅野先生によると、研究大会が終わってから授業の中で取り入れた学校は残念ながらほとんどなかったそうです。浅野先生自身も授業で取り入れたところ、生徒同士の関係性があまり良くなかったため、意見がほとんど出なかったそうです。また、ファシリテーターとしての力量やプロジェクターで投影しての作品鑑賞の難しさなどの要因が重なり、ますますやりにくくなったとのことです。

高校生がファシリテーターに

その後、二〇〇六年の一月に第二六回近畿高等学校総合文化祭の美術工芸部門展が当館のギャラリーで開催されることが決まります。参加高校生の交流会の担当だった浅野先生は、高校生の作品で先生が進行役となるギャラリー・トークを行おうと考えていました。そのような中、展覧会の前年の七月一六日に芦屋市立美術博物館で京都造形芸術大学（当時）のアート・コミュニケーション研究センターによるアメリア・アレナスのギャラリー・トークが開催されます。

浅野先生はこのトークに参加し、八月に同じ場所で行われた造形大の学生がファシリテーターとなった高校生向けのギャラリー・トークに、美術部の生徒を連れて参加します。

そのトークの終了後、造形大の福のり子先生に、高校生が高校生たちの展覧会でギャラリー・トークのファシリテーターを行うことは可能か尋ねられたそうです。福先生は、「可能かどうかは、練習次第で、造形大では厳しくトレーニングしている。けれども、自分たちの作品についてトークすることは、とっても意味があることだ。その際、一つだけルールを決めたらいい。トークの間、その絵の作者の生徒は何も言わないで、最後にいろんな人の意見を聞いた上で、自分が描いた作品について本人が語るようにする。これはいいですよ」とおっしゃったそうです。[★3]

それで交流会でのトークは、その時のギャラリー・トークに参加していた学生たちを中心に練習を重ねて実施されました。

翌年、当館での高文祭交流会のトーク終了後、ファシリテーターを務めたふだんは寡黙な生徒が、自分の作品の前で立ち止まり、「実はこの作品は僕の作品なんだけど…」という風に話し出し、自然発生的にギャラリー・トークになったそうです。それを目にした浅野先生は、大変感激され、ファシリテーター経験の教育的意味を考えるようになりました。

ファシリテーター経験の教育的意味

その後、二〇〇八年には、浅野先生が勤務されていた県立西宮今津高校から二㎞の距離にある西宮市大谷記念美術館と連携して、高校生が一般の方に向けてファシリテーターとなる鑑賞ワークショップを企画します。その時は自校の生徒八名に加えて近くの中学校に声をかけましたが一人しか集まりませんでした。その一人を加えた計九名が進歩役となって、美術館で研修をしたり、練習をしたりして本番に臨みました。

本番では、上野先生が「対話と鑑賞」について講演され、活動について参加者に説明した上で、グループに分かれてトークが行われました。意見交流会では上野先生から具体的なアドバイスとともに、ファシリテーターにはかなりのトレーニングが必要で、一流品は一朝一夕にはいかないとのコメントがありました。

この経験を通して高校生は対話の意義を理解していったそうです。「高校生は、会話をしているが、ほとんどの場面で対話をしていない。これは、多くの大人も同じである。参加者の発言をそれぞれ大切にしてゆかねば成り立たないファシリテーターのあるべき態度の中で、対話の持つ意味が養われてゆく。そのためには、周到な準備と多数の他者を前にした緊張のステージが必要である。ステージを終えると自信が生まれる。まずかった、という思いも少し残る。でも、感想を読むと好意的なことに安心し自信が残る。（中略）美術の授業の本質は、創られた芸術作品の技法の模倣にあるのではなく、味わうことと、それが創造された場面での感動に立ち会う中で、いかに自分自身のありように関連付けて自らが持つ創造へのスイッチが入るかにかかっている。創造行為のありようを美術教育が追いかけている限りホコリをかぶることはない。そういう点から考えると、これまでの美術教育は創造行為に言葉が強く関係してゆくことに無関心すぎたと反省しなければならない」というふうにおっしゃっています。★4

「美術館を活用した鑑賞教育の充実のための指導者研修」について

引き続きまして「美術館を活用した鑑賞教育の充実のための指導者研修」ですが、私は主催者ではないのですが、参加者として参加し、その後ファシリテーターとしても参加したご縁がありまして、紹介させていただきます。こちらは、独立行政法人国立美術館による研修で、二〇〇六年度に始まりました。全国の教育関係者を対象に教育普及事業の実践にあたる人材の育成や、地域における学校と美術館の連携を目的とし、全国から教員、指導主事、学芸員が参加してきました。

専門家の講義や各地で行われている優れた実践について知るというのは他の研修でもあると思いますが、国立美術館の展示室で、そのコレクションを教材に全国から集まった皆さんとグループ・ディスカッションを行えるという点が最大の魅力です。地域も職種も超えて目的を一にする仲間との交流は、それぞれのホームでの美術鑑賞教育を充実させるための大きな力になっていると思います。きっとこの研修の内容に興味がある方がこの場にはたくさんいらっしゃると思います。国立美術館のウェブサイトにウェブ報告書が掲載されていますので、ぜひそちらをご覧ください。

（遊免寛子）

【注および引用】

★1　池田真規子先生への聞き取り
★2　江上ゆか、「平成六～七年度の教育普及活動報告―小・中学校団体鑑賞の事例を中心に―」（『兵庫県立近代美術館　研究紀要』第5号）、一九九五年、42頁。
★3　浅野吉英、「アート起こしの美術教育に向けて～高校生をファシリテーターに～―中高生が進行する対話型鑑賞ワークショップの取り組みを通して―」（第三回美術鑑賞教育フォーラム　資料―6）、高知大学、二〇〇八年。
★4　浅野吉英、前掲書。

第5章　秋田県での対話による美術鑑賞

二〇〇六年から二〇〇七年にかけて、全国各地で対話型鑑賞が活気づきます。秋田県では教育委員会が対話型鑑賞の実践冊子を編集しました。当時、秋田県教育庁中央教育事務所指導主事で、編集に当たられた鎌田悟さんに秋田での対話型鑑賞についてお話をお伺いします。

二〇〇五年の転機

私は、今から二〇年前の二〇〇三年から一〇年間、秋田県教育庁の指導主事、主任指導主事を経た後、小学校と中学校長を一〇年間務めました。この春に退職し、現在は再任用教員として秋田市内の中学校で二〇年ぶりに美術の授業をしています。久しぶりの授業で感じることは、理論と実践とのギャップです。お話したように、つい最近までは指導的立場で美術の授業を語ってきたのですが、実際に授業してみると、さまざまな教育課題の中で理想とする授業、子どものための授業をいかに構築していくかに四苦八苦しています。もちろんまだ慣れていない部分もあるのですが、多様化している子どもの実態に合わせて授業を進めることの難しさを痛感しています。

それでは、秋田県でどんな動きがあったのかを紹介します。話は一八年前に遡ります。秋田県では、市町村も含めて当時から現在も美術科の指導主事は五人で、県全体の授業力向上のために、常に同じベクトルで指導に当たっておりました。皆さんの県では、美術科の指導主事は何人いらっしゃるでしょうか。秋田県の規模に対してこの五人という数が、実は大きな意味をもっていると思っております。私が指導主事三年目だった二〇〇五年は、県全体の授業改善を図るために、図画工作・美術科の重点施策として、「指導と評価の一体化」を掲げておりました。これは当時、先生方からの質問で、作品の見方や授業での評価の仕方がよくわからないという意見がとても多かったからです。

次の年の二〇〇六年は、「題材構想の在り方」について重点化を図ろうと考えていました。その理由は、評価の指導をいくら繰り返していても結局は指導の部分、つまり授業づくりがしっかりしていないことが、評価を難しくさせているという実態があることが分かったからです。そんな中で、たまたまこの年に私が国立美術館での「美術館を活用した鑑賞教育の充実のための指導者研修」に参加することになりました。

清水登之《チャイナタウン》を鑑賞して

私の在籍していた教育事務所には社会教育主事もいて、社会教育班の回覧文書を偶然目にすることになりました。最初は正直なところ、「出張で美術館に行ける」程度の軽い気持ちでしたが、この研修は私にとって大きな転機となりました。私自身の鑑賞経験について言えば、学生時代から制作活動を続けているため、自分の制作に関わる作品（現代美術）、美術教師として見ておいた方が良いと考える作品、一般的な知識として見ておきたい作品（クレー、マチス等）限定された領域の鑑賞であり、逆に言えばそれ以外の領域の作品（日本画、アジア圏の作品等）を全く見ることがありませんでした。

例えばこの清水登之の《チャイナタウン》という作品です。国立近代美術館のこの研修で、当時、筑波大附属小の西村徳之さんがトーカーを務め、初めて私が対話による美術鑑賞の洗礼を受けた作品です。たぶんこの機会がなければ一生出会うことはなかった作品です。こういう感じの作品は間違いなくスルーしてきたと思います。

この作品について一五人程度で三〇分以上の鑑賞を行なったのですが、話が尽きなかったことを鮮明に記録しております。またこの研修会は結構きつい研修会で、三日間の中でじっくり作品を見ることができたのはこの一作品くらいでした。あとは鑑賞についての真面目な勉強会だったのです。

今では当たり前となりましたが、何よりも複数人で鑑賞することが新鮮でした。また話合いで自分の考えを主張するのではなく、対

話を重ねることで自分の考えが変容していくことに自身驚きました。その後の講義等で、評価のこと、題材構想のことなど今まで指導しながら曖昧だった多くのことが輪郭をもって立ち上がってきました。

『まなざしの共有』との出会い

私はこの研修会から、対話による美術鑑賞に興味をもち、関連する書籍を読み漁ることになります。一番に購入したのが、先ほどから話に出ている上野行一先生の『まなざしの共有』（淡交社）でした。読み深めていくうちに私たち美術教師は、どちらかというと自分の学生時代を含め、作るということに偏重していたのだと気付かされます。私だけの思い込みかもしれませんが、見るということは、作るための行為だったのかもしれません。『まなざしの共有』には、見るということがどういうことなのかを改めて考えさせる多くの示唆が含まれていました。

そしてこの頃、つまり二〇〇六年頃には、秋田の高校の先生の中に、この対話による美術鑑賞について興味をもつ先生、例えば黒木健さんなどが現れてきました。そうして、私たち行政の立場の者と高校の先生方のグループの間で、この対話による美術鑑賞を全県の小・中・高等学校に推し進めていくことになります。

私たち指導主事は、早速、翌年の二〇〇七年に授業改善の視点で、鑑賞活動のあり方の一つとして、対話による美術鑑賞の普及をスタートさせました。具体的には、県主催の研修会、学校訪問、造形教育研究会等でこの鑑賞について紹介し、さらには全県各地で先生方に実際に経験していただくために、五人の指導主事が模擬授業を繰り返しました。また、懇親会等でも話題にして、次の訪問時では鑑賞の授業をやってくれないかと全県を回ってお願いしたわけです。

大きな反響

狙っていたのは、対話による美術鑑賞を切り口とした授業改善の底上げを図ること。さらには美術館を活用し、学校と美術館連携の質的向上を図るということでした。美術館連携に関して言えば、週の授業時数が少ないこの教科では、学校での鑑賞授業の質を高める意味でも美術館との連携は必須と考えていました。この結果、二〇〇七年の一年間で、美術教師のいる高校が一〇〇％、中学校は九〇％、小学校では一年で三五％、二年で約五〇％に近い取り組みを達成することができました。県内では、他教科や校長先生方にまでかなりの反響がありました。

特に他教科からの関心がずいぶん高かったことを記憶しています。美術科を含め多くの先生方から

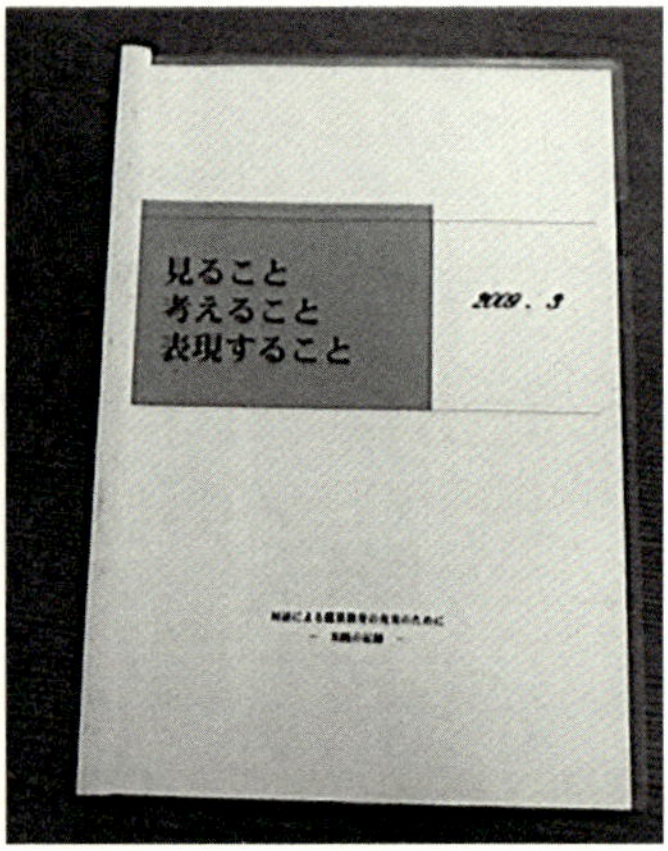

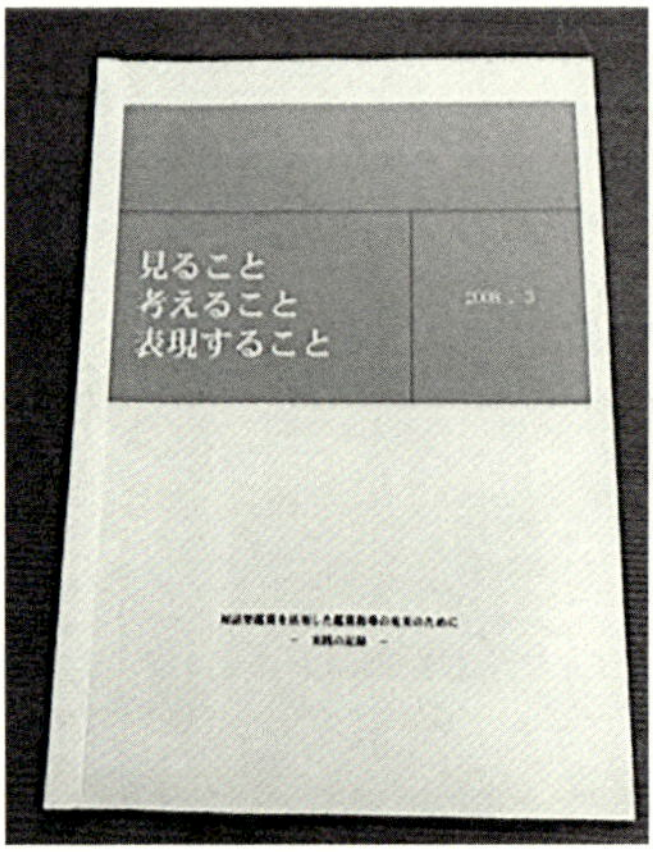

は、「今までの鑑賞とは全く違う」との声が多数ありました。間違いなく大きな反響があったということです。要因として、この鑑賞方法がシンプルで分かりやすく、実際に体験してみたら楽しいことが挙げられておりました。

私たちは、二〇〇七年、二〇〇八年の各年で、取り組んでくれた先生方の実践事例を掲載した成果と課題の冊子を作成し、多くの先生方や教育関係者に配布しました。ご覧頂いているこの冊子（前頁）も教育庁内等でも結構な反響があり、指導主事としてのやりがいを感じていた時期でした。もちろん普及は進みましたが、課題がなかったわけではありません。課題としては、①授業のねらいが曖昧である②事後の活動をどうするか③美術館との連携をどうすればよいかなどでした。さて、今日参加されている先生方の現在の課題と比べていただいていかがでしょうか。三つ目の美術館との連携については、当時、先生方が学芸員と打ち合わせをしながら授業をつくることには、双方の理解のために結構な労力が必要で、コーディネート役として指導主事が助言をすることは有効であると考えていました。つまり橋渡しが必要ということです。秋田県内には指導主事が五人もいて、橋渡しが容易だったということもあります。

その後の状況がどうなっているかは、現在把握できていませんが、学芸員や教員の世代交代が進む中で、新たな人間関係の構築は必要です。連携の必要性や方法などは、どこで誰が教えてくれるのだろうかと思っております。教職員の世代交代に即応した「つなぐシステムの構築」については、これからも話合いを深めていく必要があるのではないかと考えております。

その後二〇一一年に秋田県では、図画工作・美術科に限らず、小・中・高の全教育課程で、県全体で「問いを発する子どもの育成」を最重要課題として位置付け、その取り組みをスタートさせることになります。続いては、秋田県の「問いを発する子どもの育成」について、対話による美術鑑賞との関連について少しお話をさせていただきます。

問いを発する子どもの育成

「問いを発する子どもの育成」とは何かというと、端的には「問題を発見し、他者との関わりを通して主体的に問題を解決していく子どもの育成」ということになります。秋田の探求型授業の基本プロセスとしてご覧いただいている下の図は、構造的には対話による美術鑑賞のプロセスと大きく変わることがないと考えます。

そこで私たちは、対話による美術鑑賞の取り組みを継続するためにも、県全体の重点と美術科の重点をクロスオーバーさせることを考えました。具体的には、秋田型のプロセスと対話による鑑賞のプロセスを学習活動である三つの「見ること、考えること、表現すること」の視点で捉え直し、一つ一つの活動をねらいに対して吟味し修正を加えていくことで、美術科に限らず教育課程内での学びを捉え直そうというものでした。

対話による美術鑑賞の今までの取り組みは、二〇一八年の全造連全国大

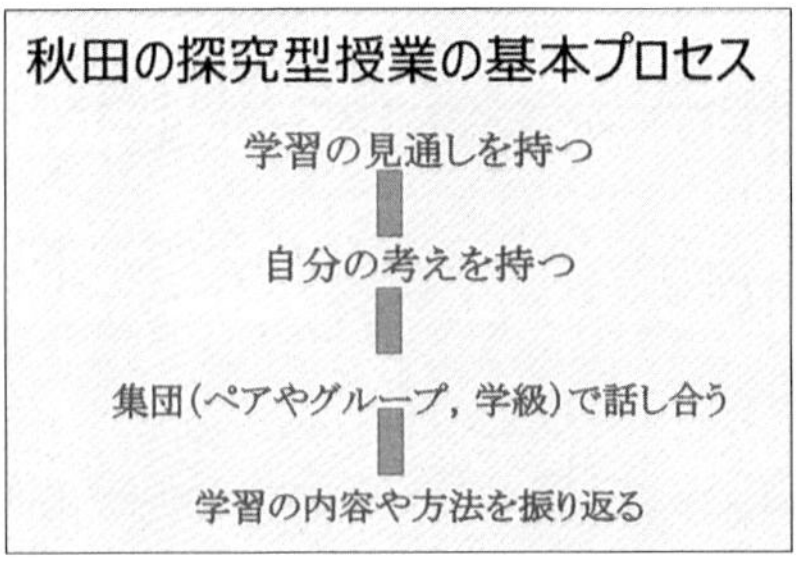

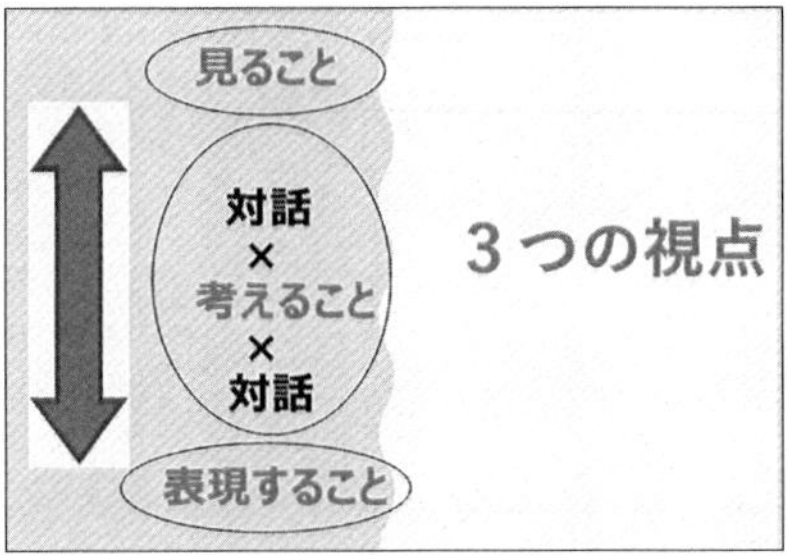

会へ引き継がれ、大会主題を「私を問い、発信する子どもの育成」とした全国大会発表となりました。その後は、ご存じのようにコロナ渦に突入することとなるわけです。

今後の課題

現在、私の個人研究として、「問い」を基本軸とした深い学びについて研究を進めております。例えば大きな問いとして「何が見えますか」「何が起こっていますか」などがよく使われますが、「何がわかりますか」「何を感じますか」が否定されるわけでもありません。「問い」には様々な形があり、また使われる場面があります。このことは、図画工作・美術科に限らず様々な教科にも深く関係します。一時間の授業や数時間での題材や単元の中で、導入・展開・振り返りのどの場面で、問いをどのようにもたせるかによって、子どもたちを深い学びに導くことが可能になると考えます。このことについては研究途中ですので未だまとまっておりませんが、いつかまとめて形にし、機会があれば発表したいと考えております。

最後になりますが、今後の授業改善に向けて一言お話をさせていただくとすれば、これからの美術教育がいかなる方向に変わって行くにせよ、子どもたちの成長に併せて肢体を働かせ、一人一人の視覚や触覚等の五感を研ぎ澄ます授業づくりを忘れてはならないと考えます。そして日常の学習活動である「見ること、考えること、表現すること」のそれぞれの意味と関係性を今一度考え直した授業づくりを大切にしていく必要があると思います。私も自ら問い続ける子どもの育成のために、時代に即応した新たなコミュニケーションの在り方も同時に捉えながら、子どもたちの思考力、判断力、表現力等の資質・能力の向上にこれからも尽力していければと考えております。

（鎌田悟）

第6章　対話による鑑賞の地域カリキュラム開発

このような全国各地での対話型鑑賞への動向を受けて二〇〇八年、図工や美術の先生のための実践ガイドブックが作成されます。（八五頁参照）

無料で配布されたこの実践ガイドブックは評判を呼び、何度も版を重ねました。こうした状況のなかで、全国の先生方の熱意に後押しされて、美術による学び研究会は二〇〇八年に発足するのです。学校での鑑賞教育が盛んになると同時に、美術館の方でも学校との関係づくりが大きな課題になってきました。それで上野らは、当時、文部科学省の教科調査官だった奥村高明さんや岡田京子さんらとともに、地域の美術館が所蔵する作品を使った鑑賞カリキュラムの作成を始めました。

これは、地域の教育委員会や先生方、美術館の協力がないとできません。そこで東京都府中市と福岡県北九州市でご相談し、お願いしたのです。では、その制作プロセスと内容について、実際の制作にあたった当時若松小学校の大杉健さんと、府中市美術館の武居利史さんにお伺いしましょう。

義務教育九年間を対象として

大杉　みなさん、こんにちは。武蔵野大学の大杉です。よろしくお願いいたします。

武居　こんにちは、武居です。ただいま府中市美術館とご紹介いただきましたが、現在は府中市の文化生涯学習課で生涯学習の仕事をしております。

大杉　それでは始めさせていただきます。まず、みなさんにこの写真を見ていただきたいと思って持ってまいりました。これは小学校の四年生です。四年生が一枚の絵を前にして、みんなで楽しそうに話をしています。私たちは、この姿を見ながら活動をどのように支援していけるのか、そういうことを中心に話を進めていきたいと思っております。

初めて美術館に訪れ鑑賞をすること、大きな団体の中で鑑賞していくことということで、研究を進めて参りました。地域に根ざした鑑賞をどのようにしたらよいのか、二〇一〇年から二〇一一年にかけて、小学校から中学校までの義務教育九年間をその対象として取り組みました。そして、地域に根ざすということで、地域の美術館にある作品、これを中心に作品を選定

し鑑賞を行い、その様子を冊子にまとめる、このような活動を行ってまいりました。なお当時、この活動は、福岡県北九州市及び東京都府中市の二箇所で同時進行していました。

美術鑑賞教育府中エリア研究会

武居　では、私たち府中市のことについて、話をさせていただきたいと思います。府中市におきましては、教育委員会のバックアップもあり、府中市立小中学校教育研究会図工美術部の教員と府中市美術館の教育普及担当学芸員が協働して、美術鑑賞教育府中エリア研究会を発足させました。二年間かけて研究に取り組み、東京都府中市鑑賞教育カリキュラム「話して、味わう鑑賞の時間」を完成させることができました。

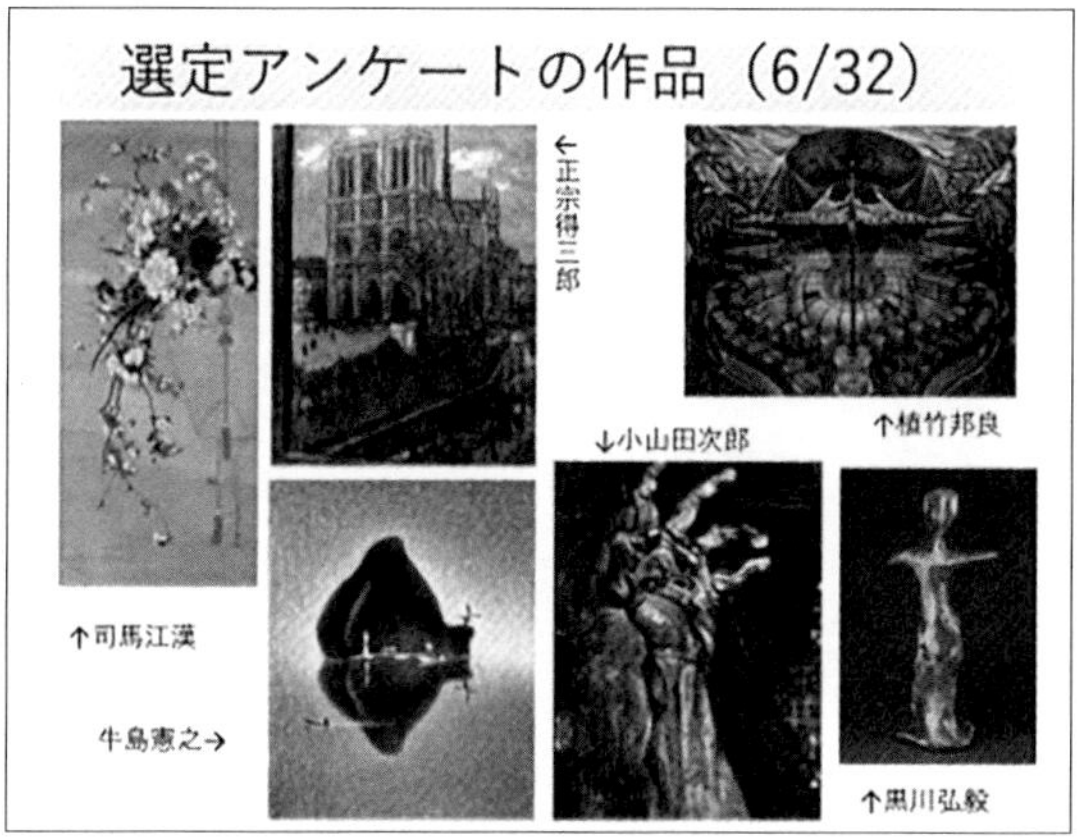

「対話による意味生成的な美術鑑賞教育の地域カリキュラム開発」
東京都府中市エリア研究会　教材選定アンケート

学校名	府中市立　　　　　学校	教諭名	

1．対象とする学年の児童・生徒の美術鑑賞の指導にふさわしいと思う美術作品（作者と題名）をご記入ください。選定理由もあれば、あわせてご記入ください。なお、作品は府中市内にあるものとし、別添の参考資料にある作品でなくてもかまいません。

対象学年		作品１（作者・題名）	作品２（作者・題名）	特記事項
小学校低学年	作品			
	選定理由			
小学校中学年	作品			
	選定理由			

このほかに、作品を選定する上で重視した点についても記入欄がある

研究活動では、まずどのよ

うな作品を用いるべきか、図工・美術教員にアンケートをとりました。小学校の低学年・中学年・高学年、中学校の一年と二・三年の五つの階層に分け、授業の教材としてふさわしいと思う作品を、あらかじめ美術館側で厳選した三二点のリストを参考に階層ごとに二点ずつ選んでもらいました。対象作品の選定で重視したことは、府中市の子どもたちが実際に目にすることができる作品であるということです。したがって、美術館の所蔵品だけでなく、市内で見られるパブリックアートも対象としました。

これらが美術館側でまず選んだ作品の例となります。時代やジャンルなどいろいろな観点から作品を選びまして、それを階層ごとに選んでもらうということをしました。この中で植竹邦良という作家は、府中市に住んでいた作家で回顧展も行っているのですけれども、このように地域にゆかりのある作品も多く選びました。

アンケートの結果

アンケートの結果をお見せしたいと思います。

低学年です。物語が発想しやすい作品、子どもが知っているような作品、そして触覚だとか動作が可能な作品、このような基準で作品を選んでまいりました。

これは低学年で選んだんですけれども、立石紘一の《登呂井富士》という作品です。こうした作品はいろいろな学年でもいろいろな要素を発見しやすいという作品でありまして、例えばある人は「天使の馬みたいな白いロボットが、本物みたいに見えてすごい」といった感想を持っているなど、さまざまな意見が出されます。

中学年になります。中学年では、実際に図工の授業で扱うような、そんな作品を選んでみたいな、そんな話が出てまいりました。あとは色や形などから、様々な発見ができるような作品、このことが基準になっております。こちらの作品は、都立府中の森公園、美術館が所在する公園なんですけれども、その中にある向井良吉の《七月（七夕）の樹》というものです。形状や素材に特徴のある作品で、子どもたちがふだん遊ぶ場所にあり、よく見に来ているような身近な作品です。

向井良吉《7月（七夕）の樹》1993
都立府中の森公園（東京都設置作品）

清水登之《チャイルド洋食店》1924
府中市美術館

高学年になります。高学年では、自分なりの見方、感じ方ができるか、このようなものを選んでいきたいと思いました。そして地元の作家ですね。出会うことのできる作家、会話ができる作家、そういうような作品を選びたいなということで話が出てまいりました。高学年では、清水登之の《チャイルド洋食店》などをあげています。この作品は、高学年対象の美術鑑賞教室で取り上げる機会も多く、実際の教室でも取り上げていく際に表現の細部に注目し、描かれた状況を深く見ることができます。

中学校になります。中学校では、心象的な表現、日本の美、構図や図法、技法的なことですね。そして、文化財としても価値がある、そのような作品を扱っていきたいなということでまとまってまいりました。中学校の二、三年からになると、江戸時代の司馬江漢や明治時代の青木繁など美術史的な観点からの選択がありまし

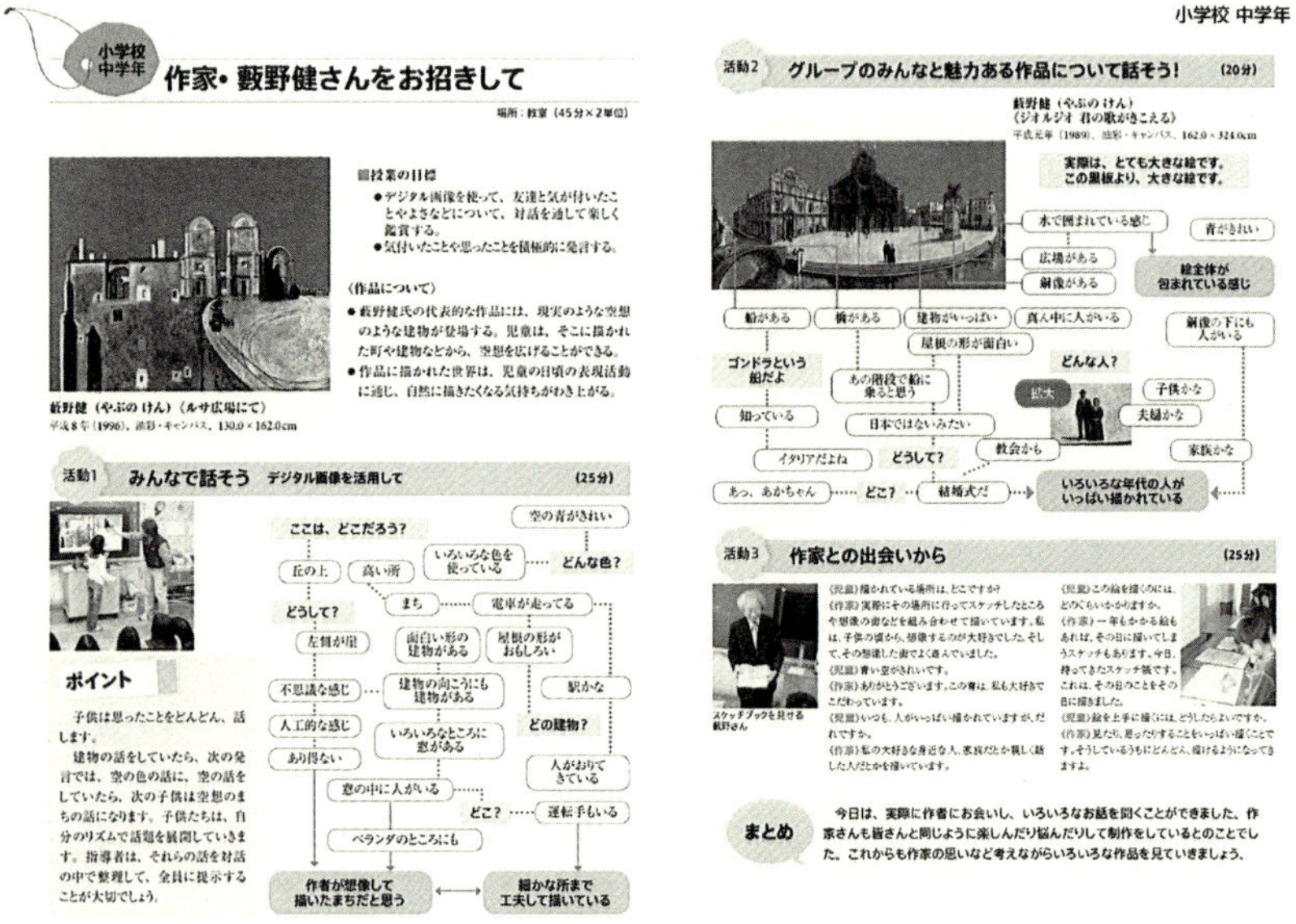
小学校中学年

作家・藪野健さんをお招きして

場所：教室（45分×2単位）

■授業の目標
●デジタル画像を使って、友達と気が付いたことやよさなどについて、対話を通して楽しく鑑賞する。
●気付いたことや思ったことを積極的に発言する。

〈作品について〉
●藪野健氏の代表的な作品には、現実のような空想のような建物が登場する。児童は、そこに描かれた町や建物などから、空想を広げることができる。
●作品に描かれた世界は、児童の日頃の表現活動に通じ、自然に描きたくなる気持ちがわき上がる。

藪野健（やぶの けん）〈ルサ広場にて〉
平成8年（1996）、油彩・キャンバス、130.0×162.0cm

活動1 みんなで話そう デジタル画像を活用して （25分）

ポイント

子供は思ったことをどんどん、話します。

建物の話をしていたら、次の発言では、空の色の話に、空の話をしていたら、次の子供は空想のまちの話になります。子供たちは、自分のリズムで話題を展開していきます。指導者は、それらの話を対話の中で整理して、全員に提示することが大切でしょう。

小学校 中学年

活動2 グループのみんなと魅力ある作品について話そう！ （20分）

藪野健（やぶの けん）
〈ジオルジオ 君の歌がきこえる〉
平成元年（1989）、油彩・キャンバス、162.0×324.0cm

活動3 作家との出会いから （25分）

スケッチブックを見せる藪野さん

（児童）描かれている場所は、どこですか？

（作家）実際にその場所に行ってスケッチしたところや想像の街などを組み合わせて描いています。私は、子供の頃から、想像するのが大好きでした。そして、その想像した街でよく遊んでいました。

（児童）青い空がきれいです。

（作家）ありがとうございます。この青は、私も大好きでこだわっています。

（児童）いつも、人がいっぱい描かれていますが、だれですか。

（作家）私の大好きな身近な人、家族だとか親しく話した人だとかを描いています。

（児童）この絵を描くのには、どのぐらいかかりますか。

（作家）一年もかかる絵もあれば、その日に描いてしまうスケッチもあります。今日、持ってきたスケッチ帳です。これは、その日のことをその日に描きました。

（児童）絵を上手に描くには、どうしたらよいですか。

（作家）見たり、思ったりすることをいっぱい描くことです。そうしているうちにどんどん、描けるようになってきますよ。

まとめ

今日は、実際に作者にお会いし、いろいろなお話を聞くことができました。作家さんも皆さんと同じように楽しんだり悩んだりして制作をしているとのことでした。これからも作家の思いなど考えながらいろいろな作品を見ていきましょう。

た。これらが小学校の選択との違いということだと思います。

これが実際の冊子の中身になります（前頁）。作品がまず上の方にあります。その下のところは子どもとどんな会話をしていったらいいのか、どんなふうに会話をするのか、そんな例を挙げてあります。大きくすると、こんなところですね。こちらの方が、会話の部分になります。

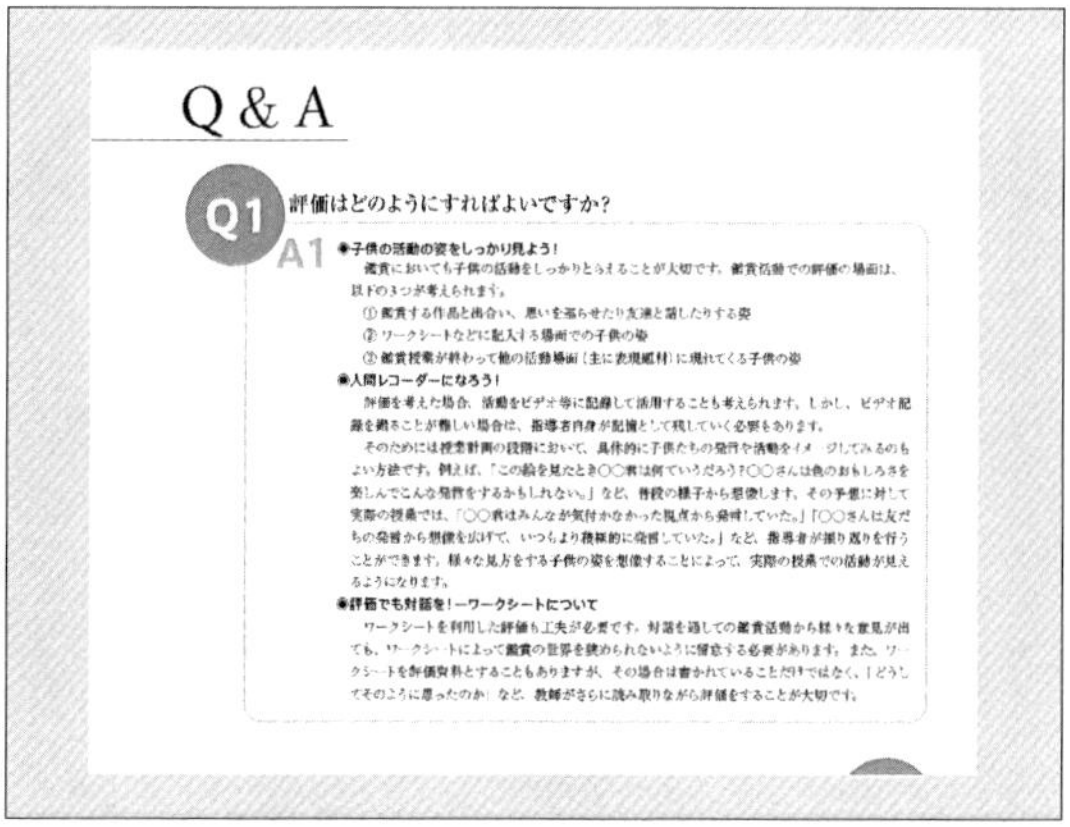
Q & A

Q1 評価はどのようにすればよいですか？

A1 ●子供の活動の姿をしっかり見よう！
鑑賞においても子供の活動をしっかりとらえることが大切です。鑑賞活動での評価の場面は、以下の３つが考えられます。
① 鑑賞する作品と出合い、思いを巡らせたり友達と話したりする姿
② ワークシートなどに記入する場面での子供の姿
③ 鑑賞授業が終わって他の活動場面（主に表現題材）に現れてくる子供の姿
●人間レコーダーになろう！
評価を考えた場合、活動をビデオ等に記録して活用することも考えられます。しかし、ビデオ記録を撮ることが難しい場合は、指導者自身が記憶として残していく必要もあります。

そのためには授業計画の段階において、具体的に子供たちの発言や活動をイメージしてみるのもよい方法です。例えば、「この絵を見たとき○○君は何ていうだろう？○○さんは色のおもしろさを楽しんでこんな発言をするかもしれない。」など、普段の様子から想像します。その予想に対して実際の授業では、「○○君はみんなが気付かなかった視点から発言していた。」「○○さんは友だちの発言から想像を広げて、いつもより積極的に発言していた。」など、指導者が振り返りを行うことができます。様々な見方をする子供の姿を想像することによって、実際の授業での活動が見えるようになります。
●評価でも対話を！ーワークシートについて
ワークシートを利用した評価も工夫が必要です。対話を通しての鑑賞活動から様々な意見が出ても、ワークシートによって鑑賞の世界を狭められないように留意する必要があります。また、ワークシートを評価資料とすることもありますが、その場合は書かれていることだけではなく、「どうしてそのように思ったのか」など、教師がさらに読み取りながら評価をすることが大切です。

小学校 高学年

小山田二郎の世界を味わう

場所：教室（45分）

■授業の目標
● 作品のよさなどを友だちと話しながら、作者の思いや表現の意図を感じ取る。

〈作品について〉
● 小山田二郎の作品は、大変インパクトがあり、見る人に切実に訴える印象がある。
● 特に今回選んだ2点は、その不思議さやユーモラスな表現から、子供たちが自由に想像を広げて対話を楽しむことができる作品である。
● 手のひらにあるのは「目」「穴」など、意見の分かれる作品である。

小山田二郎（おやまだ じろう）《手》
制作年不詳、油彩・合板、121.3cm×91.7cm

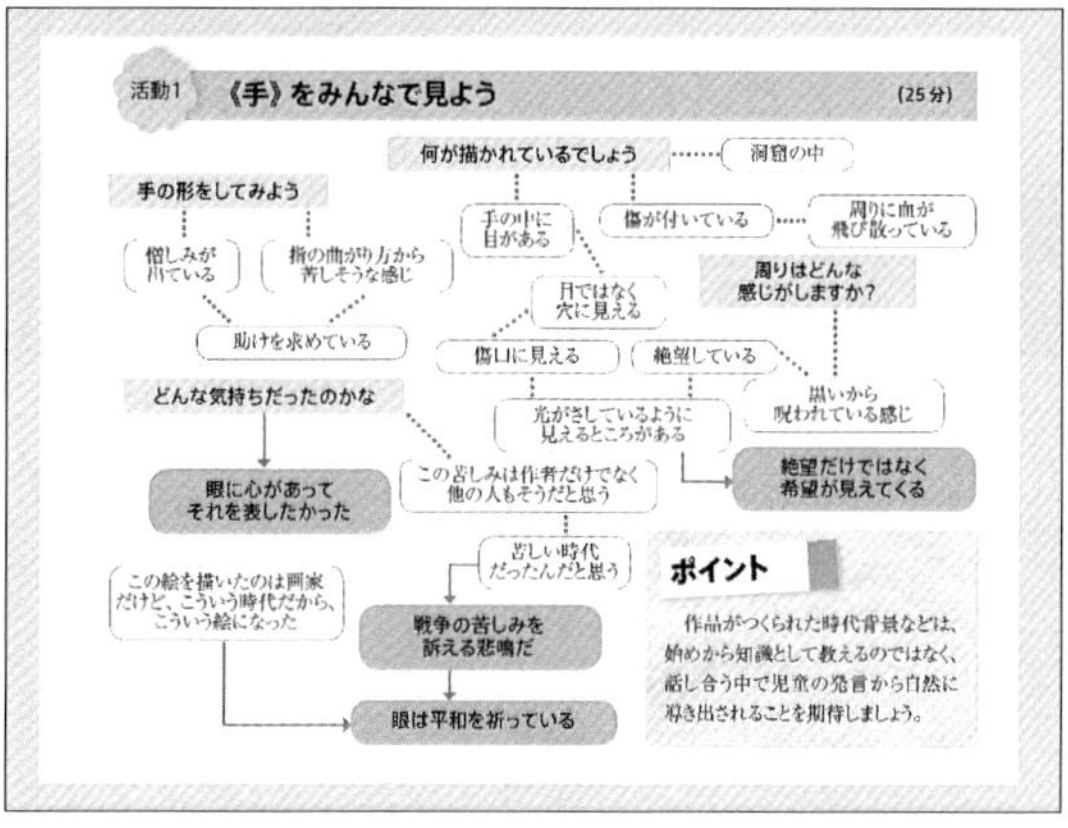

そして最後の方に教員からよく出される質問について、Q&Aのページもつけました（前頁上）。実際の鑑賞に取り組むにあたって多くの質問がありました。計画はどうするのか、美術館とはどのような打ち合わせをしたらいいのか。そのような実践的な疑問にも答えつつ、鑑賞の進め方についての具体例（前頁中、下）を挙げて実際に使える冊子を目指しました。

府中市立小中学校美術鑑賞教室

ところで、こうした学校と美術館が連携している研究活動ですけれども、地域カリキュラム開発で突然始まったものではありませんでした。二〇〇〇年の開館以来持続的に行ってきた鑑賞活動、学校との連携活動というのが前提となりました。中でも少しご紹介しておきたいのですけれども、一番基礎になっているのが「府中市立小中学校美術鑑賞教室」というものです。これは市内の小学校二二校、そして中学校一一校と連携して行っていまして、教育委員会の主催で行っています。小学校におきましては、各クラスを対象に全学芸員が鑑賞指導を行っています。対話型の鑑賞というのを、私たちは率先してとり入れたわけですけれども、それぞれの学芸員のスタイルがあります。実際にやっていく中で、対話型の効果があるということを実感

開館からの連携1

府中市立小中学校美術鑑賞教室

対象：
小学校22校
4〜6年生
中学校11校
1年生

市教委・校長会・市教研の事業

し、学芸員の対話の仕方も変わっていったということがあります。

中学校におきましては、もともと鑑賞教室を夏休みの個人鑑賞という形で行ってきたという事情があって、最初は生徒が学校に帰って先生に報告をするということだったんです。けれども、それだと先生は中学生がどういうふうに鑑賞するか知らないということが課題となりまして、途中から「中学生のためのギャラリーツアー」というのを毎年夏の教員研修という形で行っていくようになりました。実際に中学校の先生がギャラリートークの体験を行う取り組みとして定着しています。

美術鑑賞活動の広がりと多様化

大杉　こうしたさまざまな活動は、夏休み中の研修活動として展開していました。しかし、ここに来ていくつかの課題が出てきました。例えば美術館に児童生徒を連れて行く先生たちについて、担当の先生は関心が高いんですが、それ以外の先生まではなかなか関心が広がっていかない、このような問題が出てまいりました。そこで、これから先生を目指す教育学部の大学生のカリキュラムに美術館での鑑賞を取り入れることを考えました。また、その活動をさらに充実させるために市民のボランティアであるアートコミュニケーター『作品とアート アートと市民 人をつなぐ』というコミュニケーターの人たちの協力を得て取り組みを実施しました。

このような活動も冊子発行から十数年経ってしまいましたので、新たな課題も出て参りました。それは、人的な引き継ぎがなかなかできないということです。当時担当していた教師のほとんどが現在はその地域に居なくなっている状況です。昨年、府中市内の小学校で鑑賞の研究授業が行われました。

そこではでは大型モニターと児童の個人ＰＣを使う形で鑑賞授業が展開していました。この授業では、当時作成した冊子を参考にして授業が組み立てられていました。このように、これからも幅広い視野を持ちながらどんどん取り組んで行くことが大事だと感じました。

また、府中市美術館でも外国人の鑑賞者も増えてきております。別の取り組みですが、東京外国語大学、市内ボランティアメンバーと連携した、多言語鑑賞会の取り組みも行ってきました。このように様々な方向への取り組みも大切な取り組みだと思います。

ソーシャルな鑑賞の可能性

武居　まとめの話になります。美術館と学校が連携することで子どもたちが美術を身近に感じ、楽しく鑑賞できるような変化を地域社会の中に作りたいと思いました。その変化をどのように幅広い層を視野に入れて広げていくか、鑑賞の質というものも、これからの時代に合わせてどのように変化をさせていくのかということをいろいろ考えています。
これは私にとっての課題になりますけれども、多様な個性や価値観を活かし、個人や集団の相互理解を進め、鑑賞を通して生活や社会の変化を生み出していく、そういう鑑賞が求められ

今後に向けて
―ソーシャルな鑑賞の可能性

1　多様な個性や価値観が活かされる
ダイバースな鑑賞　だれもが自分らしく参加できる

2　個人や集団の相互理解を進める
インクルーシブな鑑賞　共生社会を生み出す

3　自身の生活と社会の変化を生み出す
クリエイティブな鑑賞　よりよく生きるための力

ているのではないかというふうに思っています。それは「ソーシャルな鑑賞」という言葉で表現できるのではないかと考えます。最初に言いましたように、私自身、美術館を離れて市の生涯学習の事業に取り組んでいるところなのですが、そこで軽度の知的障害がある方々の学習プログラムがありまして、そうした方を対象とした鑑賞というのを昨年取り組みました。より多角的に、同じ地域に暮らす多様な方々が鑑賞を通じて、ともに学習と成長をしていくような活動を行っていきたいと思っています。

大杉　終わりになりますが、少し追加の話をさせていただきたいと思います。この例に取り上げました最初の小学生の子どもたちは、今や三五から四〇歳になります。働き盛りの年代ですね。この年代の大人が自分の子どもたちと一緒に美術館に行き、鑑賞を通して自分達の豊かな生活につなげていってもらえたらいいなと思っています。ご清聴ありがとうございました。

武居　ありがとうございました。

（大杉健・武居利史）

第7章　大分県における対話による鑑賞の取組のこれまで

北海道で原寸大の《風神雷神図屏風》の手作りレプリカを使った授業が行われておよそ一〇年後、大分県で手作りのレプリカ屏風を使った授業が始まりました。

六曲一双の《日月山水図屏風》、たて一．五メートル、左右二隻合わせて六メートルを超える巨大な屏風です。大分ではどのような対話による鑑賞の授業が行われてきたのでしょうか。大分県立中津北高等学校の岩佐まゆみさんにご報告いただきましょう。

大分県美術鑑賞授業力向上事業について

みなさま、こんにちは。大分県で高等学校教員をしている岩佐と申します。

ここからは、大分県における対話による鑑賞の取組のこれまでについて報告いたします。本日は、最初に大分県で行われた美術鑑賞授業力向上事業について、後半はそれ以降について紹介したいと思います。どうぞよろしくお願いいたします。

では最初に、大分県における対話による鑑賞の取組が大きく進んだ、二〇一〇年度から二〇一二年度に取り組まれた「大分県美術鑑賞授業力向上事業」についてご説明します。この事業が行われる前までは、教材不足や指導法の普及の遅れ等の理由から、大分県の小・中学校及び高等学校では鑑賞の指導に十分な時間をかけられていませんでした。

そこで、これらの問題の改善を図るために、学校現場と大分大学、大分県立芸術会館、大分県教育庁等が連携して、鑑賞教育の実践研究に取り組んだのが、美術鑑賞授業力向上事業です。（下図）

この事業に取り組むのに先立ち、大分県では二〇〇八年度から二〇〇九年度の期間に、「美術鑑賞教育支援事業」として、郷土の芸術作品を取り上げたアートカード大分県版な

らびに地域版の作成と指導法の開発に取り組んでいました。

　そこで、美術鑑賞授業力向上事業では、「アートカード大分県版・地域版」（下図）の活用を推進しつつ、小・中学校、高等学校の図画工作・美術教員と、美術館の学芸員が連携して授業実践研究に取り組みました。

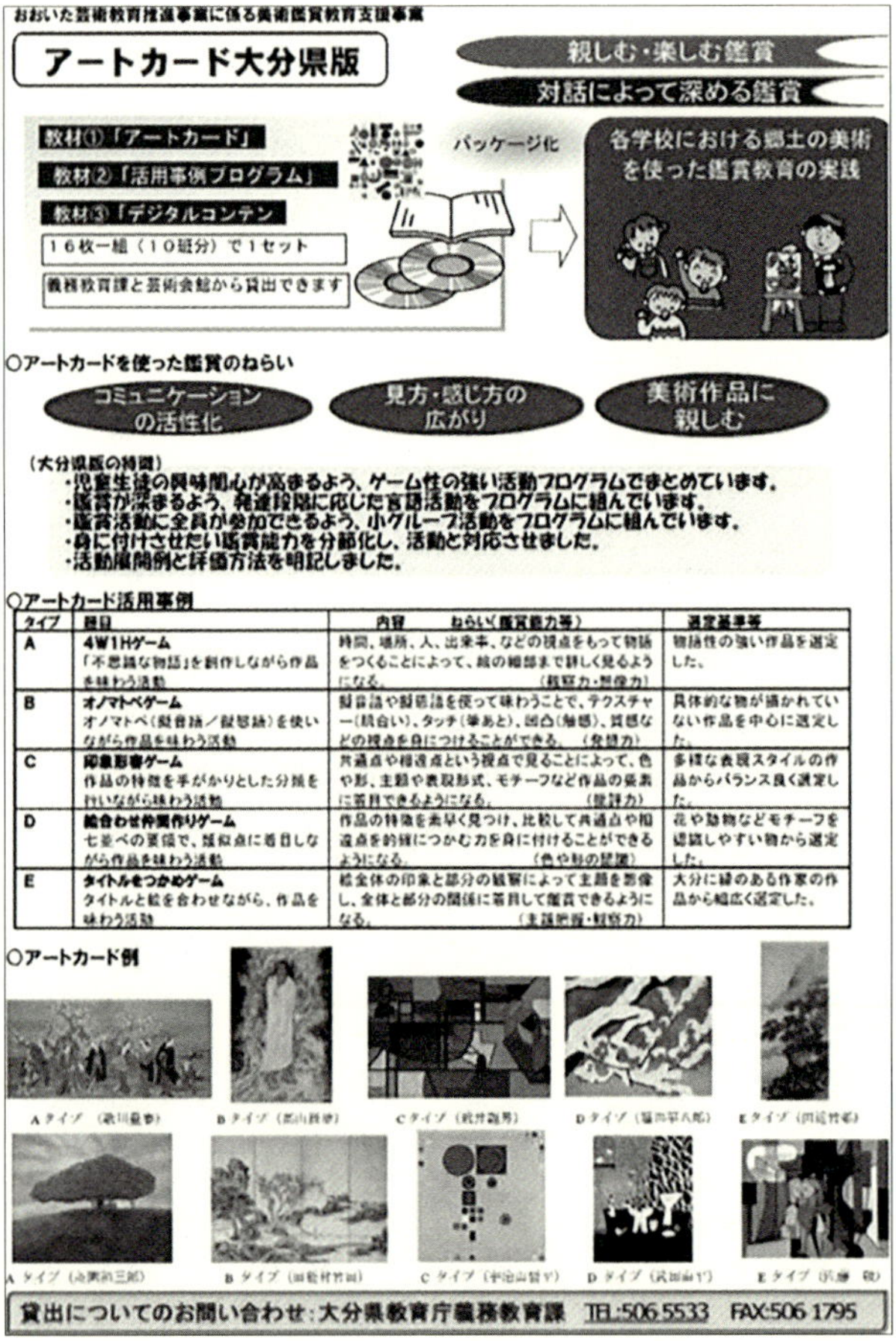

おおいた芸術教育推進事業に係る美術鑑賞教育支援事業

アートカード大分県版

○アートカードを使った鑑賞のねらい

（大分県版の特徴）
・児童生徒の興味関心が高まるよう、ゲーム性の強い活動プログラムでまとめています。
・鑑賞が深まるよう、発達段階に応じた言語活動をプログラムに組んでいます。
・鑑賞活動に全員が参加できるよう、小グループ活動をプログラムに組んでいます。
・身に付けさせたい鑑賞能力を分節化し、活動と対応させました。
・活動展開例と評価方法を明記しました。

○アートカード活用事例

タイプ	題目	内容　　ねらい（鑑賞能力等）	選定基準等
A	4W1Hゲーム 「不思議な物語」を創作しながら作品を味わう活動	時間、場所、人、出来事、などの視点をもって物語をつくることによって、絵の細部まで詳しく見るようになる。（観察力・想像力）	物語性の強い作品を選定した。
B	オノマトペゲーム オノマトペ（擬音語／擬態語）を使いながら作品を味わう活動	擬音語や擬態語を使って味わうことで、テクスチャー（肌合い）、タッチ（筆あと）、凹凸（触感）、質感などの視点を身につけることができる。（発想力）	具体的な物が描かれていない作品を中心に選定した。
C	印象形容ゲーム 作品の特徴を手がかりとした分類を行いながら味わう活動	共通点や相違点という視点で見ることによって、色や形、主題や表現形式、モチーフなど作品の要素に着目できるようになる。（批評力）	多様な表現スタイルの作品からバランス良く選定した。
D	絵合わせ仲間作りゲーム 七並べの要領で、類似点に着目しながら作品を味わう活動	作品の特徴を素早く見つけ、比較して共通点や相違点を的確につかむ力を身に付けることができるようになる。（色や形の認識）	花や動物などモチーフを認識しやすい物から選定した。
E	タイトルをつかめゲーム タイトルと絵を合わせながら、作品を味わう活動	絵全体の印象と部分の観察によって主題を想像し、全体と部分の関係に着目して鑑賞できるようになる。（主題把握・観察力）	大分に縁のある作家の作品から幅広く選定した。

○アートカード例

貸出についてのお問い合わせ：大分県教育庁義務教育課　TEL:506-5533　FAX:506-1795

比較鑑賞の授業

　ある小学校では、大分県豊後高田市出身の画家、片多徳郎の描いた自画像二枚を比較させ、表情や身に付けているもの、光の様子などから、どちらが「夜の自画像」なのかを推理させる対話による鑑賞が行われました。

　事業が行われた三年間で三十回程度、学校教員と美術館学芸員とのチーム・ティーチングによる対

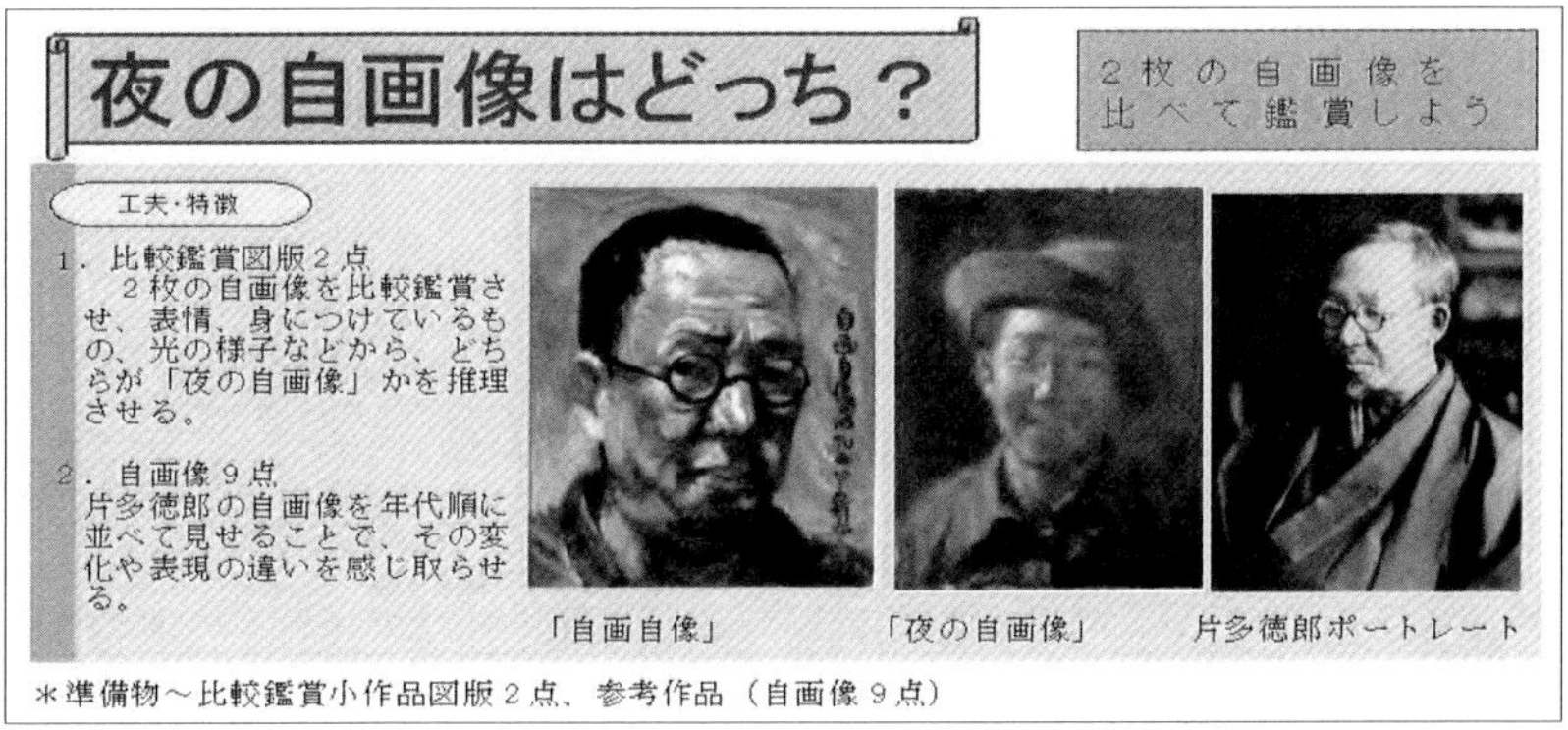
夜の自画像はどっち？
２枚の自画像を
比べて鑑賞しよう
工夫・特徴
１．比較鑑賞図版２点
２枚の自画像を比較鑑賞させ、表情、身につけているもの、光の様子などから、どちらが「夜の自画像」かを推理させる。
２．自画像９点
片多徳郎の自画像を年代順に並べて見せることで、その変化や表現の違いを感じ取らせる。

「自画自像」

「夜の自画像」

片多徳郎ポートレート
＊準備物～比較鑑賞小作品図版２点、参考作品（自画像９点）

話による鑑賞の授業実践が行われました。

また、学び研代表の上野行一先生をはじめ、学校現場で対話による鑑賞の実践に取り組んでいた先生たちを講師に招聘しての研修会やセミナー等も行われ、校種の枠を超えた研究協議に取り組むことができました。

みんなでつくる展覧会

二〇一一年と二〇一二年度には、対話による鑑賞の授業の後に、児童生徒たちが実際の展覧会を考える「みんなでつくる展覧会」にも取り組みました。美術館が所蔵する本物の作品を使った展覧会をつくることができるということで、各校の児童・生徒たちは熱心に企画を考えてくれました。各年、約一〇校からの企画応募があった中から、二校が代表として選ばれて、実際の所蔵品展になりました。

次ページの画像は、二〇一二年三月に行われた、「みんなでつくる展覧会」の様子です。上の段が小学校、下の段が高等学校の展示です。高等学校の部では、左下の画像のように、わたくしが作成した鑑賞教材等も展示されました。期間中には、展覧会企画を考えた児童・生徒たちによるギャラリートークも行われました。

宇治山哲平の展示を企画した小学生はお気に入りの作品に自分でタイトルを付け、作品のどの部分からこの企画を考えたのか、その理由をとても熱心に語ってくれました。高校生たちは「現代社会とわたしたち」と題し、鑑賞を通して今の時代に問題提起できると考えた作品を所蔵品の中から選定・展示し、その理由をギャラリートークで語ってくれました。この企画展は非常に好評を得ました。

三年間の美術鑑賞授業力向上事業を通して、美術館との連携による鑑賞授業実践はもちろん、学校種を越えた連携や相談もやりやすくなったと、個人的には実感しています。

大分県美術鑑賞授業力向上事業 以降（二〇一三年度〜）

続いて、美術鑑賞授業力向上事業以降の活動についてお話しします。

撮影者：岩佐まゆみ

全ての校種が一同に連携するという機会は減りましたが、各校種で積極的に研究実践に取り組んだ教員や研究者たちが、それぞれ工夫して対話による鑑賞に取り組んでいます。

美術鑑賞授業力向上事業で連携していた大分県立芸術会館は、二〇一五年に大分県立美術館として新たに生まれ変わりました。その年の春に開かれた開館記念展には、大分県内の全ての小学生を対象に、約六万人が美術館に招待されました。

また、それ以降、毎年、小学四年生を美術館に招待する事業が継続されています。この事業がスタートしたのは、小学校の現場で鑑賞領域の指導がなかなかできていないことから始まったという話を聞いています。

他にも、採用二年目の小学校教員を対象としたステップアップ研修や、幼稚園新規採用教員や中堅教諭、認定こども園新規採用保育教諭等を対象とした研修が、美術館を活用して行われています。

大分県立美術館では、出前授業や美術館への旅企画等、さまざまな鑑賞学習が継続して行われており、教育現場と美術館をつなぐ活動はさらに活性化されています。

ふるさとの魅力を発見する

小学校、中学校は、大分県教育庁義務教育課や大学、美術館の協力を得ながら、ふるさとの魅力を発見する地域の色をテーマとした教科融合型学習に取り組んできました。

大分県の鉱物や植物等の天然資源を教材に、県教育委員会の「一人一色・自分の色」を作る視点と、美術館教育普及の「地域の色・県下一万色」を作る視点とが一体化した取り組みを、「美術を核とした総合教育」として、県内全域の学校に展開されました。

例えば、津久見市立第一中学校では、永松芳恵先生を中心に、地域の自然や文化、歴史、産業などを「色」から捉え、「色」を共通項に美術・国語・理科・英語・総合の五つの教科が横断・融合し、地域を知り、その魅力を発信する学びを推進してきました。（下図）

その中で、国語科と美術科が協力し、郷土作家の油彩画作品を用いた対話による鑑賞をして、様々な観点から感じ取ったことを鑑賞文にまとめる授業を行っています。授業では、「色」「音」「香り」等、「津久見の色・自分の色」を意識した鑑賞文が数多く生まれたそうです。

実寸大の《日月山水図屏風》レプリカを用いた鑑賞授業

高等学校では、美術鑑賞授業力向上事業で身に付

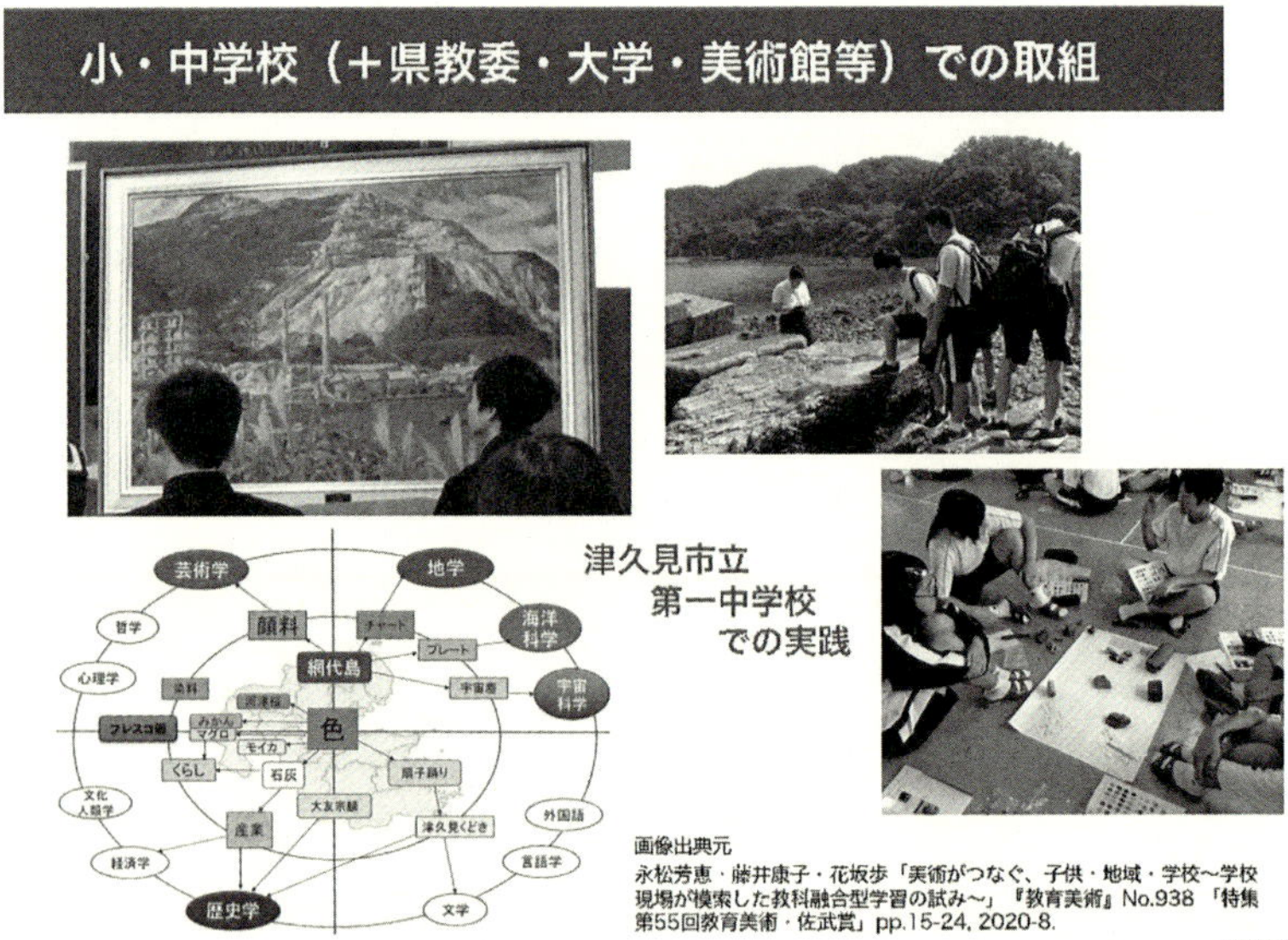
小・中学校（＋県教委・大学・美術館等）での取組
津久見市立
第一中学校
での実践
芸術学
地学
海洋科学
宇宙科学
哲学
心理学
顔料
チャート
プレート
網代島
宇宙塵
染料
色
フレスコ画
みかん
マグロ
モイカ
くらし
石灰
扇子踊り
大友宗麟
産業
津久見くどき
文化人類学
外国語
経済学
言語学
歴史学
文学

画像出典元
永松芳恵・藤井康子・花坂歩「美術がつなぐ、子供・地域・学校〜学校現場が模索した教科融合型学習の試み〜」『教育美術』No.938「特集 第55回教育美術・佐武賞」pp.15-24, 2020-8.

けた対話による鑑賞の取組をさらに推進させていきました。

二〇一三年当時、佐伯豊南高等学校に勤務していた房前早矢香先生は、実寸大の《日月山水図屏風》を作成し、対話による鑑賞に取り組みました。

この教材を、大分県内の高等学校の美術の先生で共同活用し、相互に授業実践に取り組みました。ある学校では、屏風を和室に持ち込んで、当時の人が眺めたであろう視点で鑑賞をしました。

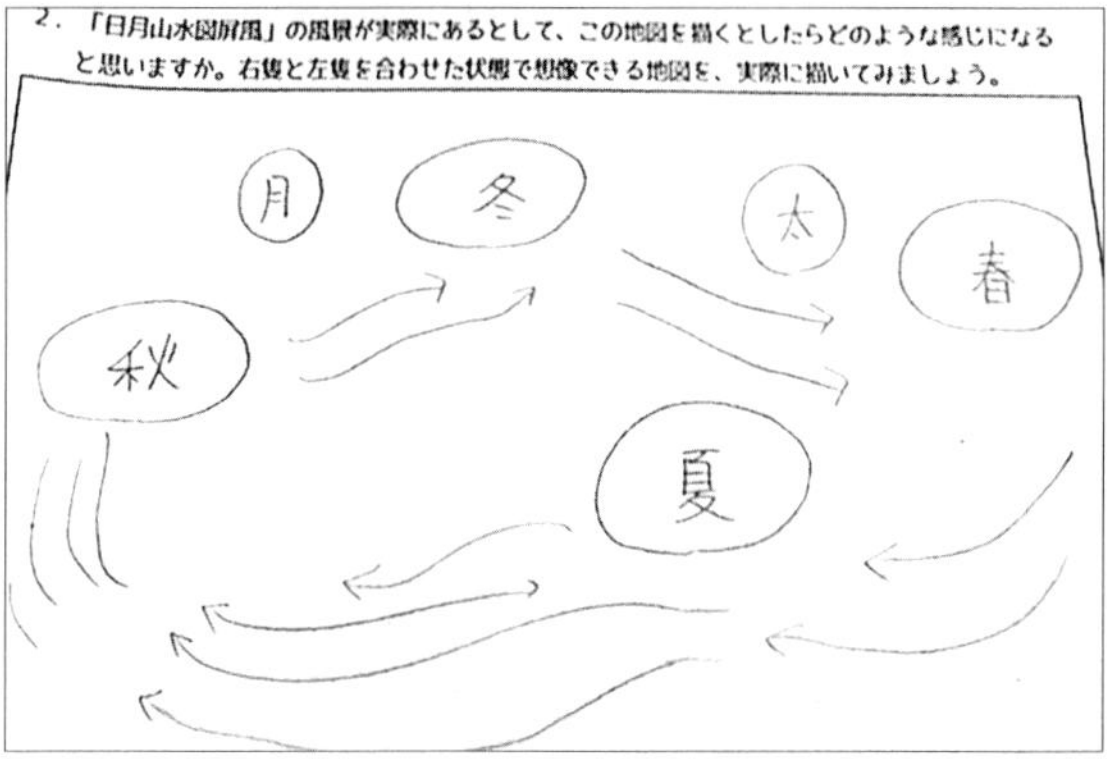

また、自分が絵の中に入り込んだと仮定し、どこに、どのようなポーズでいるだろうと想像し、自分の姿を作品（レプリカ）の中に貼り付けて鑑賞する学習も行われました。作品の謎（画面右から季節が春夏秋冬でない）を解く為に、鳥の目や、現在で言えばドローンを使ってこの風景を眺めたらどのようになるだろう？　という設定により、地図を書いてみるという鑑賞も行われました。

対話による鑑賞によって、作品に対する発見や鑑賞の喜びを味わうことができたように思います。また、多くの先生たちと同じ教材を共同で活用したことにより、指導法に関するアイデアの共有ができました。

対話による鑑賞を活用した美術史学習

わたくし岩佐は、芸術科高等学校にて、対話による鑑賞を活用した美術史学習にも取り組みました。

毎時間の授業の中で対話による鑑賞を繰り返し、その時代の特徴が出ている作品そのものをよく見ることで、生徒たちは様式や時代背景等をつかみとることができるようになりました。

また、この時より鑑賞学習のプロセスを「事実確認」「真実発見」「意味付与」「価値形成」の四

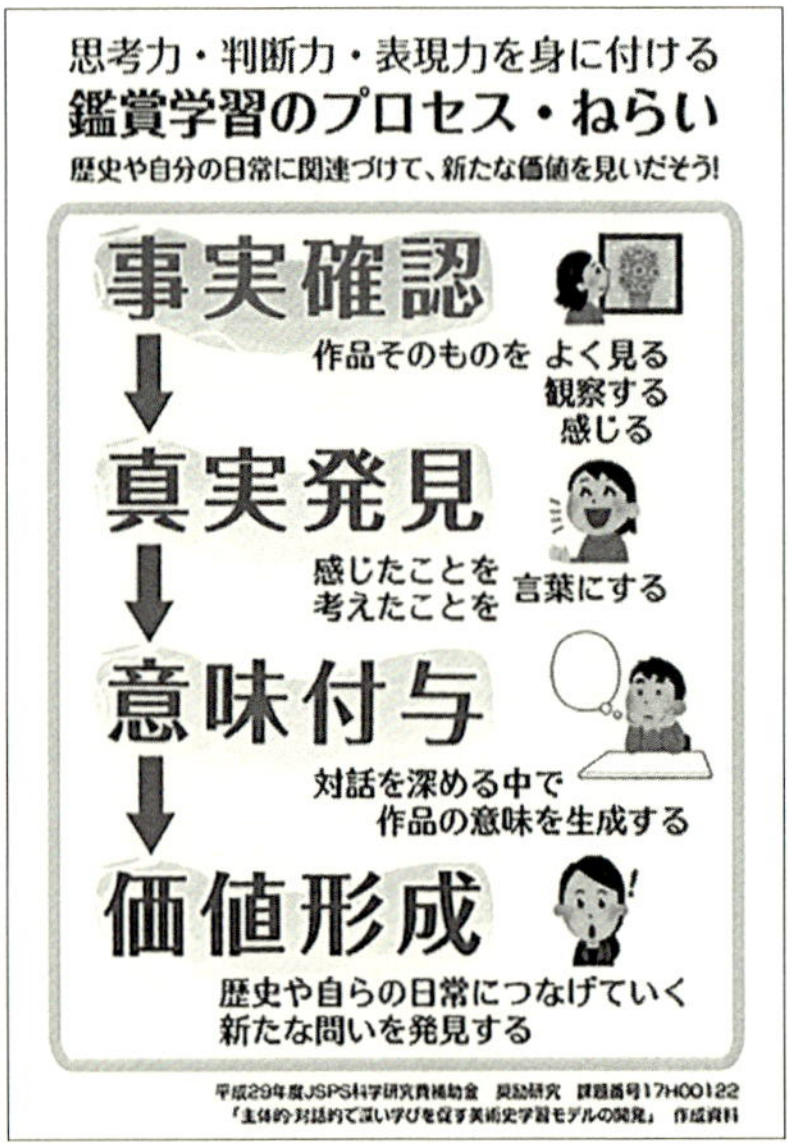

段階に設定し、「授業のねらい」として下図のポスターを提示するようにしました。生徒たちと鑑賞学習のプロセスについて共有することで、生徒・教員ともに鑑賞をする流れがつかみやすくなったと感じています。

さらに、鑑賞する際に思考ツールを用いて、感じたことや考えた事を可視化するようにしました。発言がなかなか出づらいシャイな高校生たちですが、感じたことや考えたことを一旦思考ツールに整理することで、作品のどこからそう思ったのか、具体的な発言を促しやすくなりました。また、自分の意見と他者の意見を色分けしてメモを取るようにしたことによって、思考のプロセスまで可視化できるようになりました。こうした思考ツールの活用は、芸術の授業だけでなく、他教科や探究学習でも活用できるので、教師の授業スキルアップにもつながりました。

さまざまな対話による鑑賞の広がり

他にも、大分大学教育学部の田中修二教授（当時）の協力を得て、高等学校が所蔵する屋外彫刻のメンテナンスにも取り組んでいます。

この活動では、直接彫刻に触れながら対話による鑑賞ができるというメリットがありました。また、美術品の管理・保存と伝統・文化の継承、環境問題に関する学びにつなげることもできました。

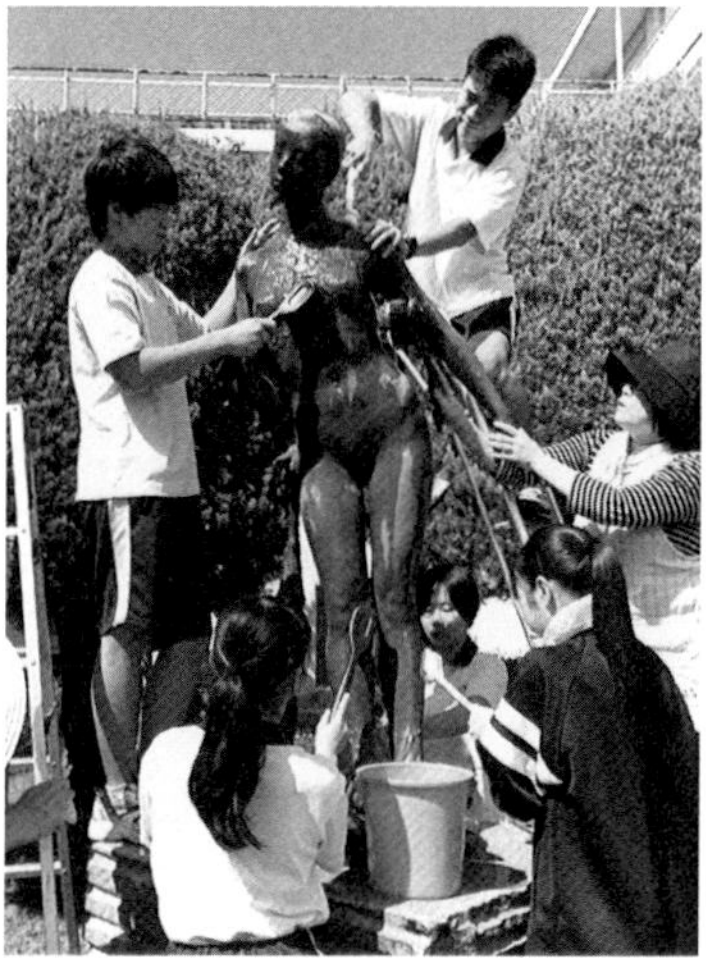

つづいて、大分県の特別支援学校における対話による鑑賞の一例をご紹介します。

彫刻メンテナンスで直接彫刻に触れることができることから発展して、近年では、盲学校の児童・生徒たちが大分市内にある屋外彫刻に直接触れて鑑賞する機会も登場しています。彫刻をさわる場をつくり、彫刻をさわって感じとる鑑賞から発展させて、粘土を用いた触覚的な表現活動に繋がる取組が行われています。

事例紹介の最後になります。大分大学医学部では、大学病院の精神科デイケアにて、芸術療法士による絵画療法と対話による鑑賞が取り組まれていました。

精神医療における対話による鑑賞は、絵画を緩衝材として自然な流れで他者の考えを知り、受け入れ、共感の場を設けるという点において、精神科では集団精神療法としての役割を担っているそうです。残念ながら、ご担当されていた溝上義則先生が今年の四月に別の大学にお移りになったため、この取り組みは現在大分大学医学部では行われていませんが、貴重な取り組み事例であると思いましたので紹介しました。

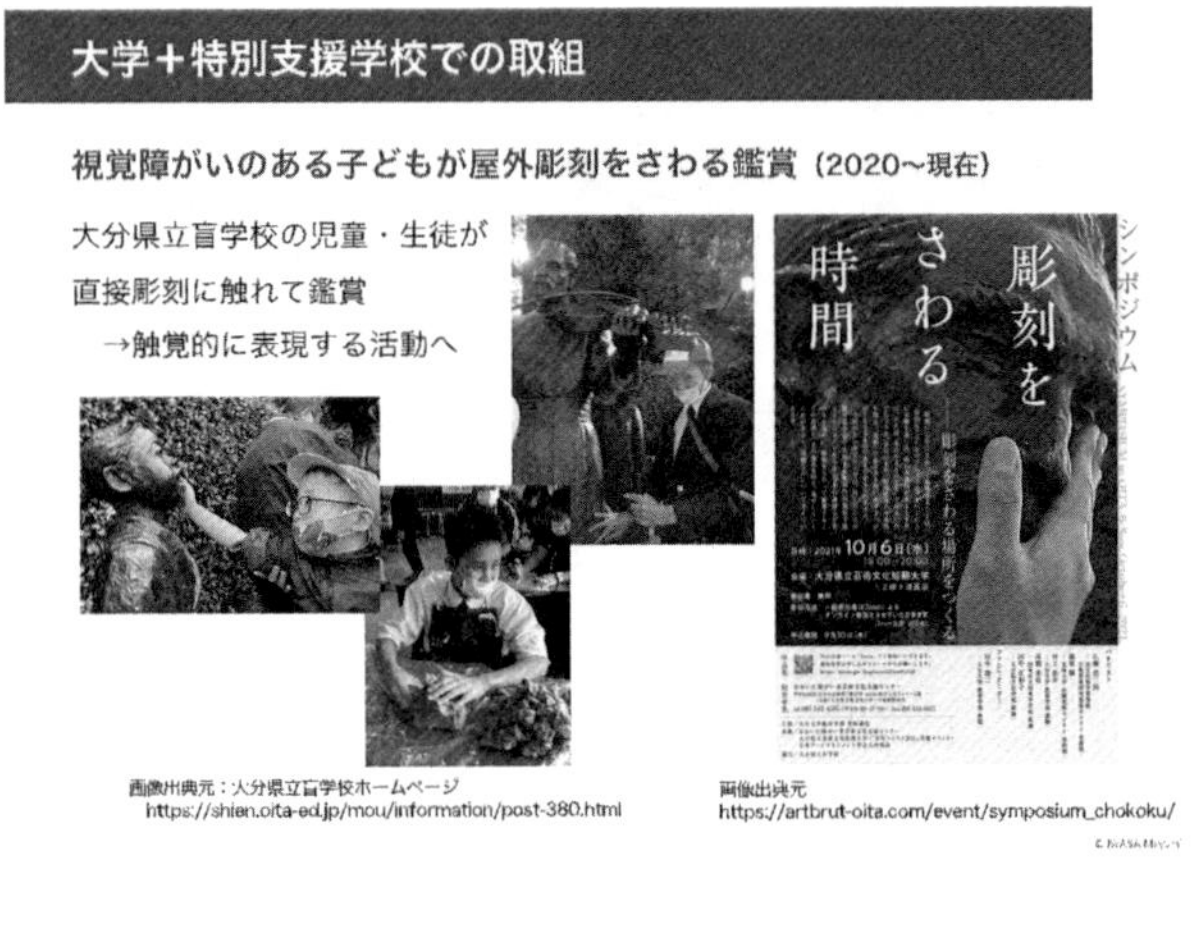
大学＋特別支援学校での取組
視覚障がいのある子どもが屋外彫刻をさわる鑑賞（2020～現在）
大分県立盲学校の児童・生徒が
直接彫刻に触れて鑑賞
→触覚的に表現する活動へ
シンポジウム
彫刻をさわる時間
画像出典元：大分県立盲学校ホームページ
https://shien.oita-ed.jp/mou/information/post-380.html
画像出典元
https://artbrut-oita.com/event/symposium_chokoku/

（岩佐まゆみ）

第8章　「ｍｉｔｅ！」展と対話型鑑賞

こうした対話型鑑賞の広がりとともに、美術館でも対話型鑑賞をベースにした展覧会が次々と企画されました。特に、二〇〇六年から始まった「ｍｉｔｅ！」展は、アレナスがＶＴＣを元に開発し一九九九年にスペインで始めた「ｍｉｒａ！」の日本版として注目されます。ただ、この当時のＭｏＭＡはすでにＶＴＣではなく、作品の情報提供を組み込んだ新しい鑑賞方法に移行していました。ではその「ｍｉｔｅ！」展を企画した林寿美さんにお話いただきましょう。

「なぜ、これがアートなの？」展を受け継いで

次に「ｍｉｔｅ！」展についてお話をさせていただきます。先ほど都筑さんと「なぜ、これがアートなの？」展を振り返りました。あちらは対話型鑑賞に特化した展覧会だったわけですが、美術館の学芸員としてはさまざまな展覧会を次々に企画し実施しなければならないため、「なぜ、これがアートなの？」展を終えると、また普通の展覧会、それまでの鑑賞方法に戻らざるをえないわけですね。ですが、「なぜ、これがアートなの？」展は美術館としても非常に学ぶことが多い展覧会でしたので、その後も何らかの形で鑑賞に関するプロジェクトを進めていこうということになり、書籍『なぜ、これがアートなの？』を発行した淡交社と日本写真印刷の二社が共同で立ち上げた＠ＭＵＳＥＵＭとい

う企画に協力するかたちで、二〇〇三年、ポーラ美術館の今井さんにも参加していただいた鑑賞教育セミナーをＤＩＣ川村記念美術館で開催することができました。

　こうして、学芸員として展覧会を企画するかたわら、鑑賞教育にも携わるという状況がしばらく続いたのですが、二〇〇七年にもう一度、展覧会で対話型鑑賞を試みることができないだろうかと思案して企画したのが、この「ｍｉｔｅ！　見て！」という展覧会です。基本的には「なぜ、これがアートなの？」と全く同じ仕組みで、ただし、他館から作品は借りずにＤＩＣ川村記念美術館の収蔵品のみを使いました。

©DIC川村記念美術館

作品のシナジー

対話型鑑賞は一つの作品でもできますが、複数の作品を同時に見ると対話の内容が変わってきます。人間は自然と隣り合うものを比較しますから、思いがけない組み合わせで作品を見ることで、新しい見方が次々に生まれてくるのです。それをねらいとして「ｍｉｔｅ！　見て！」を行いました。「なぜ、これがアートなの？」と同様にキャプションは会場に置かず、アメリア・アレナスにテキストを書いてもらい、入り口の壁にこの展覧会をどうやって見るのか、どう楽しむかについての言葉を掲示しました。「まずは、作品をじっくり見てください。そして自分の心に問いかけてみます。『この人は誰？　何をしているの？　ここはどこ？』」といった具合です。

もちろん、対話型鑑賞は毎日行いました。例えば、ここには絵が二枚並んでいます。左が藤田嗣治の作品、右側がモイーズ・キスリングの作品で、どちらにも二人の人物が描かれています。来館者はこれら二点を見ながら、それぞれを読み解いて自由に話していくわけです。

この二点のすぐ横にはルネ・マグリットの絵がありました。シュルレアリスムの作品なので、具象的なイメージのように見えて、ちょっと訳のわからない奇妙なものが二つ描かれていますが、藤田とキスリングの作品を見た後では、同じく「二人の肖像」として話がつながり展開していきます。

ピカソの言葉

先ほどご覧いただいた写真は美術館のガイドスタッフが来館者向けに行ったギャラリートークの様子ですが、それ以外の時でも、たまたまいらっしゃった親子……お母さんと息子さんたち、もしかしたら一人は息子さんのお友達かもしれませんが、三人で「ああだからこうかな」と好きなように作品について話してくれていました。みんな楽しそうに作品を鑑賞されているのが伝わってきます。

さらには、アレナスからの提案でピカソの次の言葉を会場の最後に記しました。

「絵は、あらかじめ考え抜かれてこうと決まるものではありません。それを描く画家の考えが変わるにつれ、絵も変化していくのです。そして出来上がった後も、それを見る人の心の状態によって変化し続けます。絵は、私たちの人生で日々起こる変化をそのまま体験する生き物のようなものです。それもそのはず。見る人がいて初めて、絵は生きていけるのですから」。
見る人によって見え方がどんどん変わっていきますよ、というメッセージです。

© DIC川村記念美術館　イラスト：fancomi

ｍｉｔｅ！の現在

この展覧会に先立つものとして、先ほどお話しした淡交社と日本写真印刷の共同プロジェクト、＠ＭＵＳＥＵＭで、二〇〇五年に『ｍｉｔｅ！　ティーチャーズキット』という学校の先生方が対話型鑑賞に使うことのできる教材を発行したり、二〇〇六年には岡山県立美術館で、やはり収蔵品を中心にした「ｍｉｔｅ！　岡山」展を行い、日本写真印刷の主催で「ｍｉｔｅ！美術鑑賞教育フォーラム」を開催したりしました。[★1]「ｍｉｔｅ！見て！」を開催するまでの間、これらの事業に関わりながら対話型鑑賞を模索していたわけです。

「ｍｉｔｅ！　見て！」展を最後にＤＩＣ川村記念美術館は一旦休館して大規模な増改築工事に入り、二〇〇八年に再開館します。このときも対話型鑑賞をどうにか再開できないかと考え、「ｍｉｔｅ！」という名前を生かした対話型ギャラリートークを月に一回行うことになりました。また、二〇二〇年以降のコロナ禍では、対話型ギャラリートークを会場で行うことが難しくなったため、月に二回遠隔での対話型鑑賞「オンラインmite!」を始めました。こうして、DIC川村記念美術館では、対話型鑑賞を取り入れた展覧会を過去に二回行いつつ、方法論として今も続けて取り組んでいます。

mite!とmira!

上野　展覧会はこのあと長野県で長野県立美術館など四ヶ所で開催され、その後は、島根県の石見美術館ですが、今は途絶えています。

林　そうですね。展覧会企画にはお金も労力もけっこうかかるので、「mite!」というテーマでやり続けるのはなかなか難しいのかもしれません。

上野　書籍版の『mite!』の構成は展覧会

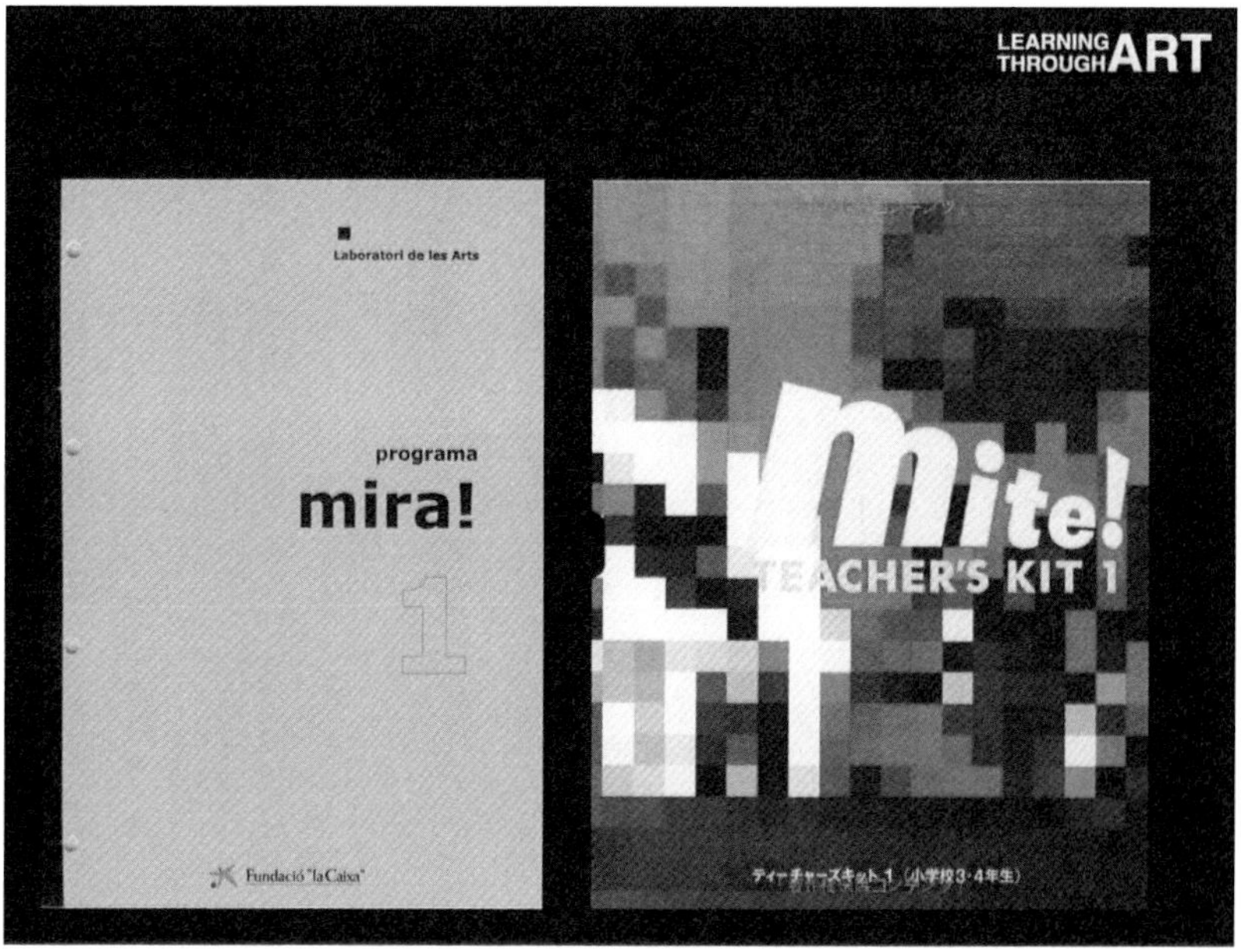

とは少し違うんですね。書籍版では、ＶＴＣと同じように三つの作品を一つのユニットとして、一〇ユニットというのが基本です。アレナスがラ・カイシャ財団から打診を受けた一九九〇年から開発をして、一九九九年にスペインで始めたｍｉｒａ！も同じ構成です。小学生から中学生向けに三部作という構成も同じです。

実はｍｉｒａ！というのはスペイン語なんですが、日本語に訳すと、「見て！」です。ｍｉｔｅ！とｍｉｒａ！はどちらも「見て！」という意味です。

（林寿美）

【注および引用】

★1　その後このフォーラムは高知大学の上野研究室が主催する形で引き継がれる。美術による学び研究会設立後は大会のなかで実施される。

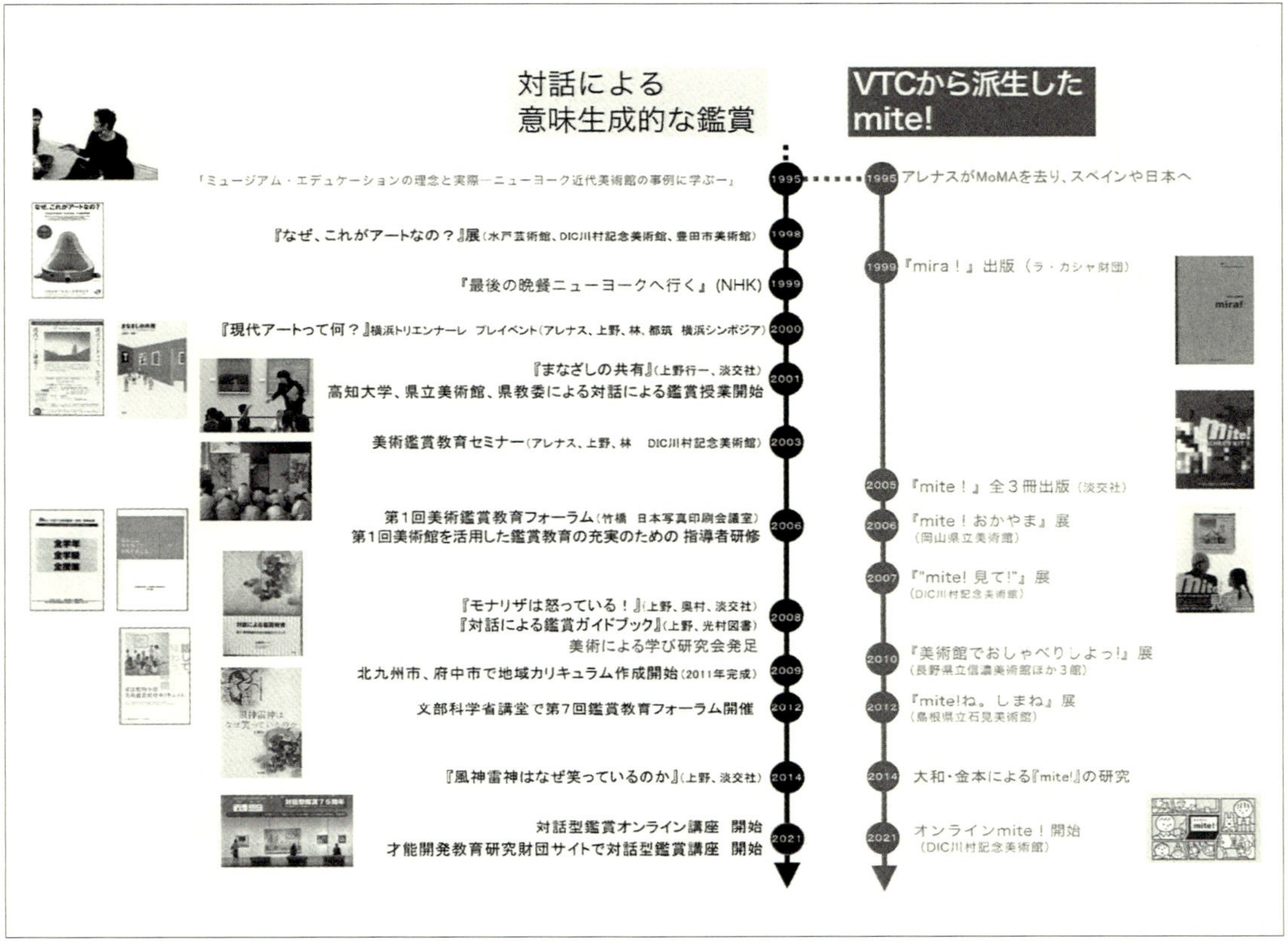
対話による
意味生成的な鑑賞
VTCから派生した
mite!
1995 「ミュージアム・エデュケーションの理念と実際―ニューヨーク近代美術館の事例に学ぶ―」
1998 『なぜ、これがアートなの？』展（水戸芸術館、DIC川村記念美術館、豊田市美術館）
1999 『最後の晩餐ニューヨークへ行く』(NHK)
2000 『現代アートって何？』横浜トリエンナーレ プレイベント（アレナス、上野、林、都筑 横浜シンポジア）
2001 『まなざしの共有』（上野行一、淡交社）
高知大学、県立美術館、県教委による対話による鑑賞授業開始
2003 美術鑑賞教育セミナー（アレナス、上野、林 DIC川村記念美術館）
2006 第1回美術鑑賞教育フォーラム（竹橋 日本写真印刷会議室）
第1回美術館を活用した鑑賞教育の充実のための 指導者研修
2008 『モナリザは怒っている！』（上野、奥村、淡交社）
『対話による鑑賞ガイドブック』（上野、光村図書）
美術による学び研究会発足
2009 北九州市、府中市で地域カリキュラム作成開始（2011年完成）
2012 文部科学省講堂で第7回鑑賞教育フォーラム開催
2014 『風神雷神はなぜ笑っているのか』（上野、淡交社）
2021 対話型鑑賞オンライン講座 開始
才能開発教育研究財団サイトで対話型鑑賞講座 開始
1995 アレナスがMoMAを去り、スペインや日本へ
1999 『mira！』出版（ラ・カシャ財団）
2005 『mite！』全3冊出版（淡交社）
2006 『mite！おかやま』展（岡山県立美術館）
2007 『"mite! 見て!"』展（DIC川村記念美術館）
2010 『美術館でおしゃべりしよっ!』展（長野県立信濃美術館ほか3館）
2012 『mite!ね。しまね』展（島根県立石見美術館）
2014 大和・金本による『mite!』の研究
2021 オンラインmite！開始（DIC川村記念美術館）

第9章　広島県における対話型鑑賞の実践

二〇一四年には広島で書籍版の『ｍ・ｉｔｅ！　ティーチャーズ・キット』を使った授業研究が始まります。当時、広島県立教育センターの指導主事だった大和浩子さんにその様子をお話いただきます。

広島県立教育センターと中学校の共同研究の始まり

はい、みなさんこんにちは。ご紹介いただきました、広島県の大和と申します。

広島のですね、鑑賞の教育なんですけれども、県内で、点として学んでいる先生たちがいろいろいると思うんですが、なかなか線として繋がりにくい中で、それぞれが自分なりに学んでいるというような、そういう状況です。それで、先ほどのお話で、県の美術の指導主事が五名いらっしゃると聞いて、うわぁと思ったんですが、広島は二名なんですね。私もその中で、五年間ほど、県立教育センターで美術の指導主事をさせていただきました。今回ご紹介しますのは、その時代に、二〇一五年の二年間かけて、教育センターの目の前にある八本松中学校という中学校にお勤めだった、金本美貴先生という先生と一緒にやらせていただいた共同研究です。本当に拙いので恥ずかしいんですが、どうぞよろしくお願いします。

私自身のことを言えば、広島大学附属三原中学校というところに長く勤めていたんですが、そのころから鑑賞には非常に興味がありました。でもただの一教諭では、鑑賞教育の輪を県内で広げていくのは難しいなとも感じておりました。そういう中で、幸運にも指導主事にならせていただいて、これはチャンスだと思ったんですね。もちろんそこからもゆっくりした歩みではありましたけれど、じわじわと広げていった一つの過程として、少しお話しできたらと思います。

この写真は共同研究者の金本先生が、東広島市立美術館というところで当時中学二年生の子供たちと一緒に、本物の作品を前に、《沈める街》という作品なんですが、対話による鑑賞を行っているところです。どの子たちも反応が非常に良かったし、一緒に見ていて楽しかったですね。

『mite！ ティーチャーズ・キット』をベースにした授業モデルの開発過程

さて、これは、私たちの研究のベースとなっているもので、0次モデルから始めて、最終的には中学校の、高校でもいいんですが、先生たちがこれを見たら「自分も鑑賞の授業がやれるかな」と思えるような、そんなモデルが作れないかなという研究でした。最終的に、一単位時間五〇分の授業モデルになりました。『mite！ ティーチャーズ・キット』には三作品が一セットのユニットとして紹介されているんですが、そのうちの二つを使って五〇分間の授業をしていく、というようなモデルを作っていきました。

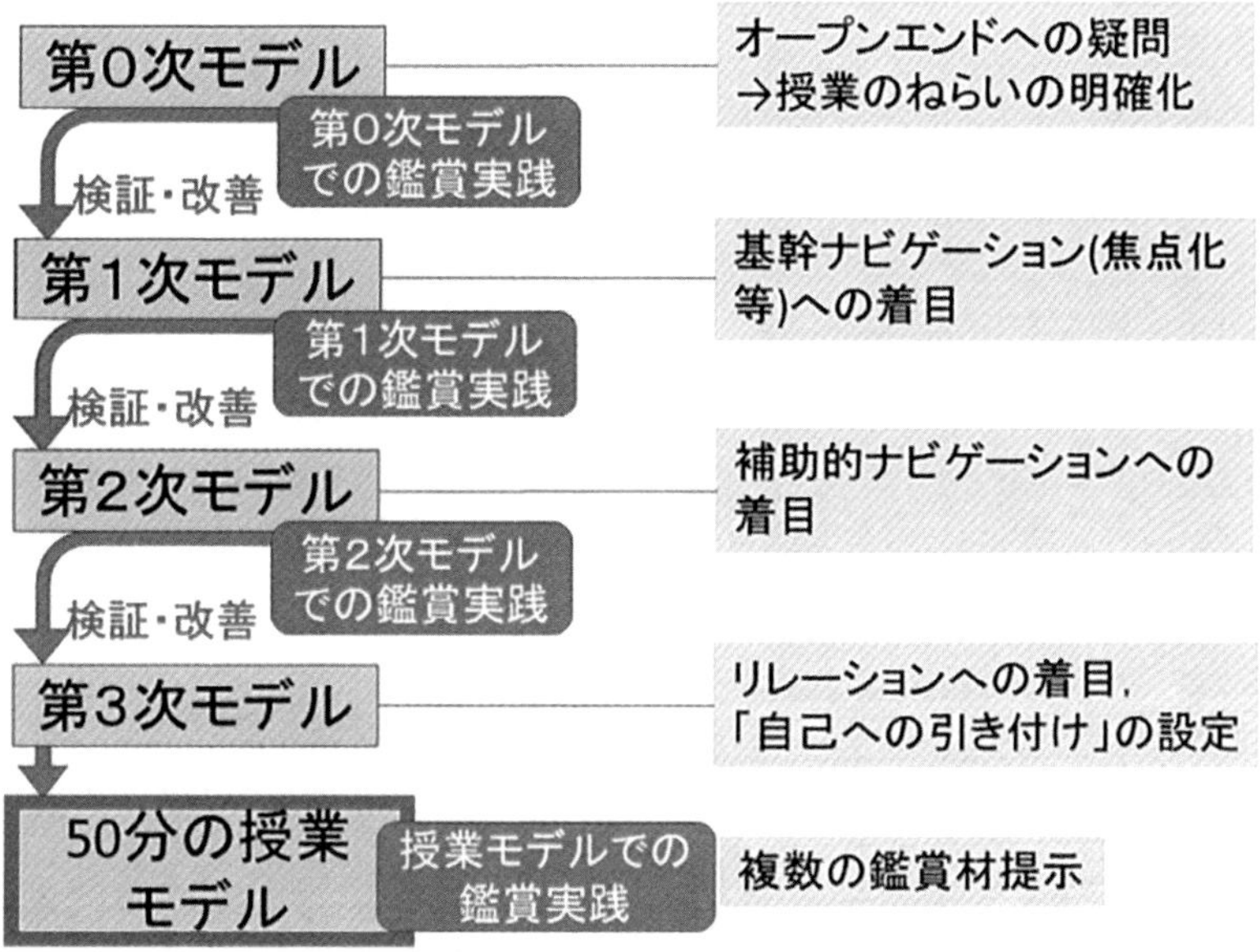
第0次モデル
第0次モデルでの鑑賞実践
検証・改善
第1次モデル
第1次モデルでの鑑賞実践
検証・改善
第2次モデル
第2次モデルでの鑑賞実践
検証・改善
第3次モデル
50分の授業モデル
授業モデルでの鑑賞実践
オープンエンドへの疑問
→授業のねらいの明確化
基幹ナビゲーション(焦点化等)への着目
補助的ナビゲーションへの着目
リレーションへの着目,
「自己への引き付け」の設定
複数の鑑賞材提示

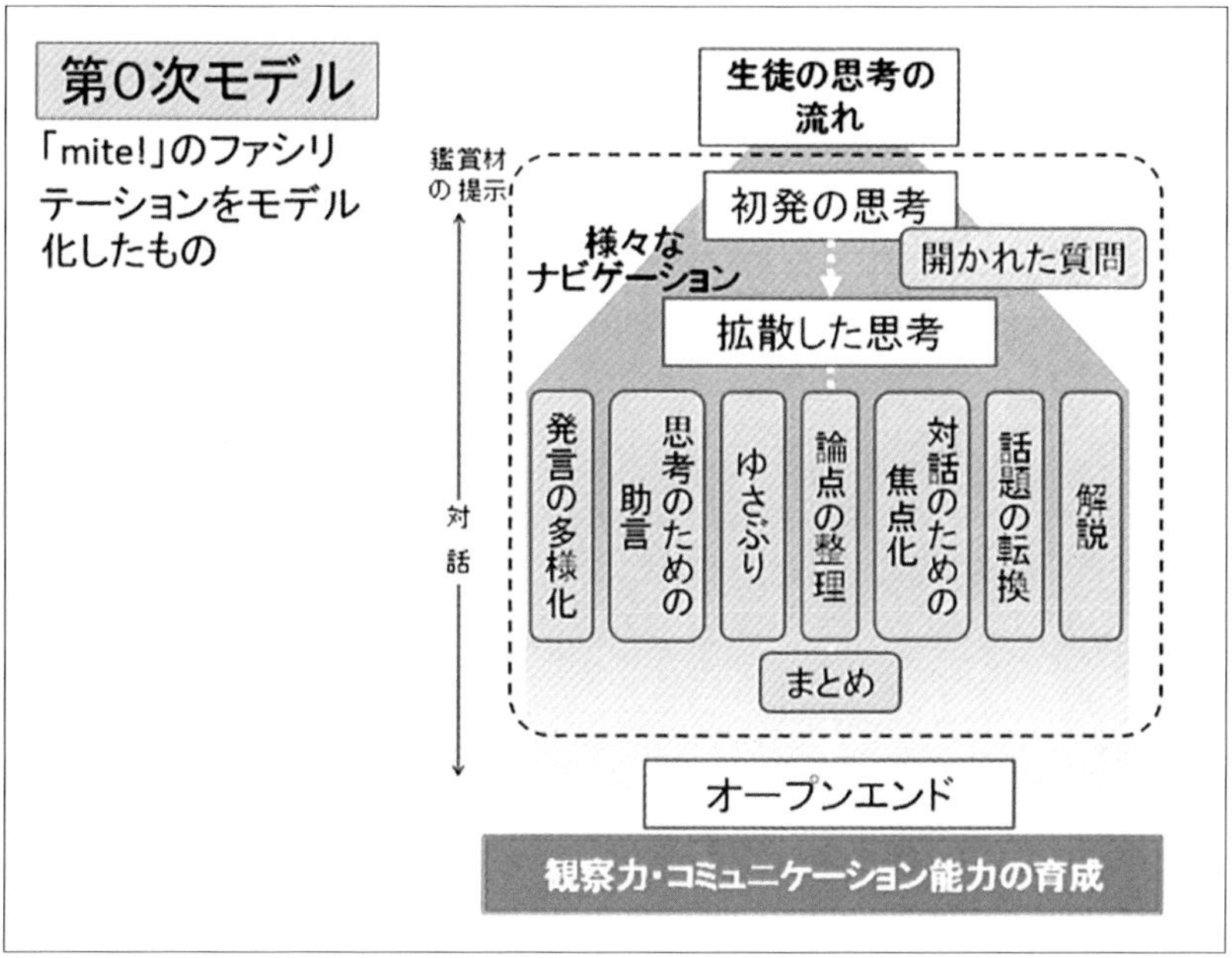
第0次モデル
「mite!」のファシリテーションをモデル化したもの
生徒の思考の流れ
鑑賞材の提示
対話
初発の思考
開かれた質問
様々なナビゲーション
拡散した思考
発言の多様化
思考のための助言
ゆさぶり
論点の整理
対話のための焦点化
話題の転換
解説
まとめ
オープンエンド
観察力・コミュニケーション能力の育成

これを見るといろいろややこしいことが書いてあるんですけど、要は、何回も金本先生に授業をしていただきながら、少しずつ、こうした方がいいんじゃないかって改良していきたいという、そんな理念ではありました。

「第0次モデル」（前頁下図）なんですが、これは『ｍｉｔｅ！ ティーチャーズ・キット』で語られている鑑賞の方法というのを、自分なりにモデル化したものです。これって美術館での鑑賞活動がベースになっているから、つまるところ観察力とかコミュニケーション能力の育成というのが前面になってるような、そんな感じがしたんです。が、対話による鑑賞に初めて授業で取り組むところからのスタートですから、まずはこのモデルでやってみよう、というところで進めていきました。

最初に金本先生に授業をしていただいたのは、東山魁夷の《道》（1950年）でした。鑑賞活動をプランニングした私も不安で、実際にやる金本先生も不安で、ぎこちない感じの活動だったんですが、どうしても最後にその作品の解説みたいなことを先生が言って終わり、になるというか、子供たちから十分なことを引き出せないというか、そんな状況からのスタートでした。

発言を繋ぐ

どんなファシリテーションに力を入れたらいいのかとか、こういう要素があればもっといいんじゃないかとか、そういうことを考えながら次のモデルを開発していきました。

その後、先ほどの写真でお話ししたところなんですけど、東広島市立美術館所蔵の遠藤彰子先生の《沈める街》（1989年、前頁の図）を鑑賞材にしました。「他には何かないですか」という、見方を広げていくファシリテートも重要なんですけれども、話題を絞って、次の子供に発言を繋いでいくという、そういう方向に力を入れて子供たちに話をさせていきました。

例えば画面の「下にも空がある」とか、その「下」にいる「いろんな服装の人が気になる」とか、その服装を指して「今の時代なのかどうか分からない」とか、というような繋がり。画面全体が「魚眼レンズのようだ」とか、「レンズの真ん中に人がいる」とか、その「黄色い人がすごく気になる」とか、「あれは主人公じゃないか」とか、いろんなことを子供たちが話します。

全クラスでやったので、五回これをやったんですけど、五クラスもあればまあいろんな発言がありまして、「天国と地獄」とか「人工と自然」とか、絵の中のモチーフを対比させた友達の発言から自分の発想が生まれているというような、第0次モデルの実践の時よりは高まっているのかな、といった感じでした。

その次に改善したモデルでやったのが、スーラの《グランドジャット島の日曜日の午後》（1884—86年）、非常に有名な作品ですが、こちらに取り組んでみました。生徒も中学校三年生ですから、発言にも歴史的なことが少し入ってきてました。「クラシックな服」とか「今よりちょっと前の時代の感じ」とか。犬がいるとかくつろいでない人がいるとか、いろんなことにも気付いてました。それから、技法的な部分で点描に話題が集まったりとか。

あまり発言のない生徒にあえて振ってみたら、実際いろんなことを考えてて、それを引き出すことができてたかな、というような場面もあった実践です。

日々の授業の中で、金本先生ですけど、いろんなファシリテーションをちょこちょこ練習したり、短い時間の鑑賞活動をちょこちょこ実践してくださって、二人で相談しながら最終的には五〇分間の授業までもっていく、というのをゴールに、モデルの開発を進めていきました。

二つの作品の関係性

先ほど申しましたように二つの作品でやってみようということで、実際の授業は、木村武山の《羽衣》（昭和初期）、『ｍｉｔｅ！　ティーチャーズ・キット』に収録されてます、それとシャガールの《町の上で、ヴィテブスク》（1915年）、この二枚の作品を連続して五〇分の中で鑑賞するという、そういう試みをしてみました。

第０次モデルは、「ｍｉｔｅ！」の鑑賞の仕方をモデル化したものですが、これが最終的に五〇分授業のための第三次モデルでこんな感じになっちゃってるんですが、ちょっと複雑すぎて、どうしてこうなったかな、というような。

改めて、今回ここでお話しさせていただくに当たって、ちょっとシンプルに整理してみたんですが。

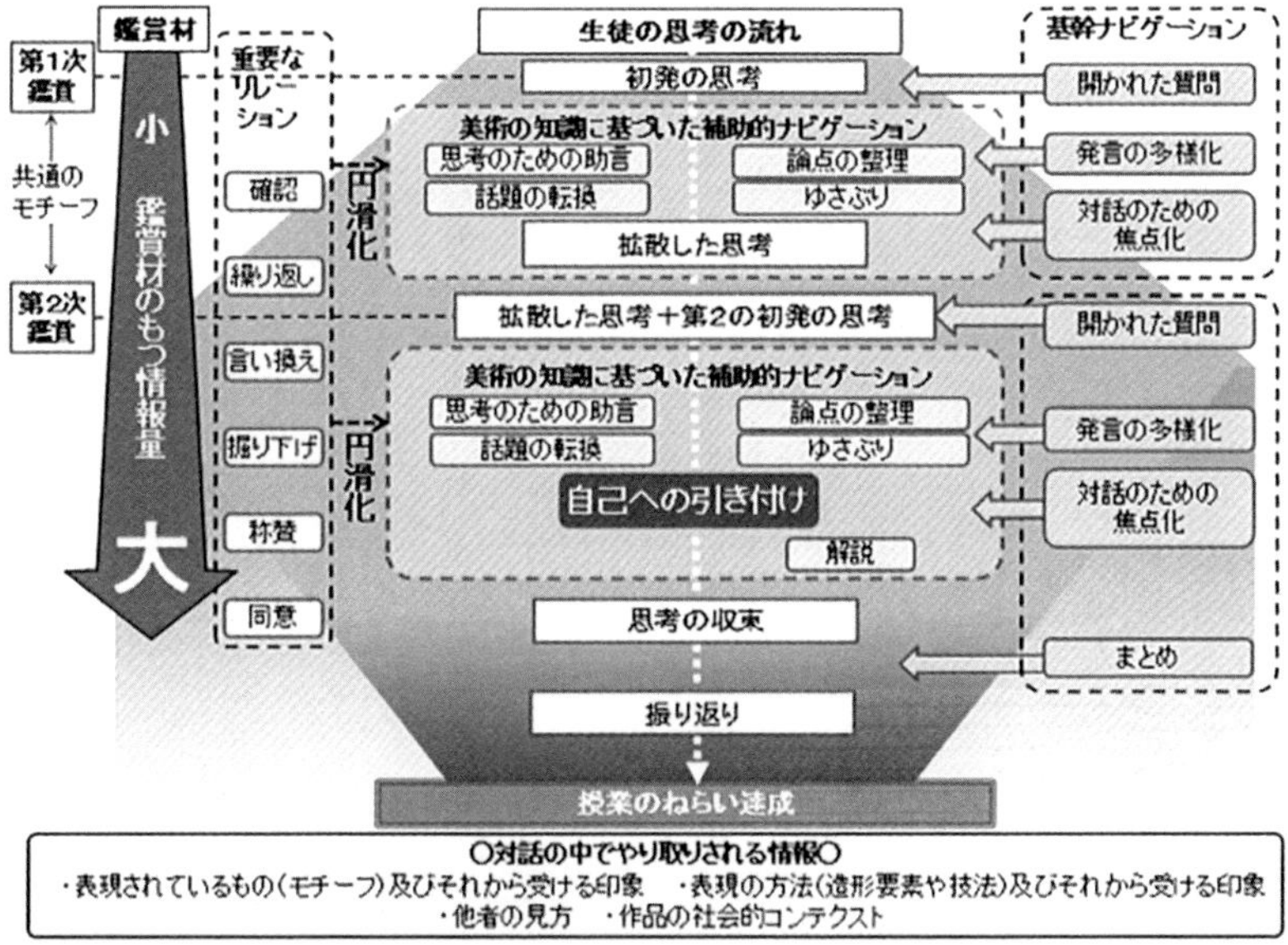

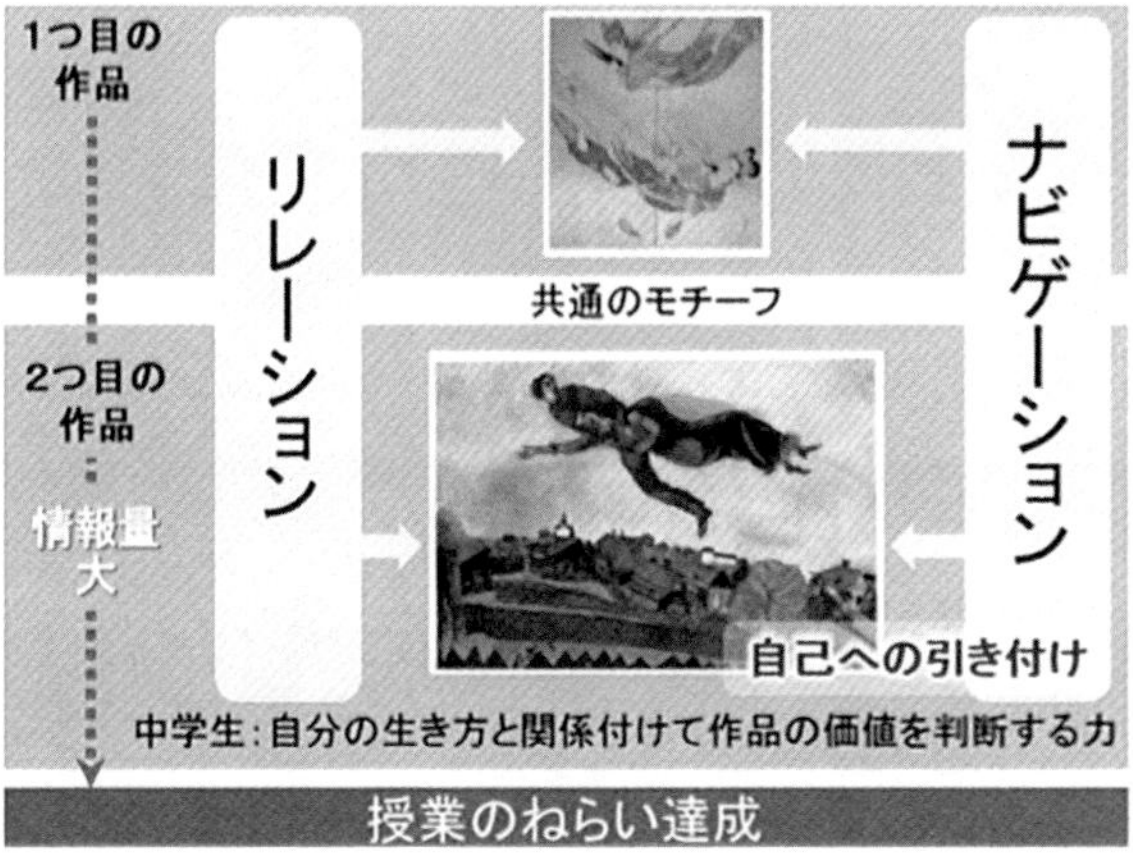

第三次モデルのポイントは、二つ作品があって、一つ目の作品と二つ目の作品に何かしら共通のモチーフがあると、発想が広がって発言しやすいということ。それと、二つ目の方が一つ目より情報の量が大きくて、いろんなことが出やすいようになっている。指導者の発話としては、子供の思考を促すナビゲーションと、なめらかな発言を促すリレーションを駆使して、というところ

です。

それで、中学三年生なのですが、鑑賞の能力の目標では結構高度なことが求められてます。この研究ではそのゴールを「自分の生き方と関係づけて作品の価値を判断する力」と定義していて、かなり難しいことなんですが、挑戦してみようと思いました。それで、たくさんあるナビゲーションの種類に新たに「自己への引き付け」というカテゴリを設定しました。つまり、子供たちがいろいろ話す中で「あなたならどう？」とか「あなたも同じような気持ちになったことある？」とか。「あなたは？」という問いかけを意識してやってみようというのも、第三次モデルのポイントでした。

《町の上で、ヴィテブスク》の鑑賞

実際の授業では、二枚目の、この《町の上で、ヴィテブスク》が対話のメインになりました。発話記録をとって分析していったのですが、ちょっとだけ、ここで紹介させてください。

立ち上がっているのが、Jさんっていう女の子なんですが、その子の発話です（下の図内文章参照）。

これを近くで聞いていたのが、こっちの男の子、T君。対話での鑑賞活動が終わった後に、鑑賞文と言いますか、考えたことを書いてアウトプットする、というのをしました。

Jさん(中学3年)の発話

男女の顔を比べて見てて思ったんですけど，男の人は，なんだか血が流れているような暗い感じの顔をしてるけど，女の人は何か笑っているように私には見えたので，塀に囲まれていることなんかもその象徴…？かもしれないんですけど，男の人が女の人を抱きかかえながらも，実は女の人に縛られてるってのを表現したかったんじゃないかなって思います。

で、T君はこんなことを書いてました。

「想像したら、作者には好きな人がいたが、その好きな人はとある村の村長の娘で、作者は結婚をしたいと言い、娘はOKだったけど村長がそれを断ってしまい、娘を村の外へ出さないようにした。それでもあきらめず、どんな手を使っても娘を外へ連れ出したいというような情景が浮かびました。作者はこの絵を通して、愛は自由だということを訴えたいのかなと思った」

なかなか素晴らしいことを考えてますね。ご存じのように、シャガールは婚約者のベラと結婚することができて嬉しくて嬉しくて、この絵を描いているのですが、実はベラのお父さんには最初は結婚を反対されていたんですよね。

なぜT君はこんなふうに感じたのかな、と。一回一回普通の授業ではそこまで深掘りはできないんですけど、研究だったこともあって、ちょっとT君にインタビューをしました。

そうすると、「どんな手を使っても娘を外へ連れ出したい」ってところは、最初は誘拐じゃないかという話題で盛り上がっていたんですが、さっきのJさんが「女性が笑っている」って言うのを聞いて、自分も「誘拐じゃないな」と思って。じゃあ何だろう、と考え始めて、駆け落ちかな、という発想が出てきて。彼の中ではそういうふうに繋がっていってたようです。

「愛は自由だ」というところについては、インタビューに真顔で答えてくれたんですけど、「自分は、他の人にああしろこうしろと言われないような、自分の考えのまま自由に生きたいと考えている。だから恋愛も、他の人にとやかく言われるような恋愛ではなく、自分で考えていくような恋愛がいい。むしろ、そういう自分の思いを書いた」ってことでした。

日々の授業でいちいち一人一人インタビューまでして、どう考えていたかとか、掴むことは難しいんですが、研究だからできたってのはありますが、時にはここまで掘り下げて、鑑賞から子供が何を考えたか追うのも必要なのかなと思います。

自分なりの意味や価値を作り出す力

最初に鑑賞の研究が点と点で繋がりにくいということを言ったんですけど、最後に、私と金本先生の研究を参考にしてくれた、広島県内の森脇勇太先生という方が、小学校五年生で実践をしてくださっているので紹介をしたいと思います。

五年生段階だと、モチーフごとの意味とか価値とかは発話として出てくるんですけど、作品全体としての意味や価値になかなか結び付かない、そこに重点を置いてファシリテートしよう、ということで、「結び付け」に力を入れた、という実践です。

具体的に言うと、アンドリュー・ワイエスの《海からの風》（1947年）を鑑賞した子供たちは、カーテンがある、翻っているとか破れているとか、曇っているとか、古い、寂しい、いろいろなことを言っていますが、それらを結びつけて「人が出ていった後みたい」「寂しい家なんじゃないか」というようなところに傾きかけたら、別の子が窓枠の端のひびの入っているところに、光が外から入っているところに注目して、「荒れ果てた家に人が帰ってきたのではないか」と、それで窓を開けたらふわっと風が入ってきて、あったかそうな日暮れの中で何か希望的な、そんな発想をしたりしていました。

いろいろな意見が出る中で、「ああそうだね、分かるよ」「それもありだね」というような、どっちが正解というわけでもないですし、発達段階によって授業のゴールも違うわけで、子供の発想をコントロールしつつコントロールしすぎない、そういうファシリテートとか、対話とか、少しずつ研究していくのが大事だな、と感じるような状況ではあります。

指導主事だった時代に、初任者研修で初任の先生方にも、実際に対話による鑑賞体験をしてもらっていました。教頭を務めている今なかなかそういう機会も減りましたが、なかなか道は険しいのですけれど、少しでも対話による鑑賞の活動が広がればいいな、と思いながら、先生たちと少しずつやっているところです。ご清聴ありがとうございました。

（大和浩子）

第2部　対話型鑑賞七十五年を超えて
―みつめていくもの

STEAMに象徴される教育の学際化や、欧米諸国における対話型鑑賞の質的変化。
アートを取り巻く環境や意識の変化とそれに伴う文化政策の改革を背景に、
対話型鑑賞七十五年の歴史を超えてみつめていくものとは。

第1章　アートが拓く世界

第一部を受けて第二部では、変化し続けていく社会の中で、アートが幼児から大人までの教育に果たす役割、そして対話による美術鑑賞の今後のあり方について考えたいと思います。最初に、学研ホールディングスの古岡秀樹さんと美術による学び研究会の上野行一さんが基調提案をいたします。

STEMからSTEAMへ

ただ今ご紹介いただきました、学研ホールディングスの古岡です。学研では顧問を、グループの公益財団法人才能開発教育研究財団では副理事長を務めています。本日は「鑑賞教育」について講師の皆様からお話があるわけですが、私からは「鑑賞教育そのもの」ではなく、その土台にあるもの「STEM教育ではなくなぜSTEAM教育が必要とされているのか」、また先ほどのポーラ美術館の今井さんのお話にあったように「企業がなぜアートの力を求めているのか」、その様な内容について話したいと思います。では始めます。

まずSTEM教育からSTEAM教育への流れについてです（下図）。皆様

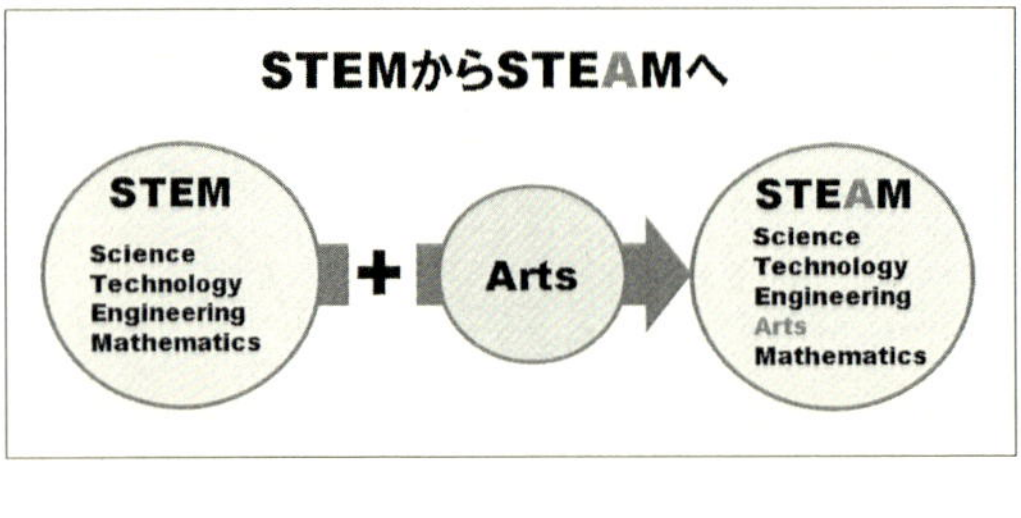

もご存知かと思いますが、ＳＴＥＭ教育では理数系の教科の理解やスキルが求められます。そこにな
ぜ「Ａ」のアーツが必要なのでしょうか。その理由は様々あるのですが、具体的な事例をお話した方
が分かりやすいと思うのでお話します。

二一世紀に入り米国のブッシュ政権は、二〇二〇年までに約二〇〇万人のＩＴ技術者を養成する必要があると考え、科学振興財団に五〇〇〇億を拠出して　ＩＴ系の人材を育成しようとしました。しかしながら、実際はある一定数以上ＩＴ人材は全く増えなかったそうです。なぜＩＴ人材は増えなかったかというと、やはり理数系が好きな人しかＳＴＥＭ分野には入ってこなかったからです。そこでＳＴＥＭ分野への間口を広くする必要が生じました。「自分の興味を探求する人材」を増やすことが間口を広めるという答申があり、「Ａ」つまり「アーツ」を導入しＳＴＥＭに繋げようという動きが始まりました。

ではＳＴＥＡＭの「Ａ」「アーツ」は何かという点については、「リベラル・アーツ」と「アーツ」の二つの説があります。私は個人的には、「リベラル・アーツ」の「アーツ」よりも、様々な「アート」という意味の「アーツ」と捉えた方がよいと考えています。もちろん「リベラル・アーツ」が悪い訳ではありません。「リベラル・アーツ」はあくまでも土台になる知識であり、その上にＳＴＥＡＭのＡ、イノベーションを起こす為の「アーツ」、つまりアーティストたちが持っている態度（探求する姿勢）や思考スキルが求められていると思うのです（下図）。ではアート教育の力と

★リベラル・アーツは、STEAMの土台であり、知の探索のフィールドになる。

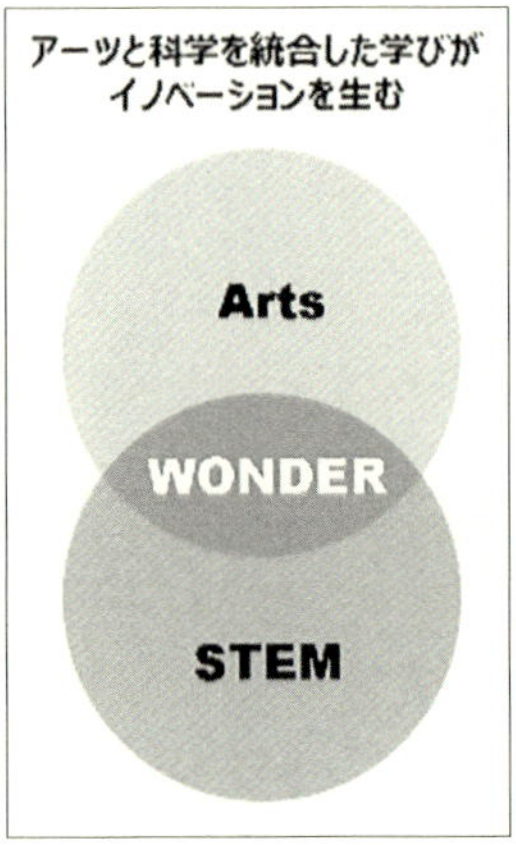

は何でしょうか。ハーバード大学教育大学院、著名な「プロジェクト・ゼロ」の一員であるティシュマン教授は、アート教育は、①「創造的思考：関連付ける力」、②「観察する力による批判的思考」、③「表現する力」、④「世界を探求する力」、⑤「自己や他者を知る力」を育成すると述べています。

　上図は上野先生と共に考えたものですが、アーツと科学（STEM）が重なる部分にあるものは何だと思われますか。我々はそれをWONDER（不思議に思う力）としました。WONDER（不思議に思う力）は、子どもたちが自分の中に持つ内発的なものです。それは疑問であり、好奇心につながります。さらに子どもたちが、探求心から夢や希望をもち、その強い思いをもって行動することは、新しい意味（文化）の創造や、イノベーション、インベンション（発明）につながると考えています。また、WONDER（不思議に思うこと）は、豊かな想像力によって分野間の架け橋となり、結果として個人のダイナミックなキャリアパスに繋がるとも考えています。

　米国のアスペン研究所の所長で作家のウォルター・アイザックソンは、イノベーションには芸術と科学の両方が必要であると主張しています（下

デジタル時代の創造のほとんどは、芸術と科学の交差点においてなされる　米国アスペン研究所元CEO・作家・ジャーナリスト　**ウォルター・アイザックソン**

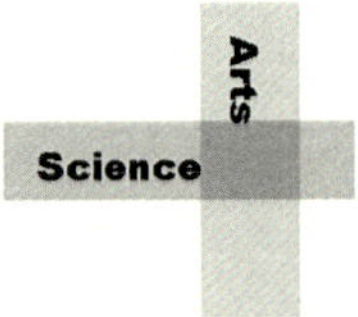

アスペン研究所は、対話、リーダーシップ、行動を通じて変化を推進し、現代の最大の課題の解決に貢献している。

Photo: United States Department of State

図）。
さらに、デジタル時代の創造の多くは、科学とアーツの交差点に於いてなされるとも述べています。アイザックソンは、レオナルド・ダ・ヴィンチ、スティーブ・ジョブズについての著作がありますが、古くはダ・ヴィンチが、最近ではジョブズがこの交差点に立っていたと述べています。

STEAMの教育プロセス

次にＳＴＥＡＭ教育の事例（下図）について話したいと思います。この図は私ども（学研）と上野先生が共同で開発した小学生向けのＳＴＥＡＭ教育のプロセスの事例です。

最初に、鑑賞教育で子供たちにまず対象（アート作品）をよく見て感じてもらいます。子供たちは、よく見ることから何かを不思議に思ったり、その答えとして自分なりの解釈を持つようになります。指導者は対話から問いを発見するような形で鑑賞を進めます。こうして対話による鑑賞から「課題」が抽出されます。

その後見通し（仮説）をもって科学的な実験をし、

1. 美術作品との出会いを通して課題に共感し、関心をもって主体的に取り組む態度を育成する
2. 対話に積極的に参加して協同して学ぶ力、課題を発見、生成する力を育成する
3. 見通しをもって探求し考える力を育成する
4. 課題に関する知識の習得を促す
5. 知識を活用して主体的。創造的に学ぶ力を育成する

実験結果を理解（知識を得て）して、さらに実験結果（知識）の応用を考えます。このような学習プロセスによってＳＴＥＡＭ教育が成立すると我々は考え、実践してきました。この事例は、二〇一八年に「板橋科学館」で、①空気、②アニメーション、③光の三つの実践をした時のものです。具体的な成果に関しては、上野先生が日本・美術による学び学会誌に、「Arts（美術）の役割や位置付けを明確にしたＳＴＥＡＭ教育の在り方」という論文を発表されていますので、そちらを参照して下さい。

ＶＵＣＡとサステナビリティの時代

今日、我々が直面している課題は、ＶＵＣＡとサステナビリティです。この点については、ビジネスの観点から話をさせていただきます。

ＶＵＣＡ（下図右）とは、Volatility：変動性、Uncertainty：不確実性、Complexity：複雑性、Ambiguity：曖昧性の頭文字から作られた造語ですが、この中で一番対応が難しいのが不確実性です。我々が体験したコロナ、米国の同時多発テロ（911）や東日本大震災（311）がこれに当たります。一〇〇年に一度、いや一〇〇〇年に一度の事象が起きたと言われています。我々そして若い世代は、今後先が読めない難しい時代を生きて行くことになります。

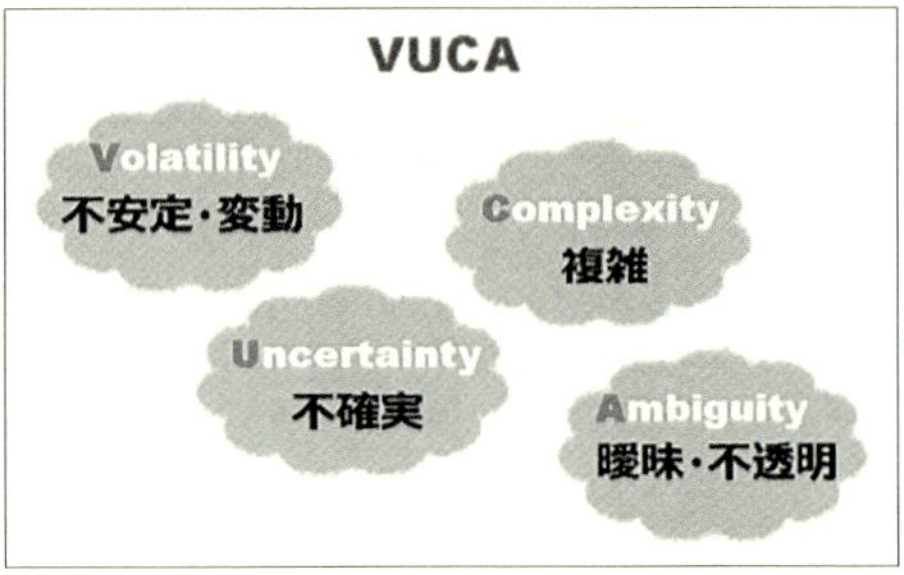

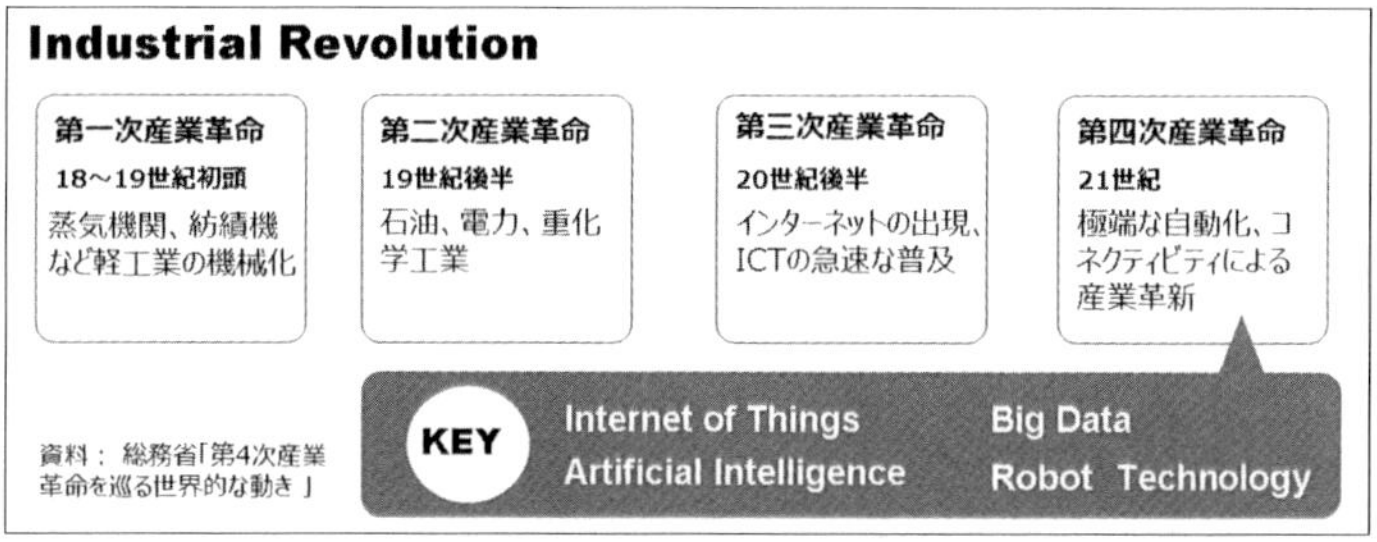

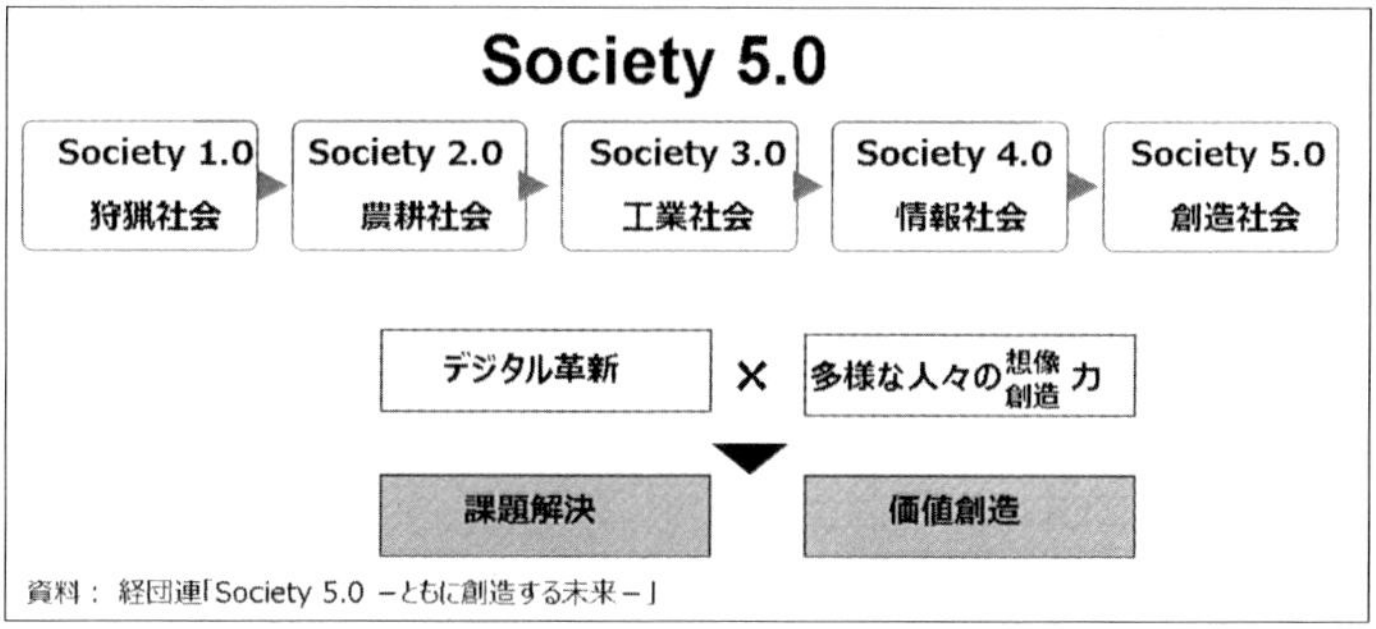

次はサステナビリティ（前頁の左図）です。地球温暖化を止める為に、我々は二〇五〇年までに脱炭素を達成しなければなりません。その為には、経済・社会・環境のバランスがとれたサステナビリティ（持続可能な）社会の実現を目指し、産業革命以来二五〇年間使ってきた炭素系のエネルギーの使用を止めなければなりません。二〇五〇年までの二七年間、過去二五〇年と全く違う文明を創造していくことになります。この新しい文明創造の過程では、文化もアートも、そして我々生活も全て変わっていき、新たな生き方を模索することになります。

第四次産業革命（上図）、Society5.0（下図）が到来すると言われていますが、その際鍵となるのは、ＩｏＴ、ＡＩ、Big Data、ロボットに関するテクノロジーであり、イノベーションです。

ではＶＵＣＡとサステナビリティの時代に求められる思考は何でしょうか。今言われているのは「バックキャスティング」（次頁上図）と「シナリオ分析」（次頁下図）です。今まで我々が活用してきたのは、「フォアキャスティング」、現在の延長線上で未来を考える思考法でした。この思考法は今後難しいと言われています。未来像を決めてそこから今にさかのぼって考える「バックキャスティング」、それと同時に将来こうありたいというビジョンに向けて、二つとか四つのシナリオを描いていく。こうした思考法が求められているのです。

イノベーション

ではよく言われる「イノベーション」とは何でしょうか。日本語では「科学技術」と訳されていますが、この訳のために「イノベーション」の本質は分かりにくくなっています。「イノベーション」の概念を考えたのは、シュンペーターです。シュンペーターは「イノベーション」の本質を、Neue Kombination（ドイツ語）、

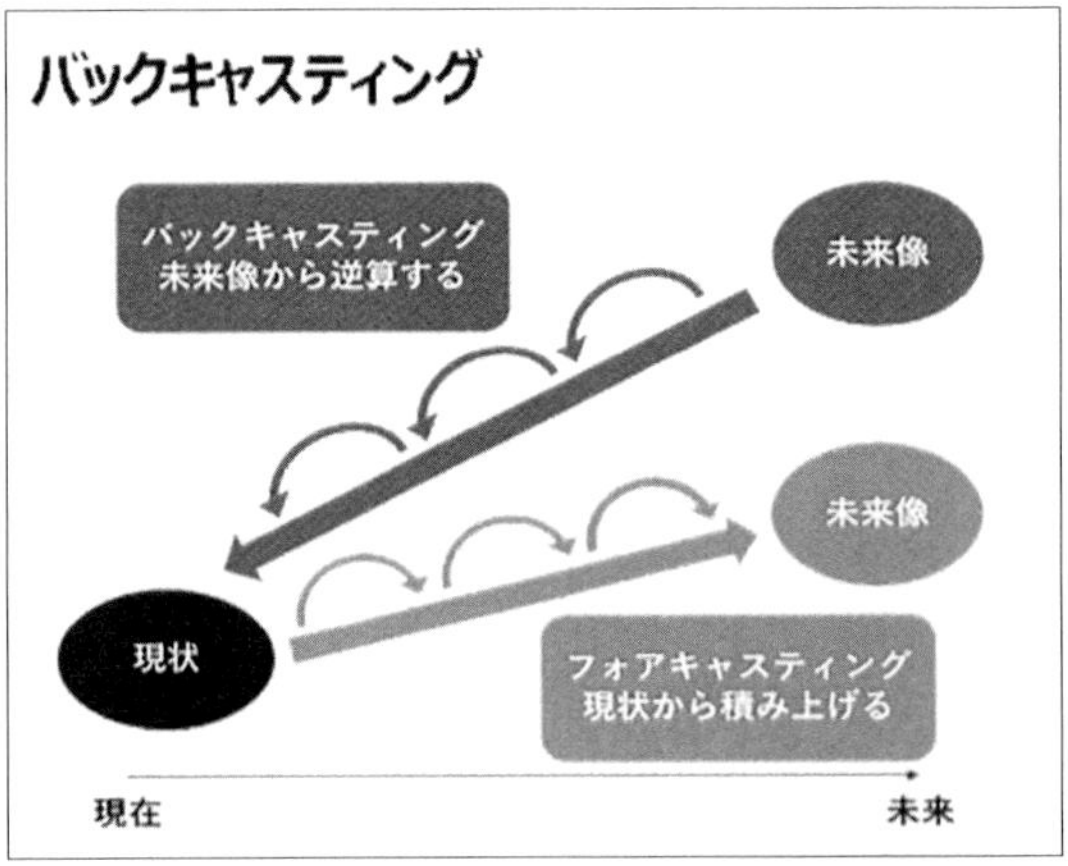

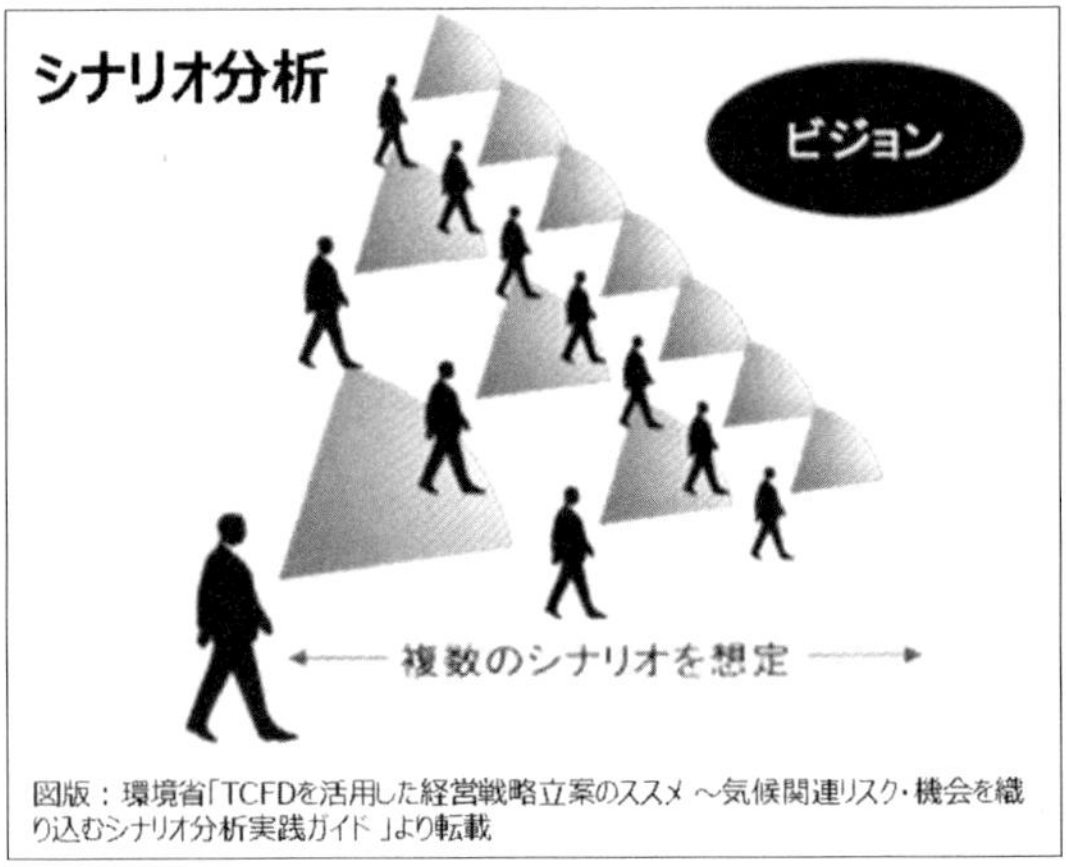

図版：環境省「TCFDを活用した経営戦略立案のススメ 〜気候関連リスク・機会を織り込むシナリオ分析実践ガイド」より転載

イノベーションとは

Joseph A. Schumpeter
1883〜1950

オーストリアの経済学者シュンペーターは、「イノベーションとは、新規の、もしくは、既存の知識、資源、設備などの新しい結合（**新結合**）」と定義している。(Schumpeter 1934)

シュンペーターが語る、知と知の組み合わせを意味する

Neue Kombination（**New Combinations＝新結合**）

は、今もなお「イノベーション」の最も基本的な考え方になっている。

英語で言うとNew Combinationと定義しました（上図）。日本語では「新結合」という意味になります。これは何か新しいものを発明するということではなく、物事の新たな組み合わせによって問題解決をしていこうというものです。

米国のSTEAM教育をリードしてきたのは、ロードアイランド・スクール・オブ・デザインの前学長のジョン・マエダです。テクノロジーだけでは「イノベーション」を起こせない。テクノロジーは退屈な存在で、活用の仕方が分からない、単体では社会を変えられない。従ってSTEMの上に「I・D・E・A」にあたる「アーツ」や「デザイン」が必要だとマエダは主張しています（下図）。

では「イノベーション」を起こす人材に求められるスキルとはどのようなものでしょうか。ハーバード大学ビジネススクールのクリステンセンは、「イ

STEMから、イノベーション力を高めるSTEAMへ

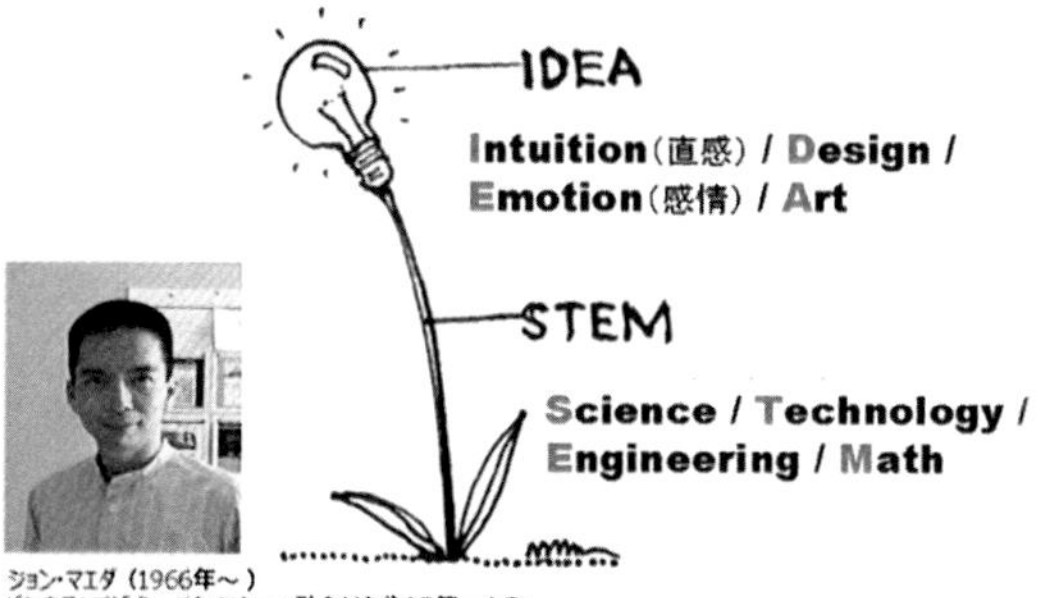

ジョン・マエダ（1966年〜）
ビジネスとデザイン、テクノロジーの融合を追求する第一人者。
ロードアイランド・スクール・オブ・デザイン学長、前 MITメディアラボ副所長

ノベーターのDNA」として次の5つの力を特定しています（上図）。①質問力、②観察力、③人を巻き込むネットワーク力、④実験力、⑤関連付ける力（新たな組合せを目指す）、このような力が必要だと主張しています。

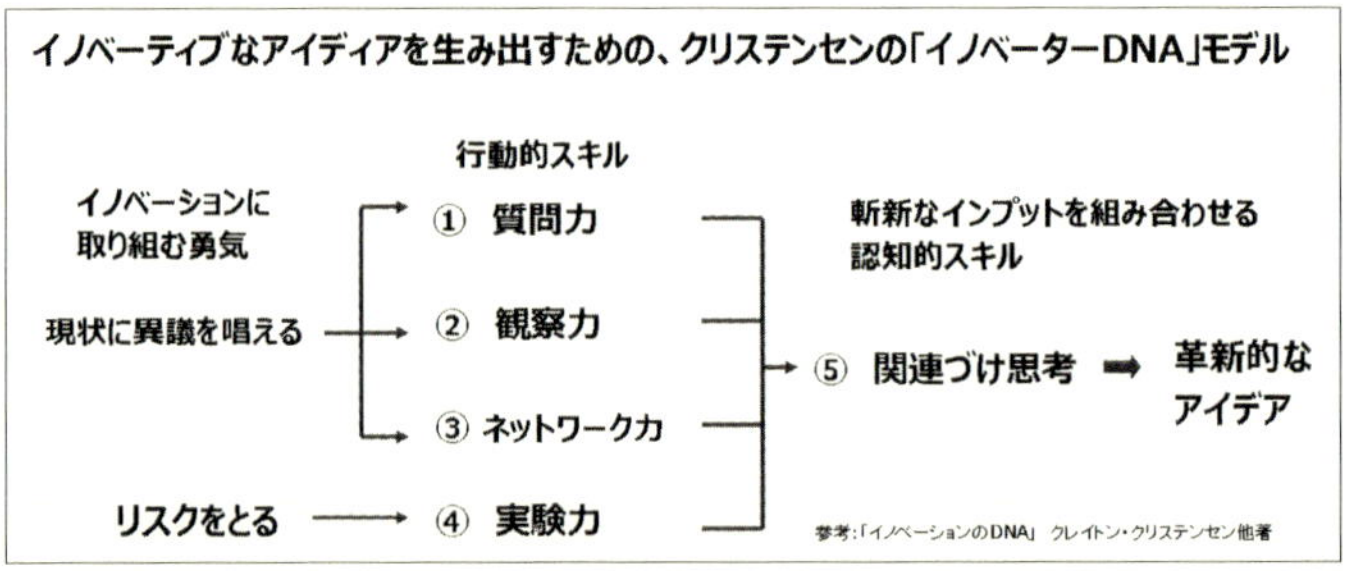

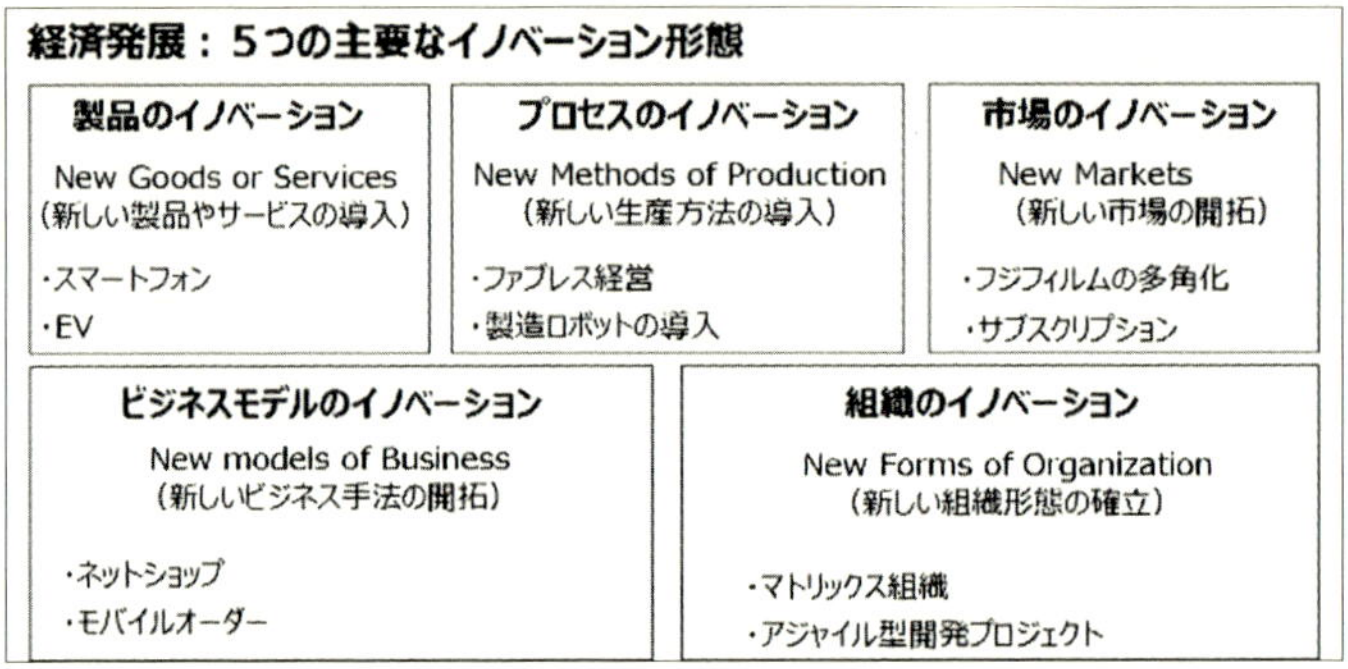

シュンペーターは、「イノベーション」には5つの種類（下図）があると言っています。①製品のイノベーション、②プロセスのイノベーション、③市場のイノベーション、④ビジネスモデルのイノベーション、そして⑤組織のイノベーションです。

イノベーションに関する例えですが、シュンペーターは著書「経済発展の理論」の中で「馬車をいくら繋いでも鉄道にはならない」と述べています。二〇〇七年一月、アップルからiPhoneが発売されました。当時日本には八社の携帯電話メーカーがありましたが全てガラケーでした。その後の結果はご存じの通りですが、iPhoneのイノベーションは破壊的で、SONYを除く競争相手を駆逐してしまいました。それほど新しい組み合わせの発想は重要で破壊的なのです。

私がイノベーションで一番好きなのはコンテナの事例（上図）です。

業界のビジネスモデルを大幅に変えたコンテナの破壊的イノベーション

20世紀最大の発明品の1つといわれるコンテナ。
アメリカの陸運業者マルコム・マクリーンは、コスト削減と交通渋滞回避のためトラックから「箱」だけ切り離して船に載せるアイデアを思いつく。1956年3月、コンテナの海上輸送が世界で初めて実現した。

- 効率的で安全な物流
- 大幅なコストダウン
- 貿易の活性化
- 港湾の整備
- グロバリゼーション

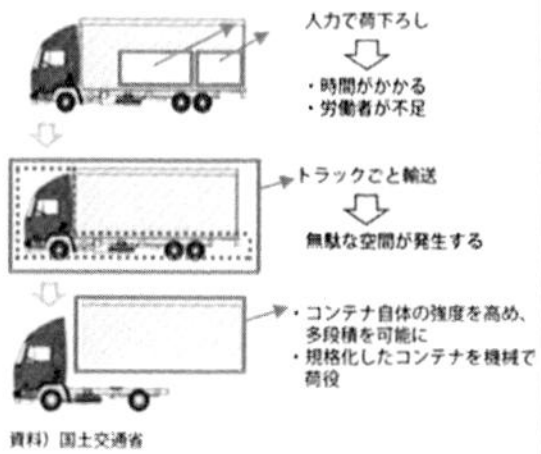

資料）国土交通省

何故アート思考でコンテナかというと、後の事例に関連するからです。コンテナが導入されたことによって、世界の物流が変わりました。コンテナの導入は、意外と最近で一九五六年四月です。マルコム・マクレーンというトラック運送会社の社長がコンテナ・システムを発想し、導入したことによって物流コストが激減し、製造メーカーの拠点も世界に広がりました（低賃金を目指すグローバリゼーションを可能にしたのです）。

下の図を見て下さい。データ・ビジュアライズ・デザイナーの山辺真幸氏がビック・データを可視化した作品（レプリカ）です。

左の図の線は地球上で現在の物流で船舶が動いている航路、右の図の線は、十八世紀〜一九世紀に帆船が動いていた航路です。船の航

現代のイノベーション事例

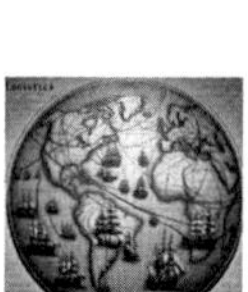

18世紀〜19世紀
航海日誌を基にした、1750年から1850年のヨーロッパ諸国の商船（帆船）の航跡

現代
地上局と人工衛星からの位置情報を基にした、2017年1月に航行した10万t以上の輸送船の航跡

データ・ビジュアライズ・デザイナーの山辺真幸氏は、これらのビックデータを全地球上に可視化した。そこに新たに見えてきたものとは・・・

詳しくは、**https://www.masakiyamabe.com/**

路のビッグデータを可視化することで見えてきたのは、過去の航路の線上には常に風が吹いているという新たな知見です。可視化されたデータを得たことによって、最新型の帆船で海上運送を構想するベンチャーが産まれ、イノベーションが起こりました。アートの力は、ビッグデータのみでは何も見えなかった世界を、ビジュアル化・可視化し、我々に新たなインサイト（気づき）を与えてくれるのです。

下の図は、一九世紀の欧州におけるアーティストと社会動向・イノベーションの関係を明らかにしたものです。

一九世紀には、①科学の発達、②鉄道の発達、③写真の発明、④電信の普及、⑤印刷技術の発達、⑥チューブ絵の具の発明、⑦携帯用イーゼルの発明、さらには万国博覧会が開催され、美術館が開館し、中産階級が産まれ、大衆文化が出現しました。

アーティストを取り囲むあらゆるものが変化して、アーティストは一九世紀以降、イノベーションと戦い、かつイノベーションを活用しながら、新たな表現様式

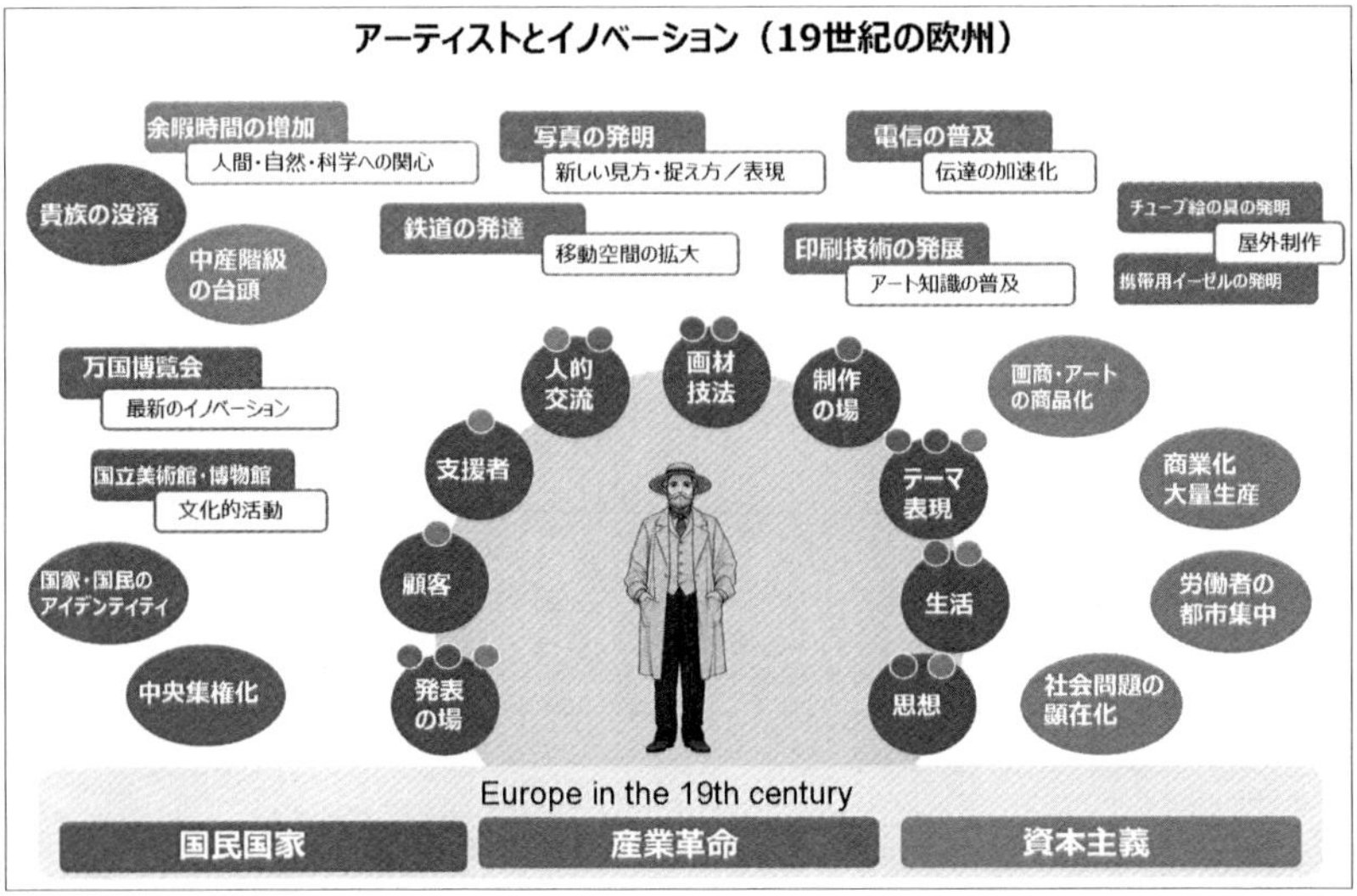

アーティストとイノベーション（19世紀の欧州）
余暇時間の増加
人間・自然・科学への関心
写真の発明
新しい見方・捉え方／表現
電信の普及
伝達の加速化
貴族の没落
中産階級の台頭
鉄道の発達
移動空間の拡大
印刷技術の発展
アート知識の普及
チューブ絵の具の発明
屋外制作
携帯用イーゼルの発明
万国博覧会
最新のイノベーション
国立美術館・博物館
文化的活動
国家・国民のアイデンティティ
中央集権化
人的交流
画材技法
制作の場
支援者
テーマ表現
顧客
生活
発表の場
思想
画商・アートの商品化
商業化大量生産
労働者の都市集中
社会問題の顕在化
Europe in the 19th century
国民国家
産業革命
資本主義

を考案して、多数の作品・成果を生み出してきたのです。いずれはこの図を基に、アートに関する教材を作りたいと思っています。

アート思考の必要性

次はデザイン思考ですが、時間の関係で割愛し、アート思考の必要性（下図）について述べたいと思います。

一六世紀までアートと科学の区別はありませんでした。一七世紀の科学革命以降、アートと科学は次第に分離するようになりました。科学の持つ一番の課題は何かというと、要素還元主義により非常に細かい分野を探求するので、全体像がつかめない点です。また、科学には依拠するパラダイムによって視点や考え方が決まるという理論負荷性の課題があります。その為に必要になったのが人間の本質や人生の意味を考えるアート思考なのです。

アート思考は、自分の内面に問いかけ、テーマや課題を模索するところから始まります。アート思考は、ＨＯＷやＷＨＡＴだけではなくＷＨＹから始まる問いなのです。経営思想家のサイモン・シネックは、ＷＨＹ↓ＨＯＷ↓ＷＨＡＴと進む思考法を「ゴールデンサークル」と呼び、時代を超える価値を生み出すには、この思考法が必要だと主張しています。

アート思考の活用分野は非常に広く、その種類も多様です（次頁上図）。

アート思考

なぜアート思考が必要なのか？

16世紀までは、アートと科学の区別はなかった。17世紀の科学革命以降、アートと科学は次第に分離するようになった。科学技術が進歩した結果、地球環境、生物多様性、生命倫理まで、人類が影響を与えるようになっている。
科学の要素還元主義のみに依存していては、人間性や生命の意義を考えることができない。もう一度、人間の本質、人生の意味を考える上でリベラルアーツが必要であり、感性や直観で本質をつかむアーティストの思考（アート思考）が必要とされている。また、21世紀に求められるのはイノベーション（社会イノベーションも含む）であり、そのために科学のもつ欠点（理論負荷性）にとらわれないアート思考が必要とされている。

また、アート思考に求められるのは、観察力、想像力、直感力、創造力、自分を内省する力、そして探求の為に実験する力になります（下図）。
　アート思考が普及するに従い、アーティストのマインドセットと起業家が持つマインドセッ

様々なアート思考

世界のアート思考・活用の事例は多様である。すでに多くの論文が発表されている。

アート思考の研究対象とカテゴリーは幅広い

・ビジネスにおけるアートの価値
・人材育成、組織開発におけるアートの活用
・組織インフラや製品の付加価値に関するアート活用
・創造性とイノベーション創出のためのアート活用
・ビジネス価値創造におけるアート活用のメカニズム

アートの種類も多様である

アートの種類も、舞踏、演劇、音楽、絵画と多様であり、たとえば、アーツの持つ身体性は、われわれに深い理解と納得（腹落ち）を与えてくれる蓋然性が高いとするケース・ワークもある。

科学の縦割り・細分化の弊害を超えるために、「アート思考」が必要である。その際は、限定せず多様なアートを活用し、「アート思考」を追究すべきである。

アート思考を獲得するための「思考プロセス」に重要とされる要素

観察
アーティストは・・・
他の芸術形式や環境を観察することで、自然の形、色、質感の美しさを作品内で概念化し、表現しようとする。

想像力
アーティストは・・・
直接の認識を超えた感覚と感情を組み合わせて、キャンバス上に素晴らしい画像や創造的な作品を作成する。

直感
アーティストは・・・
芸術的能力の向上に不可欠な本能的な感覚であり、迅速かつ創造的な決定をくだしている。

創造性
アーティストは・・・
完全にユニークでオリジナルなものを制作する。

内省
アーティストは・・・
自分の状況や作品を主観的に分析して振り返り、自分自身を理解する。

実験
アーティストは・・・
さまざまな媒体や素材、技術などにアプローチしてチャレンジし、試行錯誤する。

アーティストのマインドセット ＝ 起業家の考え方や問題解決の方法（Effectuation）

両者に共通していること

1．創造的かつ革新的であり、他と一線を画す新しいアイデアを常に生み出していく必要がある。
2．しばしば不確実性とリスクに対処しなければならない。
3．創造性と創意工夫を強いられる環境（状況）の中で活動している。
4．成功のためには、情熱、忍耐力、目標を達成するための揺るぎない取り組みが必要になる。

エフェクチュエーション（起業家の考え方や問題解決の方法）の５つの考え方

1. Bird in Hand :	既存の手段を用いて、新しい何かを生み出す
2. Affordable Loss :	致命的にはならないコストを予め設定する
3. Crazy-Quilt :	さまざまな繋がりのパートナーと一体となってゴールを目指す
4. Lemonade :	予期せぬ出来事をチャンスに変える
5. Pilot-in-the-plane :	状況に応じた臨機応変な行動をする原則

トは同じではないかという議論が起こっています（上図）。

インド出身で、カーネギーメロンで学んだサラス・サスラバシーは「エフェクチュエーション」（下図）という概念を発表しています。

エフェクチュエーションとは、企業家は当初から大きな計画を持っているのではなく、既存の手段を用いてある程度のコストをかけながら、パートナーを探して、チャンスを手にしながら状況に応じて臨機応変に対応し、新しいものを生み出していくという考え方です。この様な考え方や問題解決の方法は、アーティストの思考法や試行錯誤と同じではないかと言われています。エフェクチュエーションの事例としては、パイロットの「消せるボールペン、フリクションボール」の開発事例が有名です。

経済産業省は「創造経済」を担う「イノベーションを生み出す人材」は、創造的特性と創造的能力を持つと発表しています（次頁の図）。

この図の創造的特性と創造的能力は、アーティストのマインドセットとスキルに当たります。一般人の我々がアー

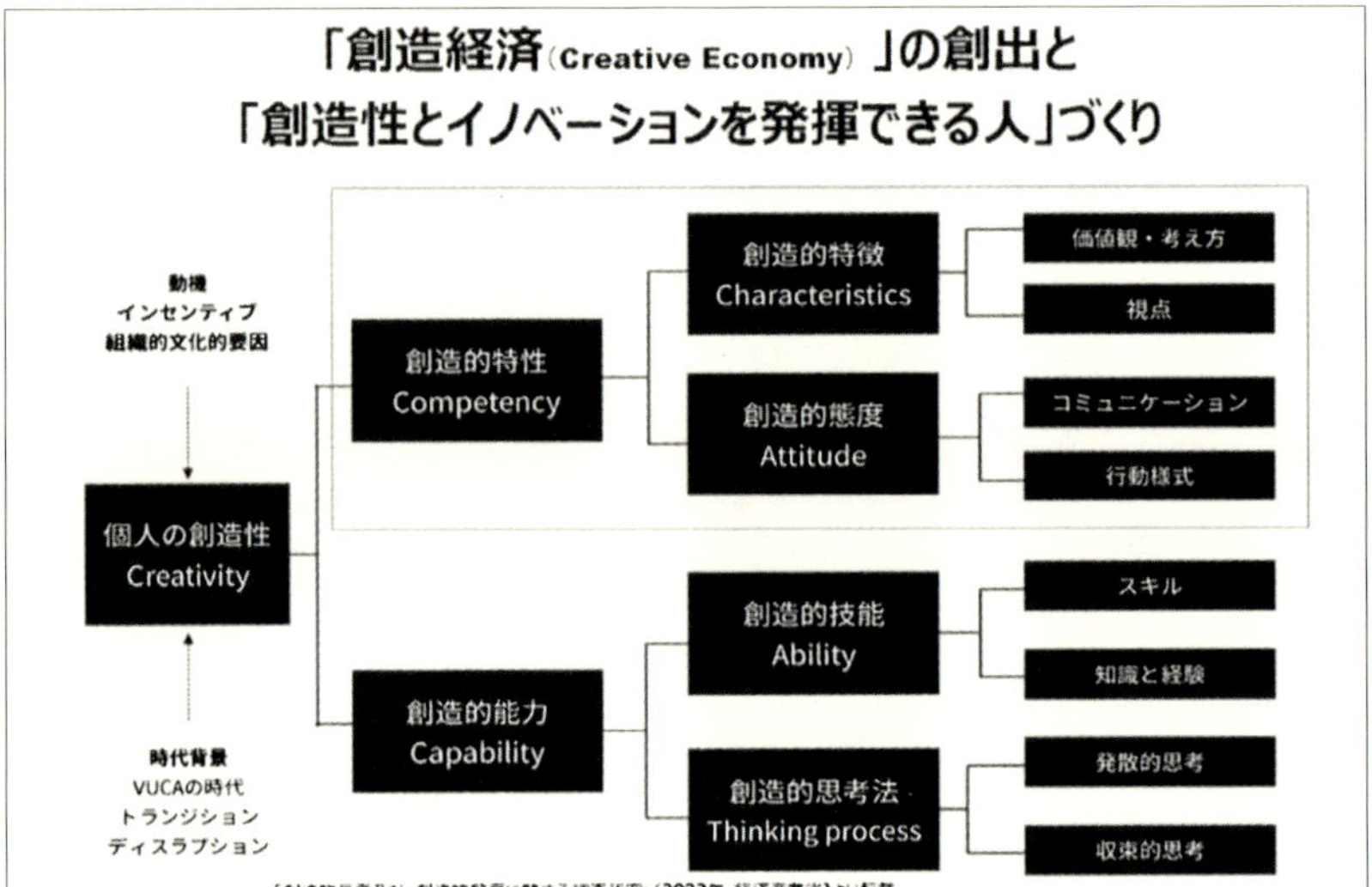

「創造的思考及び 創造的態度に関する調査研究」（2022年・経済産業省）より転載

ティストと同じマインドセットとスキルをすべて身に着けるのは可能でしょうか。それは難しいと思います。「アート思考」が推奨しているのは、アーティストのマインドセットを持ちながら、二つぐらいのスキル、例えば観察力と想像力（イメージする力）と持ったらどうかということと私は考えています。

「観察力」と「イマジネーション」

それでは次に、「観察力」と「イマジネーション」が持つ力について考えてみたいと思います。シャーロック・ホームズの「ボヘミアの醜聞」（次頁の図）の事例を見てみましょう。

探偵のシャーロック・ホームズは、医師のワトソンに「君は見ているが、観察していない」と述べています。この段の会話は、探偵のホームズはアーティストの様な柔軟な観察力を示し、医師のワトソンは科学者的に既存の考え方に依拠する見方をしています。一九世紀末に書かれた小説のワンシーンですが、コナン・

君は見ているが、観察していない

「そうだろうな」

彼はタバコに火をつけて、肘掛け椅子に深々と座りながら答えた。

「君は見ているが観察していない。その差は明白だ。

例えば、君は玄関からこの部屋に続く階段を頻繁に見ているはずだ」

「頻繁に見ているな」

「どれくらい」

「そうだな、何百回となく」

「では何段ある？」

「何段？ 分からない」

「そういう事だ！ **君は観察していない。**それでも見てはいる。

僕の指摘したいのはその点だ。いいか、僕は階段が17段あることを知っている。

なぜなら僕は見て観察しているからだ」

「確かにこれは謎めいているな」私は言った。

「この内容についてどう想像する？」

「まだデータがない。データがないときに理論を組み立てるのは重大な誤りだ。

事実に合うように理論を組み立てる代わりに、事実を理論に合うように
ゆがめてしまう。気が付かないうちにね」


（シャーロック・ホームズの冒険　「ボヘミアの醜聞」）

ドイルが、柔軟な見方と科学的で固定的な見方の違いを知っていたのは、大変興味深いと思います。見方の違いと言えば、ケプラーとティコの事例も大変興味深いです。

ケプラーとティコは、
明けゆく東の空に同一のものを見ているのだろうか

この絵は、地動説を唱えたケプラーと彼の師匠で天動説を唱えたティコの二人が同じ太陽見ている姿を描いたものです。両者は地動説と天動説という異なるパラダイムに依拠しているので、同じ太陽を見ていても両者が頭で想像する太陽と地球の動きは全く異なります。自分が依拠している既存の考え方（パラダイム）に則って見たり考えることを、「理論負荷性」と言います。

観察は理論の影響を免れることはできない

上図をご覧下さい。我々はこの絵にウサギを見たり、アヒルを見たりしますが、それはウサギもアヒルも知っているからです。どちらか一方しか知らなかったら、その一方しか見ることができません。知識を持つことは非常に重要ですが、物事の見方が固定してしまうという欠点があります。アーティストの持つ柔軟な見方、観察力を持つことによって、固定観念から離れて、新たな見方をして新たな発見をすることが重要となるのです。

「イマジネーション」について

次にイマジネーション・想像力について考えたいと思います。イマジネーションの効果（下図）として、①創造性の促進、②問題解決能力の向上、③コミュニケーション能力などがありますが、先ほど述べたバックキャスティングをするのならば、まさしく想像力が

イマジネーション（想像力）の力・未来の自分との対話

■**イマジネーションの力**

創造性の促進：過去の経験や情報をもとに未来を想像する力が豊かであれば、問題解決やイノベーションにおいて独自のアプローチや視点を見つけることができる。

問題解決能力の向上：現状や課題を別の角度から見ることができ、問題の本質や背後にある要因を洞察し、新しい解決策を考え出すことができる。

コミュニケーション能力の強化：相手の視点や感情を想像することで、より効果的なコミュニケーションを築くことができる。また、イメージや物語を使って説明することで、複雑なアイデアを分かりやすく伝えることができる。

■**未来の自分との対話**

自己実現の促進：自分自身の可能性や理想の未来を想像することで、目標を明確にし、それに向かって行動する意欲を高めることができる。

重要になります。

未来の自分と対話する力

全くアートとは違う分野の方ですが、皆さんは早稲田大学ラグビー部の元監督・中竹竜二さんをご存じでしょうか。現在は、ラグビー協会で日本のユース代表の育成を担当されています。

彼は、自分が挫折をしたり困難に直面した時に、未来の自分を想像してその自分と対話するそうです。未来のなりたい自分を想像して会話して、その状態に近づくストーリーを考える。これがものすごく大きな力になると述べています。

中竹さんは想像力を使いますが、「ビジョンボード」、「ドリームボード」という名称を聞かれたことがありますか。米国の映画やドラマによく出てくるものです。自分がなりたい未来の姿を写真やイラスト、雑誌の切り抜きでボード上に構成して、そのボードと毎日対話して自分を振り返る手法です。この手法は、ナポレオン・ヒルが「成功の哲学」として一九〇〇年代に確立しています。これに似た手法で刑事ものによく出てくるのが「クライムボード」です。写真や記事を使って、犯罪者の心理や行動をよりリアルに想像し、読み解く手法です。「未来の自分や観察対象と対話する力」は、VUCAの時代の中ますます重要になると考えます。また、この力は鑑賞教育で育成できると考えています。

マシュマロテストについて

非認知能力

非認知能力には、意欲・自己認識・メタ認知など様々あるが、ここではイマジネーション力（想像力）に注目したい

マシュマロ・テスト

実験に参加した４歳児のうち、３分の２は我慢できずにマシュマロを食べてしまった。

マシュマロ・テストとは？
スタンフォード大学の心理学者ウォルター・ミシェルによる、子ども時代の自制心と将来の社会的成果の関連性を調査した実験（1960年代後半～1970年代前半）。
将来のより大きな成果のために、目先の欲求を辛抱する能力があった子どもほど、社会的な成功を得やすいということがわかったとされる。

次は、マシュマロテスト（上図）です。四歳児がマシュマロを食べるのを一五分我慢できるかどうかをテストする実験です。三分の二の幼児はマシュマロを食べてしまいましたが、三分の一の幼児はマシュマロを食べずに我慢することができました。この実験に参加した幼児のその後の追跡調査は、食べるのを我慢できた幼児の方がより多く社会的成功をしているとの結果を得ています。勿論、我慢できた幼児は意志が強かったのだと思いますが、私は一五分後の自分を想像する力があったのではと考えています。

EUのS・T・ARTS

次にEUの動きについて見てみましょう。EUの国会は、アートとテクノロジーの関係を、古代から現代まで調査して纏めています（次頁の上図）。

アーティストとテクノロジーの関係がいかに重要で、歴史的に価値を生んできたかを、国会として理解する姿勢は流石だと思います。この報告書を受けて、

EUのレポートは、アートとテクノロジーの歴史的関係を詳細に分析し、アートとテクノロジーが交差し相互に影響を与えてきたさまざまな方法と、将来のコラボレーションの影響と機会を探っている。

アーティストと技術者の間の協力環境を促進することで、新しく革新的な仕事の機会が提供され、両方の分野の進歩を促進する可能性がある。

アーティストの創造性と技術者の革新性の結びつきは、新しくエキサイティングな芸術作品の創造につながり、創造経済の発展に大きな影響を与える可能性がある。

S+T+ARTS
SCIENCE + TECHNOLOGY + ARTS

S+T+ARTSとは

欧州連合（EU）の政策執行機関、欧州委員会（EC）による政策の一つである。

芸術的な視点を科学と技術に結び合わせることで、総合的かつ人間主体のアプローチにより研究やビジネスに価値ある展望を開く可能性を持つというのが、この政策のヴィジョンだ。

デジタル技術を企業と市民、そして行政に浸透させるべく、アーティストや科学者、エンジニア、研究者らのコラボレーション・プロジェクトを支援している。

EUでは、STEAMに代わる独自の施策として、S・T・ARTS（下図）、芸術と科学と技術を融合し、総合的かつ人間的なアプローチで新たな価値を創造するプロジェクトがスタートしています。

最近は、リチャード・フロリダが提唱した創造都市（クリエイティブシティ）の育成が盛んになっています。日本でも文化庁の提唱で一六五の都市が「創造都市宣言」をしています。今日は全国から様々な分野の方が集まっていらっしゃいますが、鑑賞教育をベースにして、各地で創造都市論を盛りあげ、ぜひ地域の旗振り役になっていただきたいと思います。

モンテッソーリ教育について

では、最後に私が所属している才能開発教育研究財団の事業であるモンテッソーリ教育（下図）についてご紹介いたしましょう。

モンテッソーリ教育は、イタリアのマリア・モッテソーリが一九世紀末に確立した教育法で、子供には自己教育力があり、その力を引き出すには子供の発達にあった人的・物的環境が必要であるという考えにたつ教育法です。私たちは、年間二〇〇人程のモンテッソーリの指導者を育成しています。日本ではあまり知られていませんが、米国ではａｍａｚｏｎのジェフ・ベソズやＧｏｏｇｌｅの共同創業者の二人などの著名人が、モンテッソーリ教育を受けていたので「イノベーター教育」として知られています（次頁の図）。

その理由は、子供たちが日々の学習を、自分で選んで自分のペースで学ぶところにあります。幼児期から自分のやりたい教科を選んで探求する姿勢を持つことが非常に重要だと思います。将棋の八冠の藤井聡太くんが、モンテッソーリ教育を受けていましたし、ＮＨＫの元アナウンサー久保純子さんは、現在ニューヨークでモンテッソーリの指導者になっています。

「創造性とイノベーションを発揮できる人」づくり

小さなイノベーター

幼児の教育メソッドとして知られている「モンテッソーリ教育」は、

欧米では、「イノベーター教育」として知られている

モンテッソーリ教育の現場では・・・

学び（遊び）の環境（道具）が複数用意されている ➡ 幼児は、自分の学び（遊び）を自主的に決める ➡ 学び方（遊び方）を自由に工夫し、満足するまで学ぶ（遊ぶ）

基本的な考え方

「子どもには生来、自立・発達していこうとする力（自己教育力）がある。その力が発揮されるためには発達に見合った環境（物的環境・人的環境）」が必要である。

大人がすべきことは、子どもに教え込むことではなく、子どもの発達がどのような形ですすんでいくかを知り、子どもを観察しその環境を整えること。

今日は、鑑賞教育の枠を超えて、アート思考、イノベーションなど様々な分野の話をさせていただきました。本講演が本日参加の「美術による学び研究会」の皆様の仕事や研究の参考になれば幸いと思っています。ご清聴ありがとうございました。

（古岡秀樹）

1913年、アレクサンダー・グラハム・ベルは、マリア・モンテッソーリを米国に招待し講演を依頼した。ベル夫妻は、この教育法を高く評価し、モンテッソーリ教育協会をつくり、その普及に努めた。ちなみに、日本には、1960年代に伝わっている。
モンテソーリ教育を受けた著名人の活躍と、モンテッソーリ教育に対する自身の高評価により、自主性・創造性・探求力・集中力を重視するモンテッソーリ教育は、欧米では「イノベーター教育」と呼ばれるようになっている。

第2章　学際的なアプローチによる美術鑑賞

1　教科の枠を超えて

教科の枠を超えた学習

これからの美術鑑賞教育の在り方を展望したとき、学際的なアプローチによる教科の枠を超えた学習の方向性を除外することはできません。

日本では教科による縦割りの学習が学校教育の大半を占めているため、学際的なアプローチというと何か特別な「実験」のように思われるかもしれません。しかし、教科の枠を超えた学習は、ジョン・デューイのシカゴ大学実験学校（1896〜）やその後のウィリアム・キルパトリックの「プロジェクト・メソッド」（1918）以来、一〇〇年以上世界中で連綿と実践されており、この半世紀間とりわけ二一世紀に入ってからは、ＳＴＥＭ教育やＳＴＥＡＭ教育などに見られるように世界中で大きな広がりをみせています。

教科の枠を超えた学習の先駆者デューイは次のように述べています。[★1]

「すべての学習は、一つの地球とその上で生きる一つの人生の側面から生まれる。私たちは、数学的な地球、物理的な地球、歴史的な地球など、いくつもの層に分けられた地球を持っているわけではない。…私たちは、あらゆる側面が結びついた世界に生きている。…すべての学習は、一つの大きな共通の世界における関係から生まれる。子どもがこの共通の世界と多様に、しかし具体的で積極的な関係の中で生きていれば、彼の学習は自然に統一される。…学校を生活に関連づければ、すべての学習は必然的に関連づけられる」（訳／上野）

「すべての学習は、一つの大きな共通の世界における関係から生まれる」

この言葉はデューイの学習観をよく表しています。デューイはこの世界の様々な事象を数学や物理、美術や歴史など教科ごとにバラバラに学ぶのではなく、すべての学習を関連づける

I 美術の枠を超えて

LEARNING THROUGH ART

「すべての学習は、ひとつの大きな共通の世界における関係から生まれる」

ジョン・デューイ

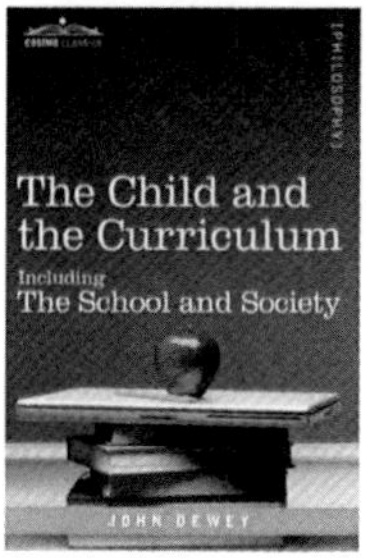

All studies arise from aspects of the one earth and the one life lived upon it. We do not have a series of stratified earths, one of which is mathematical, another physical, another historical, and so on.…We live in a world where all sides are bound together. ……All studies grow out of relations in the one great common world. When the child lives in varied but concrete and active relationship to this common world, his studies are naturally unified. ……Relate the school to life, and all studies are of necessity correlated.

「すべての学習は、ひとつの地球とその上で生きるひとつの人生の側面から生まれる。私たちは、数学的な地球、物理的な地球、歴史的な地球など、いくつもの層に分けられた地球を持っているわけではない。…私たちは、あらゆる側面が結びついた世界に生きている。…すべての学習は、ひとつの大きな共通の世界における関係から生まれる。子どもがこの共通の世界と多様に、しかし具体的で積極的な関係の中で生きていれば、彼の学習は自然に統一される。…学校を生活に関連づければ、すべての学習は必然的に関連づけられる」

（訳／上野）

ことが重要なのだといいます。これから紹介するさまざまな美術鑑賞の事例も、教科や学問領域の枠を超えた学際的なアプローチによるものです。

教科の枠を超えた学習は米国では一般に「カリキュラム統合」(curriculum integration) と呼ばれ、ビーン (J.A.Beane) によれば、カリキュラム統合の動向は一九八〇年代に入ってから顕著になっています。[★2]

一口にカリキュラム統合と言っても様々な研究や実践があります。例えば、ブラジー (Edward N. Brazee) とカペルーチ (Jody Capelluti) は、下図のように直線上に整理しています。[★3]

左端が教科ごとに編成された伝統的なカリキュラムであり、右に行くほど統合の度合いが強いカリキュラムです。

一方、ゴードン・ヴァーズ (Gordon F. Vars) は、カリキュラム統合を、一つの共通のテーマに対

カリキュラム統合の動向は1980年代に入ってから顕著になっている。

ジェイムズ・ビーン

ジェイムズ・ビーン（1944年〜）
元ナショナル・ルイス大学教授

日本の「総合的な学習の時間」は、学習指導要領の英訳版では"the Period for Integrated Studies"と訳されており、総合＝Integrated ということは、下の分布図中央の Integrated Curriculum を想起させる。

ブラジー（Edward N. Brazee）とカペルーチ（Jody Capelluti）による分類

伝統的なミドル・スクールカリキュラム	多学科的／学際的カリキュラム	統合化されたカリキュラム	統合的カリキュラム	超統合的カリキュラム
Conventional Middle School Curriculum	Multidisciplinary/ Interdisciplinary Curriculum	Integrated Curriculum	Integrative Curriculum	Beyond Integrative Curriculum

『諸外国の「総合的学習」に関する研究』国立教育政策研究所、2001、p. 15より

していろんな教科が統合されるカリキュラムと、生徒の関心や生活を中心にしたコア・カリキュラムに大きく分けています。前者は下の分類表の左から二番目の多学科的／学際的カリキュラムに当たります。私はこれを中心に三、四番目までを学際的アプローチと考えています。

ただ注意しておきたいのは、日本には「総合的な学習の時間」という教科学習とは別のカリキュラムがあることです。学習指導要領の英訳版ではthe Period for Integrated Studiesと訳されていますが、「総合」が「Integrated」ということであれば、これは分布図の中央のIntegrated Curriculumを想起させます。

学際的アプローチ

下図は文部科学省が出している「総合的な学習について」という資料を編集したものです

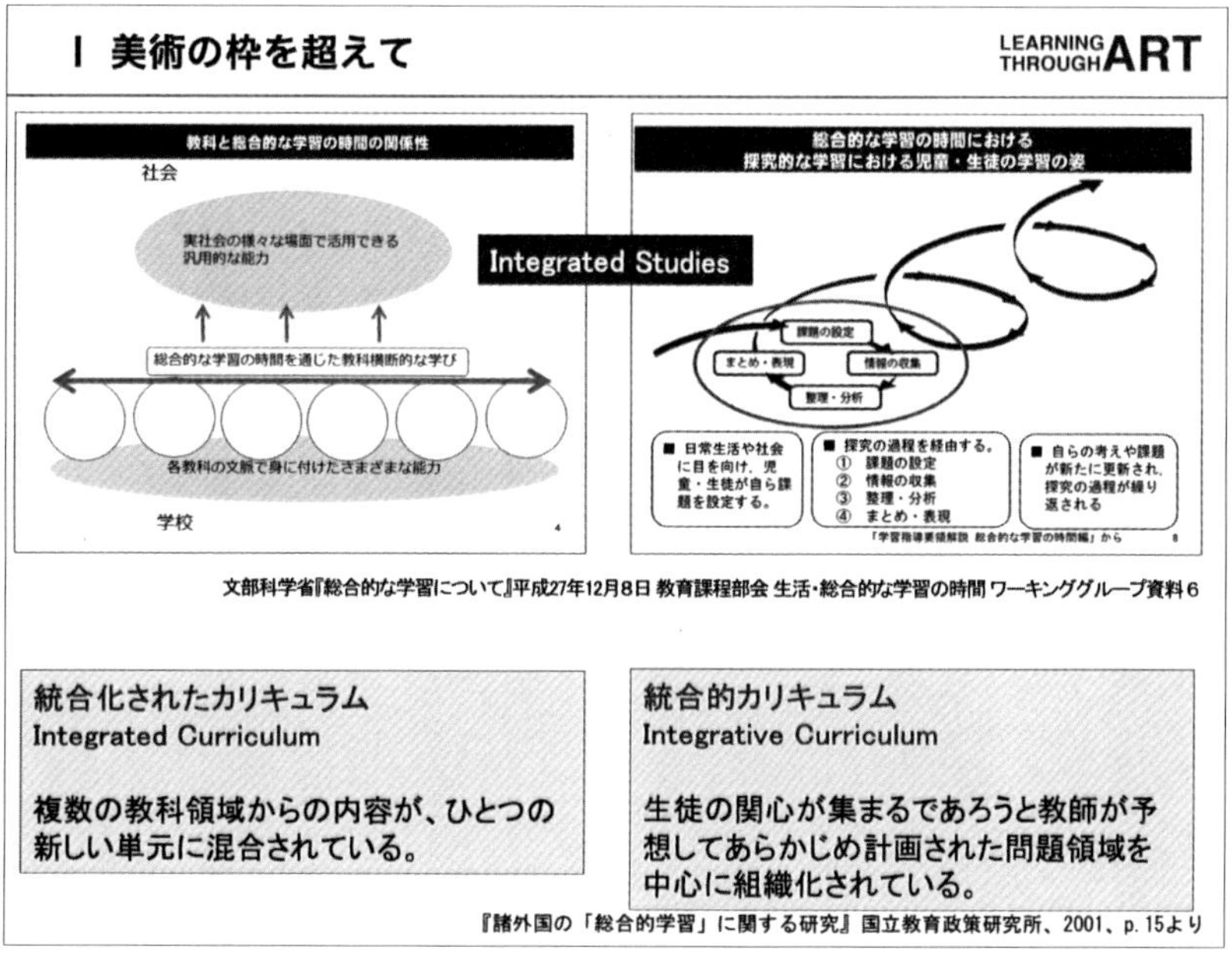

I 美術の枠を超えて
LEARNING THROUGH ART
教科と総合的な学習の時間の関係性
社会
実社会の様々な場面で活用できる汎用的な能力
総合的な学習の時間を通じた教科横断的な学び
各教科の文脈で身に付けたさまざまな能力
学校
Integrated Studies
総合的な学習の時間における探究的な学習における児童・生徒の学習の姿
課題の設定
情報の収集
整理・分析
まとめ・表現
■ 日常生活や社会に目を向け、児童・生徒が自ら課題を設定する。
■ 探究の過程を経由する。① 課題の設定 ② 情報の収集 ③ 整理・分析 ④ まとめ・表現
■ 自らの考えや課題が新たに更新され、探究の過程が繰り返される
「学習指導要領解説 総合的な学習の時間編」から
文部科学省『総合的な学習について』平成27年12月8日 教育課程部会 生活・総合的な学習の時間 ワーキンググループ資料6
統合化されたカリキュラム
Integrated Curriculum
複数の教科領域からの内容が、ひとつの新しい単元に混合されている。
統合的カリキュラム
Integrative Curriculum
生徒の関心が集まるであろうと教師が予想してあらかじめ計画された問題領域を中心に組織化されている。
『諸外国の「総合的学習」に関する研究』国立教育政策研究所、2001、p. 15より

が、「教科と総合的な学習の時間の関係」という前頁左上の図のように様々な教科の学習で身につけた知識や技能などを活用する学習で、文部科学省はこれを教科等横断的な学習と呼んでいます。これをIntegrated Studiesと英訳しているわけです。

その右隣の図をご覧ください。「総合的な学習の時間における探究的な学習における児童・生徒の学習の姿」という題ですが、課題の設定、情報の収集、整理・分析、まとめ・表現というサイクルがスパイラルに描かれています。その下に「日常生活や社会に目を向け、児童・生徒が自ら課題を設定する」と書いてあります。児童・生徒が自ら課題を設定するというのは、ゴードン・ヴァーズの分類でいうとコア・カリキュラムになり、カリキュラム統合すなわちインテグレーションにはなじまないのです。近いものとすれば統合的カリキュラムIntegrative Curriculumになるのですが、文部科学省の英訳はIntegratedなので、これは「統合化されたカリキュラム」の方に当たります。Integrated Curriculumは複数の教科領域からの内容が、一つの新しい単元に混合されているカリキュラムですので、いわゆる合科的・関連的な指導に該当します。

学際的アプローチについてご説明しましょう。次のページの上の図は「飛行」というテーマのもとに、美術や数学などさまざまな教科の内容をどのように関わらせて指導するかのアイデアスケッチです。クモが糸を張っていくようにアイデアを図式化して構想を練る手法でウェビングといいます。[★4]

芸術の中の美術では飛行機の模型を作ることが考えられるとか、音楽では飛行に関する曲を作るとか、社会科ではライトパターソン博物館を見学に行く、この博物館はライトパターソン基地の中にある国立のエアフォース・ミュージアムですが、そこに見学に行くとか、それぞれの教科で関わりが可

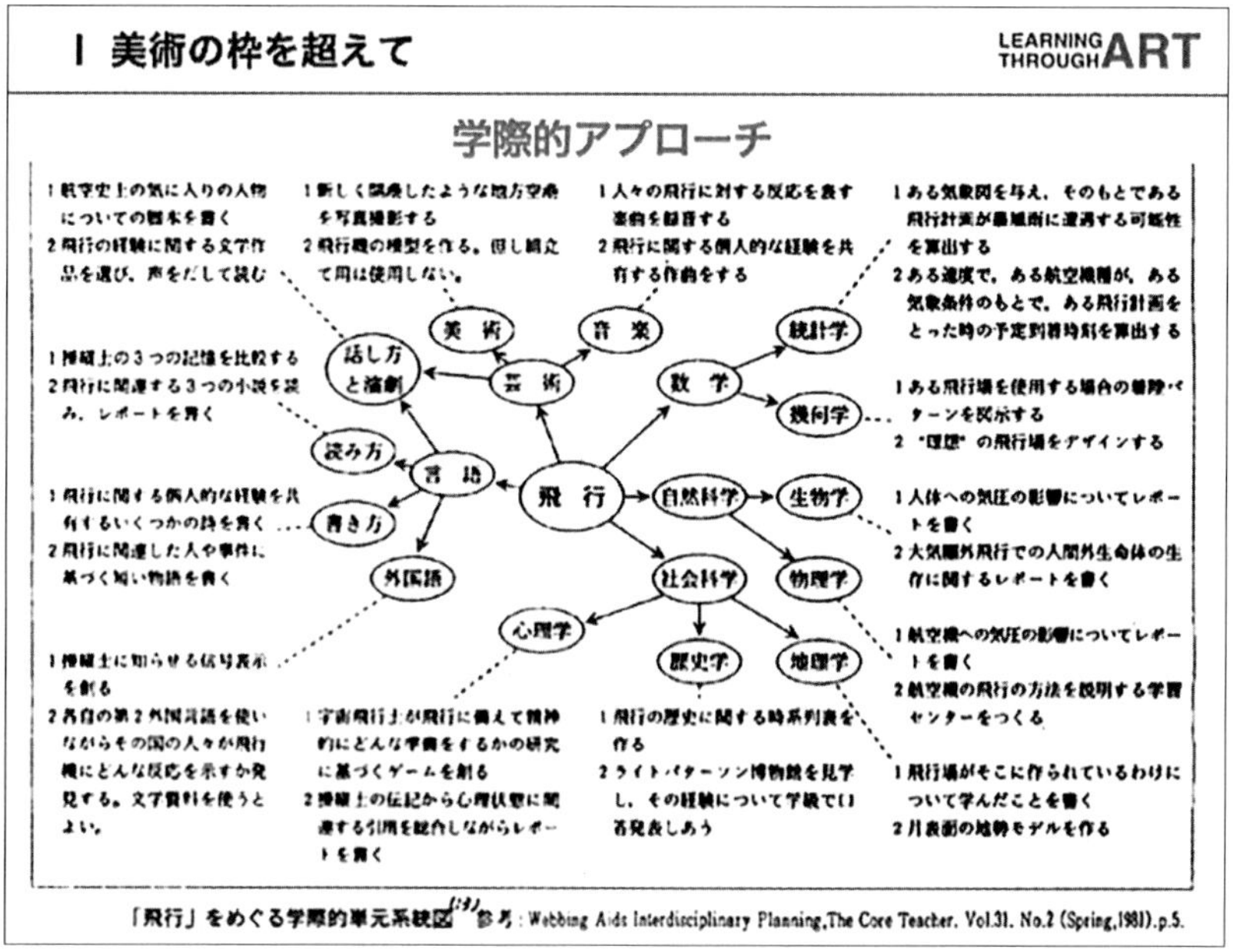

「飛行」をめぐる学際的単元系統図(13) 参考：Webbing Aids Interdisciplinary Planning, The Core Teacher. Vol.31. No.2 (Spring,1981).p.5.

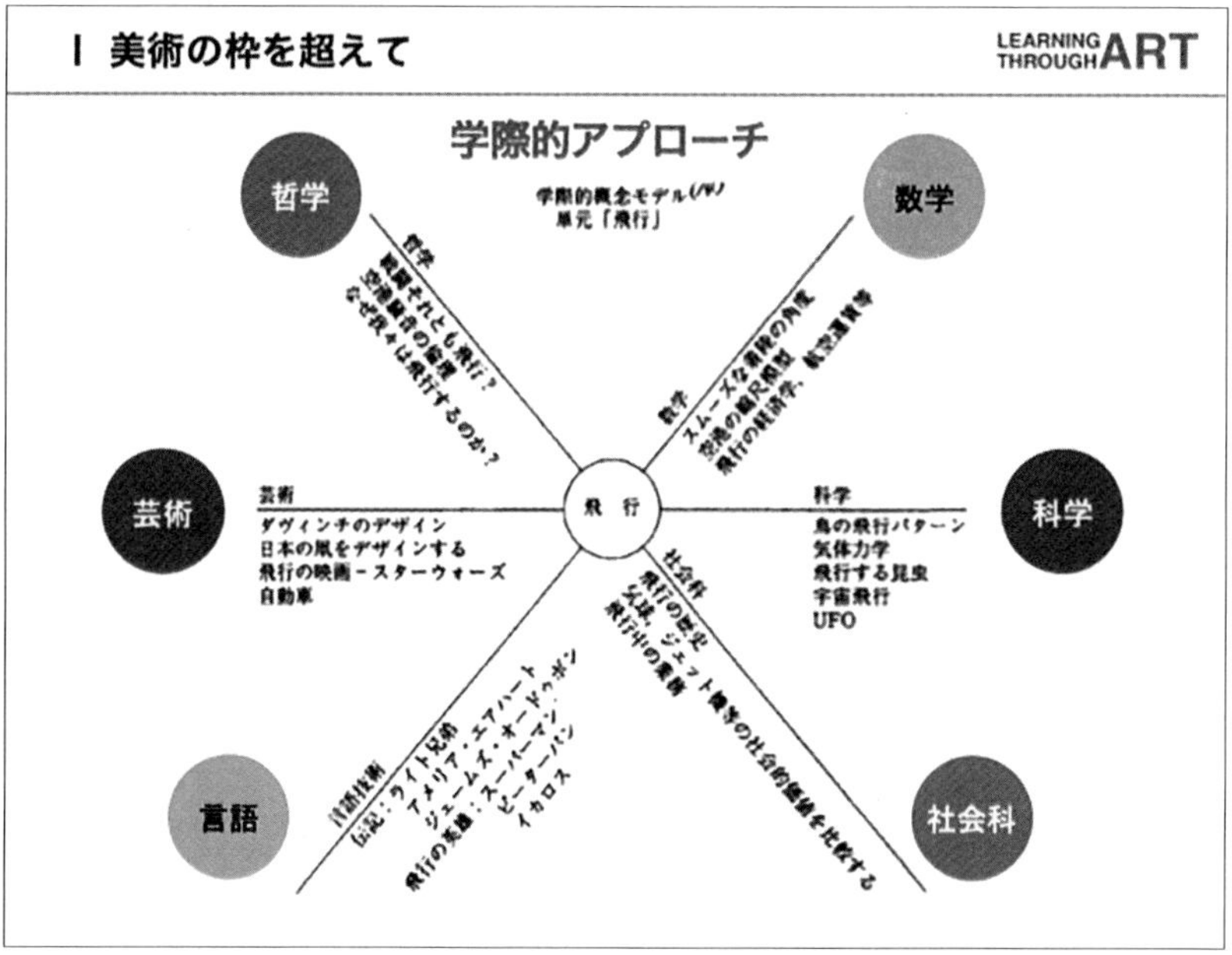

能な内容をスケッチしていくのです。そして最終的に関わる教科とその内容を決定してウェビングをまとめます。芸術、数学、科学、社会科、言語、哲学の各教科の枠を超えた学際的な教育モデルです。

芸術では美術の時間にレオナルド・ダ・ヴィンチの飛行機のスケッチを鑑賞したり、日本のタコを作ったりします。言語の時間では、ライト兄弟やアメリア・イアハート★5の伝記を読みます。哲学では「我々はなぜ空を飛ぶのか」についてディスカッションするといった具合です。

さて、このような教科の枠を超えた学習が日本にいつ頃紹介されたのかというと、実はデューイ以前に遡るのです。明治中頃には伝わっていたのです。（下図参照）

フランシス・パーカー（Francis W. Parke）は一九世紀後半に中心統合法という学理を考案しました。下の図は子どもが円の中心に立って

I　美術の枠を超えて

LEARNING THROUGH ART

日本にはデューイ以前から伝わっていた

Francis Wayland Parker
(1837–1902)

中心統合法：「子どもは円の中心に立つ。彼の周りを宇宙、自然、人間の環境が取り囲んでいる」

美術は「美術のための美術」ではなく、人間と自然を解釈し理解する媒介である。

デューイはパーカーを「進歩的教育の父」と呼んだ。

明治期に樋口勘次郎が「統合主義」の教授法を発表

樋口勘次郎
『統合主義新教授法』
東京同文館、1899

小学校教員講習会の講義をまとめたもの。出版直後からパーカーの中心統合法を下敷きにしたものであることを隠して出版されたものと批判を受けた。

大正期に木下竹次が実践した「合科学習」

木下の「合科学習」は、児童の生活経験に軸をおいており、児童自らが課題を立て、それに沿って学習活動を進めるという点では「総合的な学習の時間」の理念にも通じる。

周りを宇宙、自然、人間の環境が取り囲んでいるというものです。美術は「美術のための美術」ではなく、人間と自然を解釈し理解する媒介であると考えられており、デューイはパーカーを「進歩的教育の父」と呼びました。

明治中期に樋口勘次郎が『統合主義新教授法』を発表しますが、この学理が出版直後からパーカーの中心統合法を下敷きにしたものであることを隠して出版されたものと批判を受けました。教科を超えた学習の種が蒔かれたにもかかわらず印象は悪く、広く知られるようになるには、大正自由教育の時期、木下竹次の実践を待たなければなりませんでした。

では次に、学校における美術（鑑賞）を中心にした学際的なアプローチによる教科を超えた学習について、様々な実践事例を紹介しましょう。

2　学校教育では

美術鑑賞と歴史学習を繋ぐ

福岡の県立高等学校で社会科（世界史）の教員として、また、帝国書院の高校社会科（世界史）教科書資料の協力者としても活躍していた今林常美は、二〇年間にわたり、美術作品の鑑賞を通して、そこから歴史学習に展開することを構想してきました。シャガール、ドガ、ムンク、レンブラント…。著名な作家のアート作品の鑑賞を通して歴史を学ぶ授業です。

美術作品には当時の生活や風俗、世相が直接あるいは隠喩的に表されており。それを読み解くことは美術教育における鑑賞であると同時に歴史学習でもありえます。美術作品は史料として歴史学習に活用されてきました。歴史の時間に《長篠合戦図屏風》を見て、織田信長軍が鉄砲隊を用いて武田軍を打ち破ったことを学んだ経験は多くの人にあるはずです。しかしそれは、歴史的事実を学ぶための手段として美術作品が扱われてきたに過ぎず、美術作品そのものの鑑賞という視点は希薄でした。

そこに疑問を持った今林は、美術作品をきちんと鑑賞した上で歴史学習に繫げていく授業を構想したのです。それは、歴史を学ぶとともに美術作品も学ぶという教科の枠を超えた学習の性格を持つものでした。

一例をあげると、「《虹のポートレート》は、なぜ映画『エリザベス：ゴールデン・エイジ』に登場したのか」と題された授業は、イギリス、フランス、スペインの近世史を学ぶ授業です[★6]。

授業はイギリス、フランス、スペインの近世史を学ぶ授業ですが、ケイト・ブランシェットがエリザベス一世を演じた映画『エリザベス：ゴールデン・エイジ』（Elizabeth: The Golden Age 2007）の部分的な鑑賞から始まります。この映画にはアイザック・オリヴァー（Isaac Oliver）の作品《虹のポートレート》が登場するシーンがあります。映画のラストシーン、ジェフリー・ラッシュが演じている死期の迫った廷臣ウォルシンガムを見舞い、抱擁するエリザベス。カメラは上方の壁に向けられ、オレンジ色のガウンを着たエリザベスの肖像画が一瞬映し出されます[★7]。

ところでウォルシンガムが亡くなったのは一五九〇年で、《虹のポートレート》が描かれたはその一〇年後ですから、これは実際にはありえないシーンです。にもかかわらず、この作品が使われたのはなぜか。その意図を読み解く、そこから授業が始まるのです。この映画『エリザベス：ゴールデン・エイジ』は、プロテスタントのエリザベスとカトリック諸国や臣下らとの宗教対立を軸として、フランス貴族の血縁であるメアリー・スチュアートとの政治的確執を描きながら、ドラマのクライマックスはフェリペ2世のスペイン無敵艦隊との対決「アルマダの海戦」へと向かいます。まさに一六世紀末テューダー朝のイギリスとスペインやフランスの近代史を描いた学習資料として最適な映画といえるでしょう。

アイザック・オリヴァー《エリザベスⅠ》C.1600、© Hatfield House
制作年は確定しないが、Christopher P. Jonesに準ずる。

さて、カメラが一瞬捉えた《虹のポートレート》を見てみましょう。この絵はエリザベス一世の治世を讃える象徴に彩られている絵です。授業はそれらを読み解きながらエリザベス一世の時代について学んでいくというわけです。例えば、虹をもつ右手の上には「ノン・シネ・ソル・イリス」（Non sine sole iris「太陽なくして虹はない」）と記されていますが、太陽は女王を指しており、虹は平和の象徴ですね。★8

エリザベスのオレンジ色のガウンをよく観察すると、目と耳が刺繍されていることに気づきます。気味の悪い感じですが、この意味を考えてみるのです。

意味の一つは無数の目で世界のすべてを見ている、無数の耳ですべてを聞いているという女王の絶対性。もう一つは、これは情報収集の重要性。007シリーズでもお馴染みの英国秘密諜報機関は、エリザベスの時代に作られたのです。そしてその初代長官がウォルシンガムだった、のです。彼はスペインの軍事情報収集に全力を尽くし、劣勢を伝えられたアルマダの海戦でスペインの無敵艦隊を打ち破った立役者でもあったのです。反プロテスタントのウォルシンガムの最期をエリザベスが看取り抱擁した理由も解せるというもの。

こうして生徒は、美術作品そのものを丹念に観察し思索し、自分なりの意味生成を行いつつ、鑑賞を通して歴史を学ぶのです

美術の眼と歴史の眼

このような美術作品と歴史教育を結びつけた試みを、カナダの歴史学者ティモシー・ブルック(Timothy James Brook)は大学で行っています。美術作品は見る人の知識や経験の質と量、関心や思想傾向、職業の専門性の違いなどによって見え方が違ってくるものですが、歴史学者が見るとヨハネス・フェルメール(Johannes Vermeer)の《デルフトの眺望》も《士官と笑う娘》も、美術史家とはまったく違った作品に見えてしまいます。★9

フェルメールの作品《デルフトの眺望》を例に見てみましょう。

美術の眼でこの作品を鑑賞すると、「《デルフトの眺望》についてこれまで美術史家が指摘してきた

II 学校教育では

LEARNING THROUGH ART

美術

厚く立ちこめる雲を描くことで前景の建物を暗い影のなかに配し、陽射しが遠景の街並みを照らすようにして遠近感をもたらすとともに、光に包まれた新教会の塔に視線が誘導される構成。

手前の画角が高い。砂州を広げて人物を描いたり、川面に映る建物の影を強調している。

歴史

オランダ東インド会社の保税倉庫の屋根に注目。単なる風景画ではなく、意図的に描かれたのではないか。

ヨハネス・フェルメール《デルフトの眺望》 1660–1661 © Mauritshuis

ことは、たとえば、厚く立ちこめる雲を描くことで前景の建物を暗い影のなかに配し、陽射しが遠景の街並みを照らすようにして遠近感をもたらすとともに、光に包まれた新教会の塔に視線が誘導される構成であるとか、画角を上げて描くことで手前の砂州を広げてそこに佇む人物を浮かび上がらせ、川面に映る建物の影を強調しているとかの作品の描写効果についてがほとんどでした。

一方、ティモシー・ブルックが歴史の眼で見ると、視点は画面左の赤い屋根の建物に向かいます。この赤い屋根はオランダ東インド会社の保税倉庫群の屋根です。ティモシー・ブルックはこの屋根に注目します。彼は旧放水路を遡って建物の正面に立ち、オランダ東インド会社のデルフト会議所であることを確認したといいます。

デルフト会議所は当時のデルフト市民なら誰

LEARNING THROUGH ART
美術
手前の兵士がやけに大きい、窓枠の急な傾斜などの遠近の効果や、グラスの縁のポワンティエとカメラ・オブスキュラの使用を関連付けるなど。
歴史
士官がかぶっている帽子に注目する。
フェルトの原料であるビーバーの乱獲→贅沢品
ビーバーを求めて欧州諸国は北米に進出
帽子に焦点を当てて当時の風習や製法、
ヨーロッパ諸国の海外進出などを探求する

ヨハネス・フェルメール《士官と笑う女》1655-1660 © Frick Collection

でもどこにあるか知っていただろうし、商業都市デルフトが全世界と交易していたシンボルでした。オランダ東インド会社が描かれていることに気付いたら、《デルフトの眺望》が単なる装飾絵画ではなく、意図的な絵画であったことが分かるとティモシー・ブルックは読み解きます。しかもフェルメールには、少なくとも三人のいとこがオランダ東インド会社に関係していたことを史料から明らかにしているのです。

《士官と笑う娘》も美術の眼で見ると、手前の兵士がやけに大きいことと窓枠の急な傾斜などから遠近の効果を狙っていること、また、グラスの縁のポワンティエとカメラ・オブスキュラの使用を関連付けたりすることが鑑賞の焦点になるでしょう。

しかしティモシー・ブルックの鑑賞の焦点は、士官がかぶっている帽子でした。当時、社会的地位のあるオランダ人で帽子をかぶらずに人前に出るものなど一人もいなかったといいます。フェルト帽は元々はビーバーの毛皮で作るものだったが、乱獲によって一六世紀になると帽子職人は羊毛でフェルトを作るほかなくなります。そこで、希少品となったビーバーを求めて、フランス人は北米奥地にまで進出したのです。絵のモデルの士官の帽子もそうした贅沢品であり、フェルメールの一族に帽子職人がいた史実と考え合わせて、これは彼の所有品である可能性を示唆しています。

ティモシー・ブルックは、この作品の帽子に焦点を当てて当時の風習や製法、ヨーロッパ諸国の海外進出などを探求する歴史と美術を結びつけた鑑賞の在り方を提案しているのです。

芸術科（美術）と公民科（倫理）とのコラボレーション

高等学校の公民科（倫理）の内容には「人間としての在り方・生き方の自覚」という内容があり、幸福や愛などと並んで、芸術の持つ意味についても理解すると明記されています。[★10]しかも、単なる知識として学ぶのではなく、人間としての在り方生き方についての根源的な問いを主体的に探究すると書かれています。

素晴らしい内容だと思いますが、実態としては、十分に授業が行われているとは言えない、授業をしたとしても作品解説的なものが多いということです。

早稲田大学で哲学を専攻し、東京都立高等学校の教員である大澤隆は、それでは他人の体験や考察をなぞっているだけだと問題を感じていました。そんな中、大澤は『私の中の自由な美術』（上野行一、光村図書、2011）との出会いから、対話による鑑賞を通した倫理の授業を構想します。

都立上野高等学校在任の時に大澤は同校の芸術科（美術）教諭の谷口瞳と共同し、エドワード・ホッパー（Edward Hopper）の《ナイト・ホークス》やアンドリュー・ワイエス（Andrew Wyeth）の《クリスティーナの世界》を用いた、公民科と芸術科の教科の枠を超えた授業を開始しました。この授業から生徒は何を学んだのでしょう。芸術科（美術）と美術科の二つの視点から整理します。

まず公民科（倫理）の観点からです。

生徒は、対話による鑑賞の授業を通して見方や考え方を交流し、「視野が広がる。物事を色々な視点から見られるようになると、人としての器も大きくなるように思う」「僕はあまり人付き合いが良くなくて、友達と話すことも多くはない。それでもいいと思っていたけど、きっと見落としていたものがたくさんあるんだなと思った」「人の輪がとても広がった。今まで自分がとても小さな世界で生きていたのかと思い、損した気分になった」などと自己を省察していました。これを公民科（倫理）の目標・内容に照らすと、自分の在り方・生き方の自覚が深まったと捉えられます。

また、「自分の思った意見や感想が多少間違っていたとしても、絵を見て自分が感じたことに嘘をつく必要はないんだな、と思うとなぜか気持ちが楽になれました」や「私って絵に対してこんなに見る力があるのかと思いました」などの感想からは、生徒の自己肯定感の高まりが感じ取れます。「自分の考えを他人を気にせず発言して、他人の意見に縛られることなく素直な感覚で表現すること、この感覚が自分の本質なんだと気づかせてくれました」という感想からは他者を通じて自己を発見する姿を見て取ることができます。

芸術科（美術）の観点からはどうでしょうか。

芸術の選択必修科目である芸術科（美術）は、自分の選択ではなく学校や教員の都合等で美術に決められた生徒も少なくない。美術が好きで選んだ生徒もいれば、そもそも絵が嫌い、興味もない生徒もいます。そうした生徒が授業の後に「私は以前から絵には対して興味がありませんでした。…絵をじっくり見る事で何が楽しいのだろうかと疑問に思っていました。しかし今回この授業を受けて、その疑問はなくなりました」と書きました。この変容は「美術文化と幅広く関わる資質・能力の育成」や「生涯にわたり美術を愛好する心情を育む」という学習指導要領芸術編の目標にも通じるものです。

美大志望のある生徒はこう述べています。「美術を学んでいくうちにいつの間にか出来上がってしまったがんじがらめの自分の中の「ルール」に、この授業を受けて初めて気がついた。…自分の自由な観点で作品を受け止めることができるみんなが羨ましかった。…作品の解釈は人の数だけあり、それもまた作品の一部である。自分の無意識なルールから解放され、自分はより美術を楽しめるようになった」。

この変容もまた、学習指導要領芸術編の目標でいう「価値意識をもって美術や美術文化に対する見方や感じ方を深めたりすることができる」に沿う態度の形成と見ることができます。大澤はこれらの変容を、公民科（倫理）の観点から「自分からの自由」であるとまとめています。

あなたはどのヒマワリですか

福岡県の中学校教員として美術を担当していた高松真理子は、美術鑑賞を通して自己を見つめる授業を行なっています。彼女の授業は大澤の考え方と共通するところもあります。高松はフィンセント・

Vincent van Gogh, 1853-1890
Sunflowers, 1888
© The National Gallery, Lonndon

ファン・ゴッホ（Vincent Willem van Gogh）の《ひまわり》を見せて「あなたはどのヒマワリですか」と生徒に問いかけます。生徒は描かれたヒマワリの形や色合い、向きや場所、勢いなどから自分に似ていると思うヒマワリを選び、その理由を話すのです。

例えばうつむき加減のヒマワリを選んだ生徒は、その理由を「これからの進路について、高校をどこにしようかと悩んでいて下を向いている」と語りました。別の生徒は、「受験などへの不安の気持ちと、絶対受かってやるという気持ちが半分ずつだから」と言いました。

高校受験を控えた三年生の授業でしたが、自分の不安な気持ちを友達に話すことはあっても、クラスみんなの前で告白することはないでしょう。自分の気持ちを知られたくない生徒もいるはずです。しかし絵の鑑賞というフィルターを通すと、生徒は不思議なほど自然に自分を語り出すのです。

「上のヒマワリに覆いかぶさられて、自分にのしかかるものに負けているところが自分だと思った」。次々と語られる自分の弱さ。それを聴く生徒たちが頷いたり、語る生徒の方を振り向いたりして、教室中が静かな共感に包まれていきました。そんな中、一人の生徒がメモを片手に語り始めました。

なんだかんだで身の回りに人がいる。自分が気づかないだけで多くの人が自分を支えてくれる。
自分が悩めば人に支えられ、自分が困れば人に支えられ、自分が輝くためには多くの人に支えらる必要がある。
でも、このひまわりたちが同じ花びんから咲いているように、支えてくれる人もまた悩んだり、困ったりするんだと思う。だからそういう時、ぼくは周りを支えられる人になりたい。

ふだんは手を焼くことが多いというこの生徒。その彼がこんなことを言うなんて。この日は公開授業で多くの教師が参観していたのですが、彼らの表情には驚きと感動が溢れ、ハンカチで涙を拭う人も見かけられました。

フランスの教科の枠を超えた芸術史教育

国をあげての教科の枠を超えた教育の実例があります。フランスの芸術史教育（Histoire des arts）です。フランスでは芸術史教育が二〇〇八年から小学校で、二〇〇九年からはコレージュとリセで必修科目として導入されました。

ところが、教科担任制が取られているコレージュとリセでは、芸術史を専門とする担当教員が存在しないのです。また時間割上も芸術史固有の授業時間が存在しません。「中等教育においては、芸術史教育は教育（enseignement）としては存在しても、固有の科目（matière）としては存在しない」ということなのです[★11]。

これはつまり、専任教員を持たない以上、全教員が個々の担当科目の視点から芸術史教育を行わざるを得ないことを意味します。そもそも、芸術史のカリキュラム前文には「芸術史教育はすべての教員によって担われる」と明記されているのですから。

もちろん基軸教科となるのは、芸術系科目である美術や音楽ですが、そこに外国語やフランス語などの語学、地理や歴史の教科、市民教育、芸術と直接関わりがないように感じられる理数系の教科や体育（リセではさらに哲学）が加わります。あらゆる教科の教員が、芸術史教育とどう関わり、どのような点で貢献できるのかが明記されているのです。

下図はコレージュ第四学年（日本の中学校第三学年に相当）のセカンス（学習単元）の授業の例です。

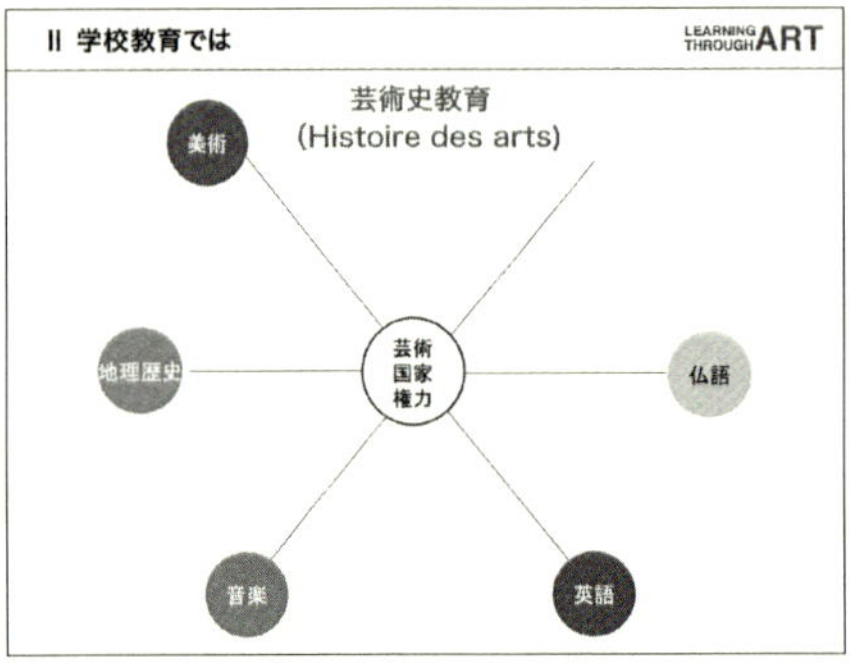

《芸術、国家、権力》というテーマのもと、映画や絵画、音楽の鑑賞を通して「戦争、全体主義、民主主義の擁護、栄光の三〇年間」について考えさせる単元構成が魅力的です。フランスの第二国歌とも言われる《パルチザン

○領域：視覚芸術、音の芸術
○時代：２０世紀
○テーマ：《芸術、国家、権力》　戦争、全体主義、民主主義の擁護、栄光の30年間
○中心教科：地理歴史
○参加教科：フランス語．美術．音楽、英語
以下の6つの作品を2～3の教科から考察する
《全線》1929（セルゲイ・エイゼンシュテイン）：地歴、美術
《独裁者》1940（チャールズ・チャップリン、抜粋)：地歴、美術
《ゲルニカ》1937（パブロ・ピカソ）：地歴、美術
《パルチザンの歌》1941（アンナ・マルリー）：地歴、音楽
《サティスファクション》1965（ローリング・ストーンズ)：地歴、英語、音楽
《ポスター（電気製品や車）》1950～60年代：地歴、美術
○シャロン・シュール・ソーヌ市の写真博物館の見学
（第一次世界大戦の写真見学、レポートの提出)

の歌》を聴き、歌い、チャップリンが主演した《独裁者》やピカソの《ゲルニカ》の鑑賞を通して二〇世紀の権力と民主主義について考える授業は、独裁主義の横暴が際立つ現在でこそ重要であり、日本の中学三年生にも受けさせたいと思わせます。

しかもこの単元は芸術史とはいえ地理歴史が中心教科であり、美術、音楽等の教科を横断する授業となっています。教科中心の教育課程では成立しない授業でしょう。広告ポスターやロックの楽曲など、日本ではサブカルチャーや大衆文化と位置付けられるものが芸術・文化として正当に扱われ、学校教育における教材として用いられていることなど、学ぶべき点は多くあります。

3 美術館の変容

MoMAのテーマに沿った探究的な鑑賞

二〇〇六年のＭｏＭＡのリニューアル後、ＶＴＣに代わる鑑賞プログラムとしてテーマに沿った探究的な鑑賞ＩＢＡ（Inquiry-based appreciation）が開始されたことは序章で述べました。

探究的（Inquiry-based）とは、作品について自由に話し合うのではなく、テーマに沿って思索し探究することを意味します。言い換えればテーマ別のレンズを通して美術作品を見て考えるということ。ＶＴＣやＶＴＳでは対話の進行は観客の発言に委ねられていましたが、ＩＢＡではテーマに沿って発言が方向づけられるのです。筆者らはＭｏＭＡでの研修の際に、ジェシカ・バルデンホフ（Jessica

III 美術館の変容　　LEARNING THROUGH ART

MoMA

探究的な鑑賞（Inquiry-based Appreciation）とは？

○観客主体　Visitors-centered
作品の前でエデュケータと観客が相互に語り合う「対話による鑑賞」を基盤とする。

○開かれた質問　Open-end question
答えがひとつに収束しない質問から始め、観客に自由な発言を促す。発言の根拠をたずねて同意したり、発言を対比したり、組み合わせたり掘り下げたりしながら対話を進める。

○作品から学ぶ　Object-based
作品をよく観察することから観客に発見や疑問を促す。発見や疑問をもとに、彼らの知識や経験を呼び起こし、他者の発言を織り込みながら思索して観客自らが意味生成する。

●ギャラリー・アクティビティ　Gallery Activity
ギャラリー・アクティビティと呼ばれる活動を伴うこともある。ギャラリー・アクティビティとは、彫刻のポーズをまねたり、スケッチしたり、ゲームしたりエッセイを書いたり、音楽を聴くなどのギャラリーで行われるアクティビティ。

●探究的　Inquiry-based
作品について自由に話し合うのではなく、テーマに沿って選択された複数の作品を、テーマに沿って探究する。

★情報の提供　Information
美術作品の鑑賞を通してテーマについて思索していく上で必要不可欠な情報を精選し、トークの最適なタイミングで提供する。

Baldenhofe)★12 からレクチャーを受け、実際に探究的な鑑賞IBAを体験しました。ここでいうテーマとは、さまざまな分野に生徒を引き込むための構造と教育的枠組みを提供するものであるとジェシカは言います。

IBAの探究的な鑑賞では上図の六つの項目が重要な要素であり、性格であり、特徴です。三つの○の項目はVTCの時からも継続されているもので、二つの●はIBAの新しい局面になります。

★の「情報の提供」は以前のVTCの理念では否定的に捉えられていましたが、ギャラリー・トークの実践場面ではガイドたちが臨機応変に行なっていた項目であり、理念を作ったヤナワインらとの見解の相違があった項目でもあります。IBAでは明確に位置付けられています。

次のページの上図は、IBAのファシリテーションを構造化しVTCと比較したものです。

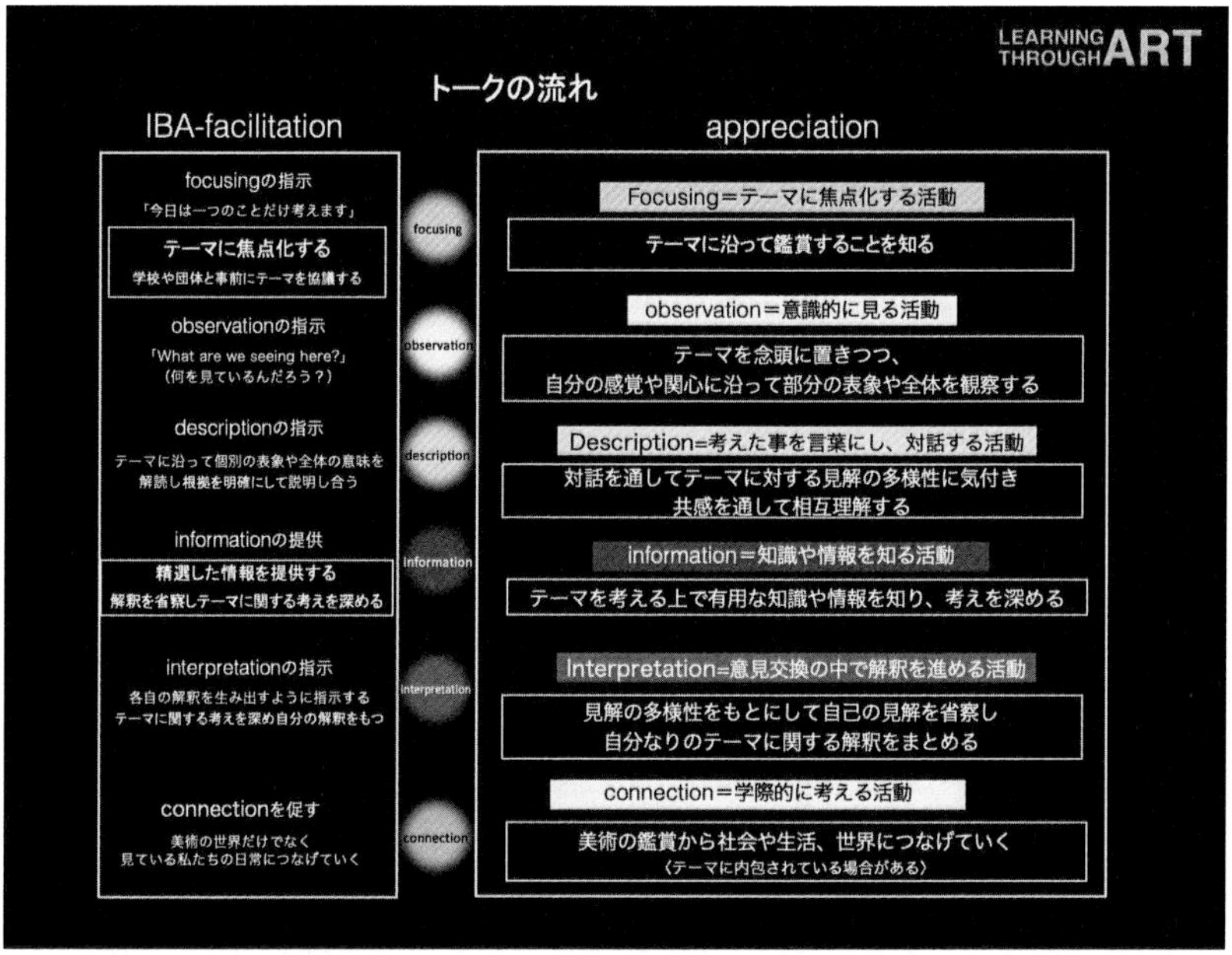

ただし、これは筆者が作成したものでＭｏＭＡの公式のものではありません。

ＩＢＡでは学校や団体と事前に協議した「テーマに焦点化する」段階があります。テーマはアイデンティティであったり、コミュニティであったり、歴史であったりジェンダーであったり、その時に学校で学習している課題や団体の関心事に結び付けられています。

「今日は○○のことだけを考えます（○○のことを頭に置いて絵を見てください）」という言葉から鑑賞が始まります。その後、「意識的に見る活動」と「考えたことを言葉にし、対話する活動」があるのはＶＴＣと同じです。ただし、個々の感覚や関心に委ねて作品を観察するところはＶＴＣと同じですが、ＩＢＡではテーマに沿って個別の表象や全体の意味を解読するところに重点があり、対話もそれぞれの多様な見方や考え方を交流するだけでなく、テーマに即して根拠を明確にして説明し合うのです。対話の形態は似ていても本質的に異なっているといえるでしょう。

そして「精選した情報を提供する」ポイントがあり、解釈を省察しテーマに対する考えを深めることを促します。IBAを最も特色付けるのは「connection（関連付け、学際的に考える活動）」でしょう。connectionは作品相互の関連付けを意味すると同時に、自分の内面や美術以外の学問分野、社会や生活との関連付けを意味します。こうした活動の基盤には「美術の世界を私たちの日常につなげていく」という思想が感じられます。これは美術を通した学際的あるいは総合的な学習と言ってもよいでしょう。connectionはIBAの基盤であり、ジェシカはこれが一番大切だと語りました。

一つ具体的な例をあげましょう。ジェシカの提案したテーマはcharacter。キャラクターという観点から美術作品を鑑賞するのです。簡単に説明すると、キャラクターという問いを常に頭に置きつつ、ロダンの《バルザック像》、ウォーホルの《ゴールド・マリリン・モンロー》、ニューマンの《ヴィル・エロイクス・サブリミス》を順に鑑賞し、自由に考えたことを語り合い、最終的には「私たちはどのようにして他者の性格を判断しているのか」という問いを考える、というアクティビティです。★13 私たちは、日常意識していない「他者理解」の在り方や、何を手掛かりに何を基準にして他者を判断しているのか、という自己省察が促されるのです。これはもう、美術鑑賞という枠を超えたアクティビティではないでしょうか。

そしてIBAの大きな特徴は、これがMoMA単館の理念や方法ではなく、メトロポリタン美術館やグッゲンハイム美術館、ホイットニー美術館と共有したものであり、相互に情報交流して進歩しているということです。各館の取り組みにはそれぞれ特徴があります。次に、MET（メトロポリタン美術館）のＩＢＡテーマ探究的鑑賞について説明しましょう。

ＭＥＴのテーマ探究的鑑賞

マネイジング・エデュケーターのウィリアム・クロウ（William B. Crow）★14によると、ＭＥＴの鑑賞アクティビティの三つの基本、

①テーマに沿った探求的なトークであること
②作品に依拠（作品をよく観察し作品から学ぶ）
③観客中心（エデュケーターと観衆が相互に語り合う対話による鑑賞）

の一つとして、テーマに沿った探求的なトークが位置づけられています。

とりわけ学校向けのテーマは充実しており、「中世ヨーロッパ・アート」や「顔と仮面」などの三〇種以上のテーマがあるといいます。これらのテーマの中から学校側が教育計画上必要なテーマを選びリクエストする仕組みです。

たとえば、三年生がコミュニティをテーマに社会科と国語科で学習する場合、ＭＥＴのCommunities around the Worldというテーマを選択するという具合です。学校の学習自体が教科の枠を超えた学習であり、テーマをベースにした問題解決学習になっていることは、日本の鑑賞教育の在り方への重要な視点であると捉えたいと思います。

グッゲンハイム美術館のラーニング・スルー・アート

グッゲンハイム美術館教育部スクール・アンド・ファミリー・プログラムのディレクターであるシャロン・ヴァツキー（Sharon Vatsky）★15の案内で教育部の会議室に入ると、額装された一枚のポスターが壁に掛けてありました。一目見てキース・ヘリングとわかる絵柄のポスターですが、絵の下にLearning Through Artと書いてあります。驚いたのは、これは筆者らが主宰する「美術による学び研究会」の英語名だからです。

筆者撮影　© Guggenheim Museum

Learning Through Art（LTA）とはどういう意味かと言えば、簡単に言えば子どもたちの学びを美術でサポートするということだとシャロンは言います。アーティストが年間を通して教師と連携し活動する。そのときに単に美術科だけでなく社会科や英語科など多くの教科とかかわり合いながら活動をしていく。子どもたちが行っているのは単に美術の鑑賞や制作ということではなく、教科を超えた総合的な学びなのです。

シャロンが、美術において成果があるというだけでなく、他の教科へも成果があるということを発信しないといけないと言っていたのが印象的でした。

テート・モダンのクロス・カリキュラム

こうした美術館における美術の枠を超えた教育活動の状況はアメリカだけではなく、イギリスでもフランスでも顕著に見られます。

テート・モダンのヘレン・チャーマン（Helen Charman）[★16]は代表著者として著した"The Art Gallery Handbook: A Resource for Teachers"（2006）の中で、さまざまな美術鑑賞の方法を教師向けに紹介しています。とりわけPART2 LEARNING IN GALLERIESは、彼女の教職経験を活かした具体的で豊富な手引きが充実しています。圧巻はクロス・カリキュラム[★17]による美術鑑賞について書かれた第六章です。コンスタブルの「フラットフォードの製粉所」を例に取りましょう。

手引きによればこの作品では美術に映画、数

ジョン・コンスタブル "Flatford Mill ('Scene on a Navigable River')" 1816-17　© TATE

学、科学、歴史、物理、市民科などさまざまな教科との組み合わせを示しています。例えば科学と組み合わせて科学の眼でこの作品を見るとき、どこに注目させれば良いのか。絵には艀が描かれているが、どのようにして動かしているのだろう。奥に水門が描かれているが、なぜ発明されたのか、それが動くとき、重力はどんな役割を果たしているのだろう。木の葉が全て落ちている背の高い木には何が起こっているのかと問いかけてみましょう、などと手引きでは説明されています。

歴史と組み合わせて歴史の眼でこの作品を見るとすれば、どこに焦点を当てれば良いのか。手引きでは「この絵と現在のこの地域の写真とを比べてください。何が変わってしまっていて、変わっていないのはどこでしょう?…馬上の少年は働いているのでしょうか? 二〇〇年前の子どもたちは農場あるいは工場で働くのが当たり前でした。そのことについて話し合ってみましょう」

お気付きのように科学や歴史と組み合わせるといっても、科学や歴史の何か具体的な知識を美術鑑賞に結びつけるのではなく、物事を科学や歴史の眼で見て考える思考力を育てることがその目的なのです。教科教育は量的な知識の伝授を中心としてきましたが、今や教育の中核はコンピテンシー（資質・能力）の育成に移っています。教科の枠を超えた学習とは、教科内容（知識）が越境するのではなく（もちろん、そういう場合もあることは否定しませんが）、一つのテーマを通して、美術や科学、歴史などさまざまな視点からの見方や考え方を身に付ける学習方法ということができるでしょう。

ルーヴル美術館のクラス・ルーヴル

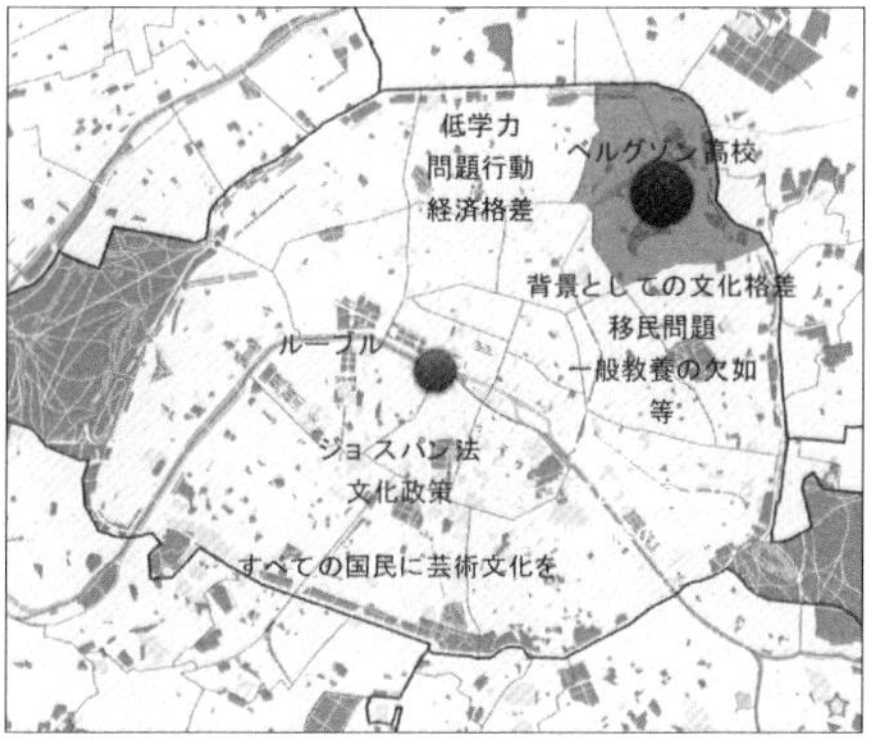

ジュリエット・セニク（Juliette Sénik）監督の映画『クラス・ルーブル』（CLASSE LOUVRE 2006）で、日本でも知られるようになったクラス・ルーヴル。クラス・ルーヴルとは、パリ市一九区ベルグソン高等学校（リセ）の第一学年選択教科であり、ルーヴル美術館を主な学習の場とする学際的なアプローチによる総合学習であると同時に、ルーヴル美術館の芸術・文化教育事業の中核プログラムでもあると、ルーヴル美術館芸術文化教育担当副部長のフレデリック・ルスール（Frédérique Leseur）[★18]は言います。

そもそもベルグソン高等学校は日本のサポート校の性格を持つ高校で、必ずしもフランス語を正確に使えない移民の生徒を数多く受け入れている学校です。彼らには、学校や社会における成功の土台となる文化や歴史等の一般教養も欠如しています。だから教育課題は生徒の語学力と教養にあるのです。

クラス・ルーヴルでは、多視点で美術を考える指導を行なっています。美術科、言語科、歴史科、数学科、体育科等の教師が協力しあい、チーム・ティーチングします。例えば、光がテーマだとすると、美術教師は作品制作の中で美術作品と光について指導し、語学教師は光に関するフランス語のテ

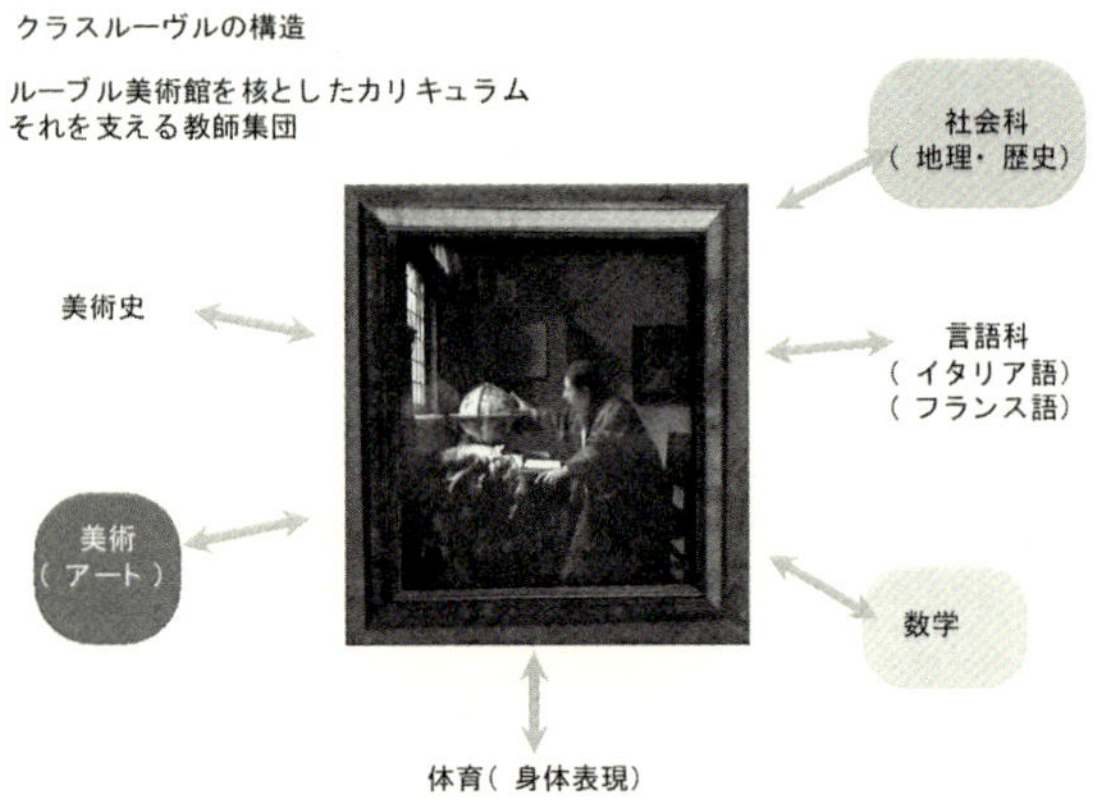
クラスルーヴルの構造
ルーブル美術館を核としたカリキュラム
それを支える教師集団
社会科
（地理・歴史）
美術史
言語科
（イタリア語）
（フランス語）
美術
（アート）
数学
体育（身体表現）

クスト（詩や文学作品）を用います。

美術館を主な学習の場として選んだ理由は何ですか、と率直な疑問を投げかけてみました。すると、根底にあるのは生徒の文化的断絶を解決したいという願いだと担当教員は言います。また、一年を通してあらゆる科目の先生が協力して働くためには、動物園や水族館はテーマを見つけるには難しくて、やはりその中では美術館というのが一番ふさわしいという答えでした。

生徒が自ら学び、かつ個人として自分らしくなるための条件づくり、これがクラス・ルーヴルの目標です。そしてクラス・ルーヴルには二つのファイナルがあるのです。「ソワレ（soiree）」と呼ばれる夜の発表会で、一つは彼らが一年を通して制作した作品を両親や卒業生たちの前で発表することです。もう一つのファイナルは、ルーヴル美術館の作品から一番気に入った作品を選んで、自分が感じたことや調べたことをやはりみんなの前で発表することです。インタヴューに応じた生徒の一人はこう語りました。

「ソワレの日はすごく感動的な日です。彫刻であれ絵画であれ、とにかく自分が一番気に入った作品を見て選んで、自分が感じたことを家族やほかの人たちに発表する。教えられたことではなく、自分で調べたことを自分の言葉で発表できていること。それを見ている家族にとっても本当にすごくいい日だと思います」

また別の生徒は「美術館は人生です。いろんなものを表している。他の美術館がどうなっているか見てみたい。美術なくしては人間はいない」と語りました。

学習当初は美術作品を鑑賞する機会もなく関心もなかった生徒たち。クラス・ルーヴルで美術科をはじめ言語科や歴史科など様々な科目を通して学び、自らも作品の背景をリサーチしたり、生徒同士で対話を重ねることにより、次第に作品に自分を重ね合わせ、共感し、自分の言葉で作品を語れるようになる。そんな成長物語が紡がれる場、それがクラス・ルーヴルです。

クラス・ルーブルの授業風景。視察に合わせてリセからわざわざ来館してくれた。

4　STEAM教育について

アーツ・インテグレーション

今日世界中の多くの国で教科の枠を超えた学習への関心が高まっています。その大きな理由は二つあります。一つは大学における学問、研究の在り方が学際的になっていることです。教科教育の原理は学問としての内容を小学校から高等学校まで系統化するところにあります。その拠り所である学問そのものが学際的、総合的になっているのです。

理由のもう一つは、現代社会の変化です。情報化や国際化、多様性と不確実性に満ちた現代社会。このような変化の激しい社会で直面する課題に対して求められる資質・能力（思考力・判断力・表現力）を育成することは、教科の内容を学ぶだけでは十分ではありません。課題そのものが学際的であり総合的だからです。

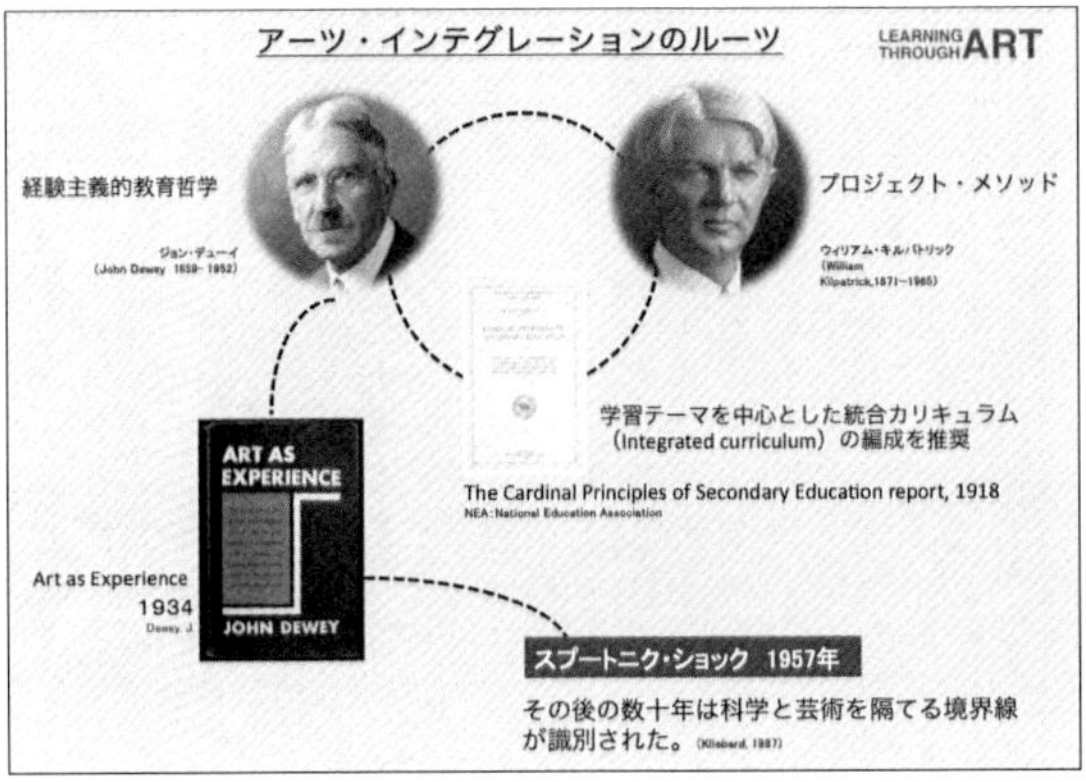

そして、教科の枠を超えた学習は、この半世紀間とりわけ二一世紀に入ってからＳＴＥＭ教育やＳＴＥＡＭ教育などに見られるように世界中で大きな広がりをみせています。その源流はアーツ・インテグレーションにあるのです。★19

米国における教科の枠を超えた学習の主流とも言えるアーツ・インテグレーションには長い歴史があります。上図で示したようにデューイの経験主義的教育哲学とキルパトリックのプロジェクト・メソッド、全米教育協会（ＮＥＡ：National Education Association）の「中等教育の基本原則」による統合カリキュラムの推奨（教科内容ではなく、特定のテーマについて複数の教科を通して学習する原則）等の動向によって教科統合教育の土台が築かれました。そして芸術を中心においたデューイの芸術教育哲学“Art as Experience”によってその基盤が築かれたのです。★20

教育省の全米教育統計センター（NCES：National Center for Education Statistics）は、芸術教育が他分野の学業成績もたらす効果について、全国的な調査NELS：88（National Education Longitudinal Study of 1988）を実施しました。この調査は、全米の約一〇〇〇の多様な学校の生徒約二万五〇〇〇人を対象とした大規模な調査です。

NELS：88のビッグデータを分析したジェームズ・キャタロール（J.S.Catterall）は、芸術（音楽、合唱、演劇、ビジュアル・アート）に高参加グループの生徒は学業成績、標準テストのスコア、コミュニティへの取り組みに関する態度等すべての尺度で低参加グループの生徒よりも優れており、特に、SES（socioeconomic status：社会経済的状況）の最も低い学生の芸術への参加と学業成績の間には、特徴的な正の関係があることを明らかにしました。

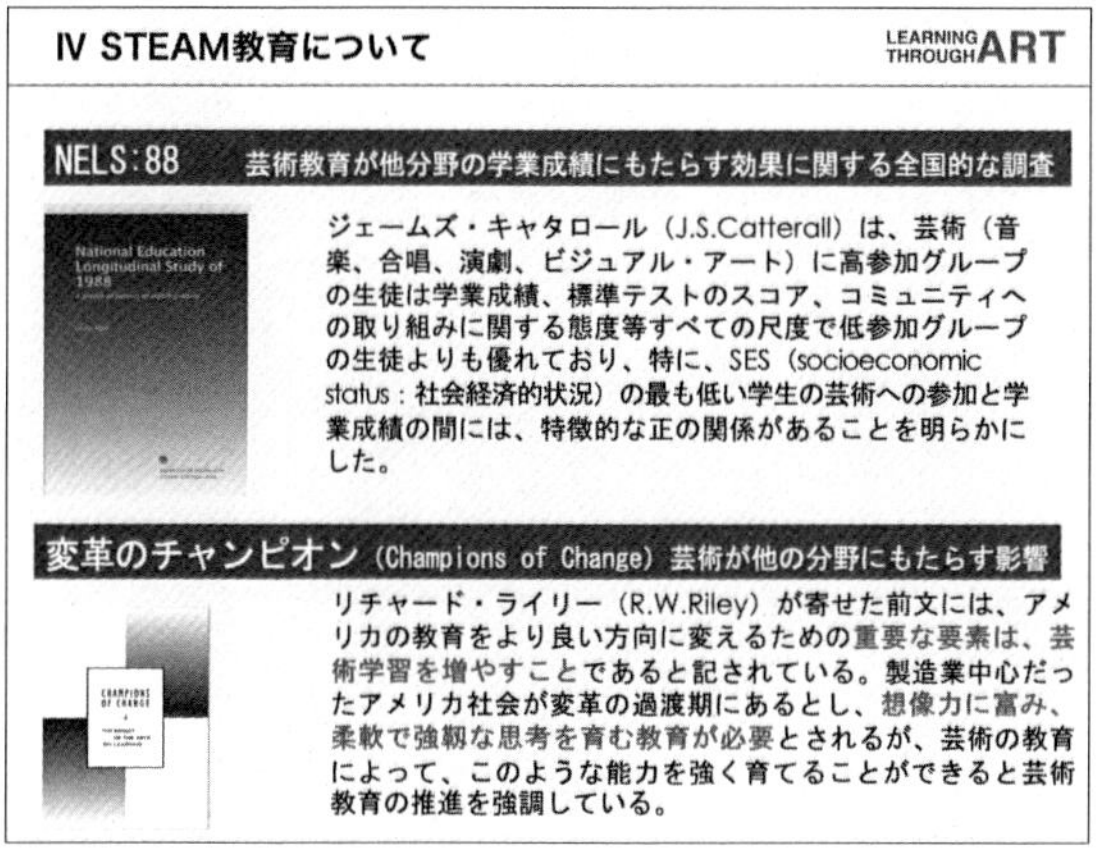
Ⅳ STEAM教育について
LEARNING THROUGH ART
NELS：88 芸術教育が他分野の学業成績にもたらす効果に関する全国的な調査
National Education Longitudinal Study of 1988
ジェームズ・キャタロール（J.S.Catterall）は、芸術（音楽、合唱、演劇、ビジュアル・アート）に高参加グループの生徒は学業成績、標準テストのスコア、コミュニティへの取り組みに関する態度等すべての尺度で低参加グループの生徒よりも優れており、特に、SES（socioeconomic status：社会経済的状況）の最も低い学生の芸術への参加と学業成績の間には、特徴的な正の関係があることを明らかにした。
変革のチャンピオン（Champions of Change）芸術が他の分野にもたらす影響
CHAMPIONS OF CHANGE
リチャード・ライリー（R.W.Riley）が寄せた前文には、アメリカの教育をより良い方向に変えるための重要な要素は、芸術学習を増やすことであると記されている。製造業中心だったアメリカ社会が変革の過渡期にあるとし、想像力に富み、柔軟で強靱な思考を育む教育が必要とされるが、芸術の教育によって、このような能力を強く育てることができると芸術教育の推進を強調している。

大統領芸術人文委員会（PCAH）と芸術教育パートナーシップ（AEP）による報告書「変革のチャンピオン（Champions of Change）」は、芸術との関わりが他分野の学習のより高いレベルの達成を可能にする比類のない機会を提供していることを明らかにしています。教育省の長官であったリチャード・ライリー（R.W.Riley）が寄せた前文には、アメリカの教育をより良い方向に変えるための重要な要素は、芸術学習を増やすことであると記されています。製造業中心だったアメリカ社会が変革の過渡期にあるとし、想像力に富み、柔軟で強靱な思考を育む教育が必要とされるが、芸術の教育によって、このような能力を強く育てることができると芸術教育の推進を強調しているのです。

アーツ・インテグレーションとしてのSTEAM教育

このようなアーツ・インテグレーションの広がりと教育効果が認識される中で、米国ではSTEMに芸術を加えたSTEAMが生まれました。STEAMはSTEMにAを加えたものと一元的に理解されがちですが（造語の成立過程はそうだが）、アーツ・インテグレーションの一形態として理数系教科との教科の枠を超えた教育がすでにあり、名前こそSTEAMではなかったものの一世紀に及ぶ歴史のある広範囲な実践状況があったのです。

STEMに芸術を加える理由については、「創造的な思索者の育成」（米国教育省：ボニー・カーターBonnie Carter）や「科学的で創造的なアイデアから意味のある芸術作品やプロトタイプを作成する」（全米教育委員会：メアリー・デレバMary Dell' Erba）、「現実世界の問題解決に向けて創造、制作、対応をより深く刺激するために芸術は不可欠」（SEADAE白書）など、米国では大統領府から教育省、全米的な教育機関が揃って創造性の育成を芸術を加える理由として挙げています。

一方、日本では、中教審が「令和の日本型学校教育」に関する答申において、STEAMのAを広い範囲（Liberal Arts）と定義しました。しかしこの定義は、STEAMのAを芸術（Arts）とする米国やEUのSTEAM教育の動向とは異なるものであること、およびその問題点を諸学会論文や発表

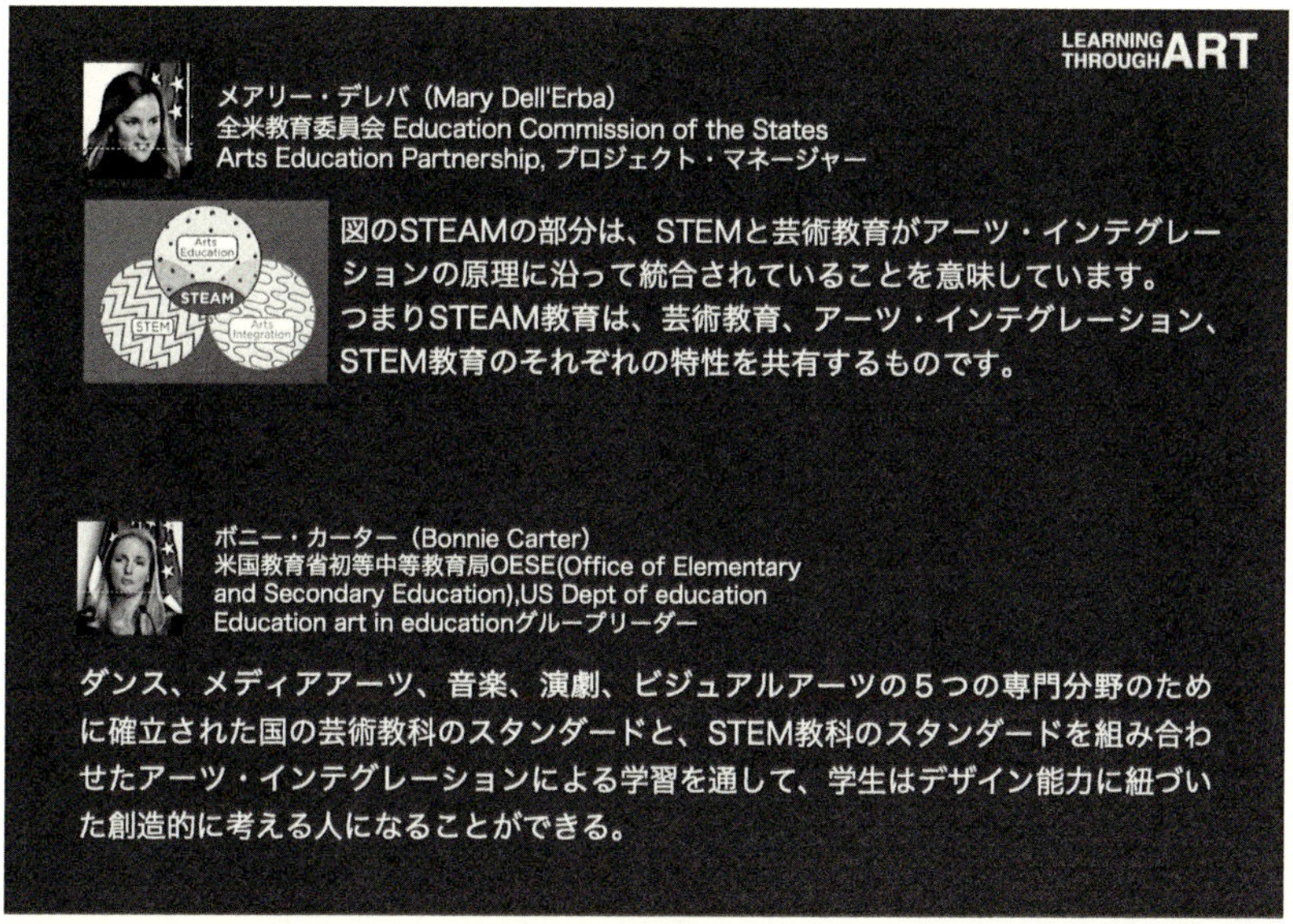

LEARNING THROUGH ART
メアリー・デレバ（Mary Dell'Erba）
全米教育委員会 Education Commission of the States
Arts Education Partnership, プロジェクト・マネージャー
Arts Education
STEAM
STEM
Arts Integration
図のSTEAMの部分は、STEMと芸術教育がアーツ・インテグレーションの原理に沿って統合されていることを意味しています。
つまりSTEAM教育は、芸術教育、アーツ・インテグレーション、STEM教育のそれぞれの特性を共有するものです。
ボニー・カーター（Bonnie Carter）
米国教育省初等中等教育局OESE(Office of Elementary and Secondary Education),US Dept of education
Education art in educationグループリーダー
ダンス、メディアアーツ、音楽、演劇、ビジュアルアーツの５つの専門分野のために確立された国の芸術教科のスタンダードと、STEM教科のスタンダードを組み合わせたアーツ・インテグレーションによる学習を通して、学生はデザイン能力に紐づいた創造的に考える人になることができる。

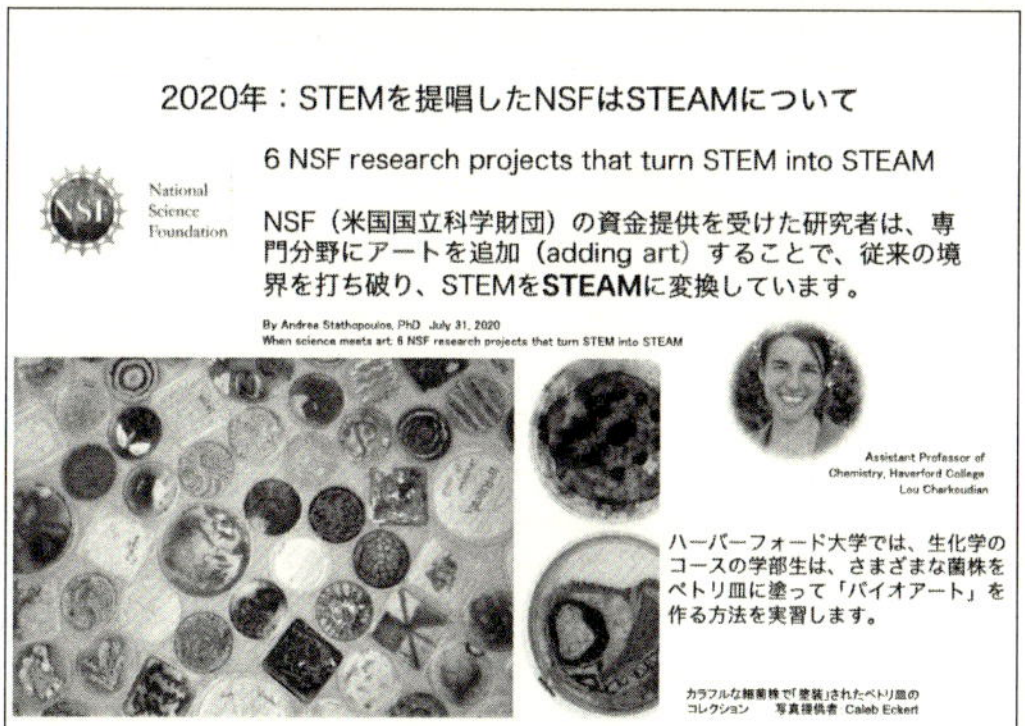

2020年：STEMを提唱したNSFはSTEAMについて
6 NSF research projects that turn STEM into STEAM
National Science Foundation
NSF（米国国立科学財団）の資金提供を受けた研究者は、専門分野にアートを追加（adding art）することで、従来の境界を打ち破り、STEMを**STEAM**に変換しています。
By Andrea Stathopoulos, PhD July 31, 2020
When science meets art: 6 NSF research projects that turn STEM into STEAM
Assistant Professor of Chemistry, Haverford College
Lou Charkoudian
ハーバーフォード大学では、生化学のコースの学部生は、さまざまな菌株をペトリ皿に塗って「バイオアート」を作る方法を実習します。
カラフルな細菌株で「塗装」されたペトリ皿のコレクション　写真提供者 Caleb Eckert

等で指摘されています。[★21]

そして、STEMの頭字語を生み出したNSF（National Science Foundation、米国国立科学財団）が二〇二〇年から「STEMをSTEAMに（Turn STEM into STEAM）」という調査研究を開始します。

公式サイトでは「研究者は、専門分野にアートを追加することで、従来の境界を打ち破り、STEMをSTEAMに変換している」と紹介されています。そもそもSTEMを発案提唱したNSF自体が、「科学とアートの出会い

(When science meets art)」として、STEMにアートを追加する「STEMをSTEAMに」プロジェクトを実施している現状に、大きな注意を払うべきでしょう。ここでのartが視覚芸術などの芸術を指すものであり、リベラル・アーツでないことは紹介されている研究事例からも明らかです。

芸術統合学習としてのSTEAM教育

以下に紹介するのは芸術統合学習（≒Arts Integration）としてのSTEAM教育です。[★22] STEMとARTSの交差点にあるものをWONDERと名付けています。WONDERとは「驚き」や「疑問」、「夢・願望」や「好奇心」など問題発見や探究の動機につながる心の作用のことです。たとえば空気や電気、音や光など「見えないもの」への驚きや疑問、好奇心などは「見えないもの」への関心となります。

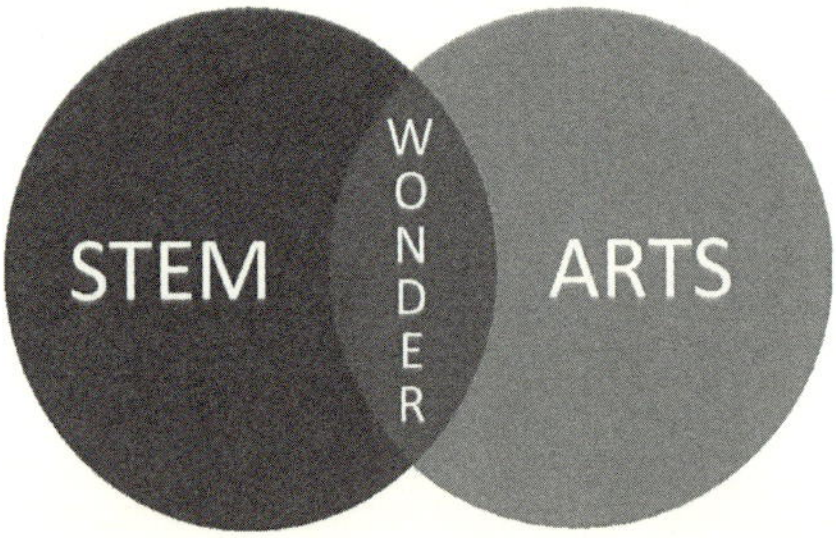

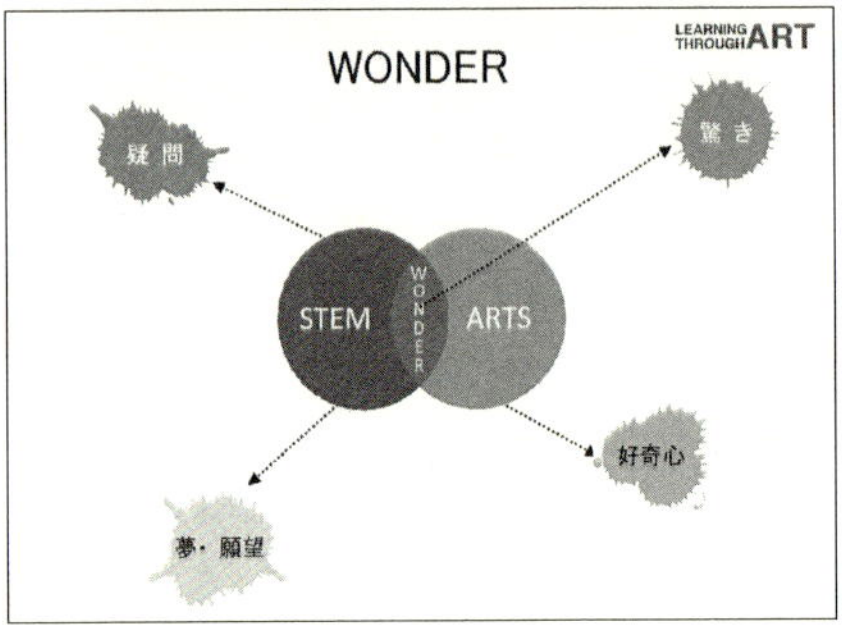

一例を挙げます。次頁上図は光を美術と理科を統合して学ぶ学習プランです。フェルメール作品の鑑賞からカメラの存在に関心をもち、モレルのピンホール映像の鑑賞から光の進み方への関心をもたせます。次に理科の時間にピンホールBOXを使って実験をし、作りながら光の進み方とカメラの原理考え理解する力を育てます。その知識を活用してピンホール・カメラを作り、新しいもの

光と影への関心　カメラの発明とアートとの関係

3・4年生

■基本的な学習の流れ

❶ 感じ取る — 感動体験

1　教師は《牛乳を注ぐ女》を生徒に見せ、「昔の絵」「写真のようにリアル」など感想を自由に言わせる。
—衣服や室内の様子についての発言に即して、この作品が３５０年ほど前にオランダで描かれた絵であることを伝える。

生徒が女性の表情に注目した時は、「この女性は何を考えているのだろう」と問いかける。

下向きの視線と口元の描写を微笑みと見るか、緊張や集中と見るかによってこの女性の心情の解釈が異なってくる。
2　意見が出尽くしたら作者であるフェルメールについて紹介する。
—「写真のようだ」という感想に沿って「この時代にカメラはあったのかな」と疑問をもたせる。

興味・関心をもって主体的に課題に取り組む態度を培う

❷ 発見する — 課題の生成

1　youtube映像アベラード・モレル《モレルの部屋》を見せる。
—室外の景色が部屋の中に投影される事に気づかせる
2　《カメラ・オブスクラ》を見せる。
—この時代の画家が絵画制作の道具としてカメラ・オブスクラを使っていたことを話す。

光はピンホールを通して像を結ぶことや、カメラ・オブスクラは**モレルの部屋**を小さくした機器であることに気づかせる。

対話に積極的に参加し協同して学ぶ力を育てる

❸ 実験する — 試す・検証する

ピンホールカメラを作り、像が映る仕組みを考える。

・箱カメラで凸レンズの光の集まり方を観察する

穴を通った光がどのようにして転倒した像を結ぶのかを予測、実験、結果、考察させる。

生徒からの意見をまとめ、凸レンズが光を屈折し天地が転倒した像を結ぶことを《図１》で説明する。

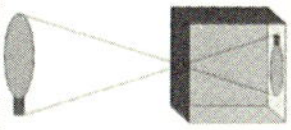

実験し、作りながら考え理解する力を育てる

❹ 理解する — 知識の習得

知識として伝えること

・凸レンズに並行に入った光は一点に集る
・ピンホールから入った光が暗箱の中に像を結ぶ

ピンホールが作る映像への関心がカメラ・オブスクラを生んだことと、現在のカメラへの発展を知らせる。

カメラ・オブスクラがつくり出す像が絵画に影響し絵画が発展し、それがまたカメラの発展につながっていることを説明し、科学とアートの結びつきを理解させる。

（資料 2, 4, 6, 7, 8）

光の進み方とカメラの原理を理解する

❺ 創り出す — 知識の活用

自作したピンホール・カメラを使って、学校の周りの風景や友達を撮影する。

可能であれば感光紙（コピアートペーパー）をスクリーンに貼り、青焼き写真をつくる。その際事前に露光時間を調べておく必要がある。

コピアートペーパーは低感度なので、ピンホール・カメラは固定する必要がある。

カメラの原理を使って新しいものを生み出す態度を培う

見えない力やものへの関心　雷の正体と静電気の理解

LEARNING THROUGH ART

3・4年生

ARTの働き	アート作品と出会い静電気に関心をもつ	対話による鑑賞を通して主体的に課題を発見する	知識を活用して新しいものを創り出す

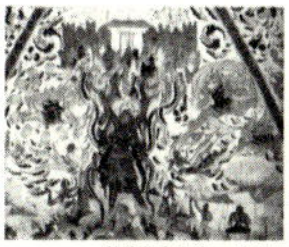

敦煌莫高窟第249窟壁画

❶ 何が見える？

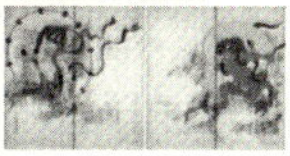

俵屋宗達《風神雷神図屏風》

静電気の知識を活用して創造的な作品をつくる

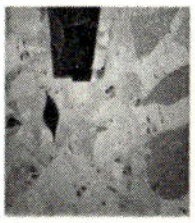

❺ コピー機で作品をつくろう

ARTS / WONDER / STEM

❶ 感じ取る — 感動体験
❷ 発見する — 課題の生成
❸ 実験する — 試す・検証する
❹ 理解する — 知識の習得
❺ 創り出す — 知識の活用

❷ カミナリって何だろう

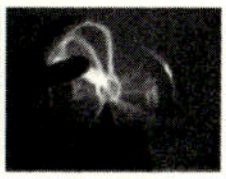

❸ 静電気を調べよう

❹
・カミナリは静電気だ
・静電気を起こす方法
・静電気の性質
・静電気の生活への活用

育成する資質・能力	興味・関心をもって主体的に課題に取り組む態度を培う	対話に積極的に参加し協同して学ぶ力を育てる	見通しをもって実験し考える力を育てる	静電気の性質を理解する	静電気の知識をイノベーションする態度を培う

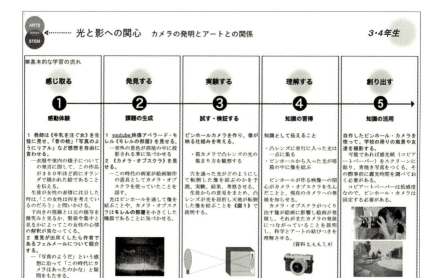

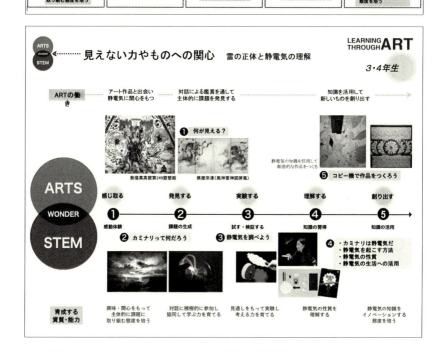

を生み出す態度を培うという学習プランです。

下の図の学習プランでは、まず美術の学習として俵屋宗達の《風神雷神図屏風》の対話による鑑賞を行い、観察し意味を主体的に考え、意見を交流し、考えを省察したり、他者の意見を共感したり、多面的に見たりするなどの学習を行います。

次に世界遺産の敦煌莫高窟の《風神雷神図屏風》と比較鑑賞したり、仏教の伝来との関連を考えたり、シルクロードを遡って風神や雷神の図像の源流を探ったりします。同時に「雷って何だろう」という疑問が生まれ、そこから理科の学習として静電気について調べたり、学年によっては発電実験を行なったりします。理科では電気の知識理解とともに、見通しをもって実験し考えるという資質・能力を育てることが目標になります。

このように芸術統合学習としてのＳＴＥＡＭ教育では、美術の学習と理科の学習が教科の枠を超えて行われるのです。「すべての学習は、一つの大きな共通の世界における関係から生まれる」というデューイの言葉が背後から聴こえてくるようです。

5　同じ木からの枝

「すべての宗教、芸術、科学は、同じ木からの枝である」

アルバート・アインシュタイン

『同じ木からの枝』と名付けられた米国科学・工学・医学アカデミーの報告書（2018）には、「高等教育における人文科学・芸術と科学・工学・医学の統合について」という副題が付けられています。

米国科学・工学・医学アカデミーの結論はこうです。「芸術（Arts）とＳＴＥＭの統合（いわゆるＳＴＥＡＭ）には、批判的思考能力の向上、高次の思考と深い学び、内容の習得、創造的な問題解決、チームワークとコミュニケーション能力、視空間的推論の向上、学習への一般的関与と楽しみなどポジティブな学習結果がある」

この結論はあくまで芸術とＳＴＥＭの統合（いわゆるＳＴＥＡＭ）による学習効果についてであり、副題にある人文科学については一言も触れていません。人文科学については、人文学生はＳＴＥＡＭではなくＳＴＥＭを学ぶことにより科学技術リテラシーが向上し、人文的な学問や実践に新しいツールや視点が得られる可能性を述べるに留まっています。副題に人文科学が入っているからといってＳＴＥＡＭのＡの範囲を芸術＋人文科学の「広い範囲」と考えているわけではありません。

報告書は「（ＳＴＥＡＭ教育は）芸術を核に多様な教科や学問分野をつなぐ、芸術統合型学習カリキュラム全体で子供や先生の力を高め、学校内外を活用し、学校を作り替える、あるいは学校から地域社会全体を作り直す、というすばらしい取り組み」であると締めくくられています。

同じ木からの枝。

このアルバート・アインシュタインの言葉が示すように、本来一つの世界であった芸術や科学、歴史、倫理を分離した教科学習中心の時代はもう終わりを告げているのではないでしょうか。世界の教育は教科学習から学際的、総合的な教育へその軸足を移しているようです。

美術作品を見て学ぶ鑑賞教育も質的転換が求められています。美術の枠を超えた学びを推進することはその大きな転換点とも言えるでしょう。以上が上野の基調提案です。

（上野行一）

【注および引用】

★1　Jhon. Dewey, The Child and the Curriculum,（Cosimo Classics; Illustrated edition, 2008（初版は1902）, p.91.

★2　James A. Beane, Curriculum Integration: Designing The Core of Democratic Education,（Teachers College Press, Columbia University, 1997）, pp.33-34.

★3　Edward N. Brazee and Jody Capelluti, Dissolving Boudaries: Toward an Integrative Curriculum,（National Middle School Association, 1995）, pp.28-35.

★4　ウェビングは元々は一九七〇年代にイギリスのインフォーマル教育がアメリカに導入されたときに開発された手法である。

★5　リンドバーグに続いて女性として初めての大西洋単独横断飛行をした人。

★6　今林常美、世界史芸術鑑定団10、「《虹のポートレート》はなぜ映画『エリザベス　ゴールデン・エイジ』に登場したのか」（『世界史のしおり』二〇〇九年四月号付録）、帝国書院、二〇〇九年。

★7　このあと画面が変わり、ローリー卿と女官の間に生まれた赤子をエリザベスが抱いて祝福を与えることで映画全体がthe End を迎えることになる。今林はこの連続するシーンの意味を、生と死、すなわち衰退するスペイン帝国と興隆するイギリス王国の交代劇を暗示していると読み解いている。

★8　・Simon Abrahams, Isaac Oliver's Rainbow Portrait of Queen Elizabeth I（c.1600）, 2011.
・鈴木繁夫、『アイザック・オリヴァー「虹のエリザベス一世肖像画」：神聖な処女王の統治』 https://geosk.info/ClassLecture/Oliver%20Elizabeth%20I%20%20Rainbow%20Portrait02.pdf
・石井美樹子、『イギリス王室1000年史』、新人物往来社、二〇一一年、95頁。

★9　以下の記述は、ティモシー・ブルック、訳／本野英一、「フェルメールの帽子―作品から読み解くグローバル化の夜明け」、岩波書店、二〇一四年を参照。

★10　文部科学省、「高等学校学習指導要領（平成30年告示）解説 公民編」、二〇一八年、97頁。

★11　飯田伸二、「コレージュにおける芸術史教育」鹿児島国際大学国際文化学部論集第15巻第4号、二〇一五年、367-382頁。

★12　ジェシカ・バルデンホフはミュージアム・コンサルタントであり、ＭoＭＡの学校・教師プログラムの準エデュケータを経て離職、結婚。現在はジョンズ・ホプキンス大学ＡＡＰセンター勤務。

★13　上野行一、『風神雷神はなぜ笑っているのか』、光村図書、二〇一四年、114-117頁参照。

★14 メトロポリタン美術館マネイジング・エデュケータ等を経て、現在は、ニューヨーク市立大学、ジョンズ・ホプキンス大学、リーハイ大学美術館ディレクター等を兼任。

★15 グッゲンハイム美術館で学校、青少年、教師、家族のプログラムを二〇年間監督し、二〇二一年にその職を離れた。ニューヨーク大学とコロンビア大学ティーチャーズ・カレッジで博物館教育の大学院コースの非常勤講師。

★16 テート・モダンの教育チームの創立メンバー（二〇〇〇年〜）を務めた。二〇一八年春以降は、ヴィクトリア・アンド・アルバート博物館の学習・全国プログラムのディレクターを務めている。

★17 クロス・カリキュラムは、共通のテーマで各教科間の内容を連携させ、各教科の教育内容をより深く理解させる教育方法である。日本では定義も実践状況もさまざまであるがここでは「イギリスなどで最近使われているが、我が国でも二年ほど前から誰言うともなく言われ出した言葉」（高階玲治、「実践クロスカリキュラム」、図書文化、一九九六年、15頁）と捉えておこう。

★18 ルーヴル美術館芸術文化教育担当副部長（〜二〇一八）を経て、現在はパリ美術館公共サービス部長（Cheffe du service des Publics）。

★19 STEAMについての詳細は、近刊『STEAM入門（案）』（学術研究出版）を参照されたい。

★20 デューイが〝Art as Experience〟で開示した芸術哲学は、芸術とは他の言語では言い表せない言語であり、芸術を通じてでなければ不完全で意味を制限されるものの意味を明確にするものであるとし、また、教育の焦点を教科にではなく生活に当て、経験とりわけ芸術の経験を通して主体的に知識を構成する問題解決型学習の手法を導いた。

★21 たとえば、上野行一、「芸術統合学習としてのSTEAM教育の考察（1）—米国におけるSTEAM教育政策の見地から—」（日本・美術による学び学会『美術による学び』3巻4号）、二〇二〇年—国立研究開発法人 科学技術振興機構J-STAGEに掲載。

★22 上野行一と学研ホールディングスによる研究。

第3章　文化政策の視点から

それでは、ただいまの基調提案を受けまして、意見交換をいたします。まず、文化庁の林保太さんからお願いいいたします。

アート振興政策の前提状況の変化

はい、文化庁の林でございます。私からは、意見交換にあたりまして、文化政策の現場において起きている最近の変化を少しご紹介したいと思います。私自身は、二〇一二年頃から、現代アートの振興ということに関するリサーチから始めておりました。それから現在までの間に、実際に日本の文化政策がより大きな政府の政策の流れの中で変化してきています。日本におけるアートの振興、従前は「美術」、「芸術」の振興と言われていましたが、かなり限られた関係者というか、愛好家というか、余り全ての人が対象ではない、というような感じで、閉じられた世界の中で色々なことが行われてきたのではないかと思います。これは日本の中である種の境界線のようなものが立っていて、その枠をベースに文化政策も組み立てられてきた、というように感じております。後の資料でも書いていますけれども、明治以降の政策・施策が、かなりドメスティックな評価軸をつくる感じで進められてきたところが、現代アートにおいては、そういう評価軸の範疇ではないところから国際的な評価を受ける

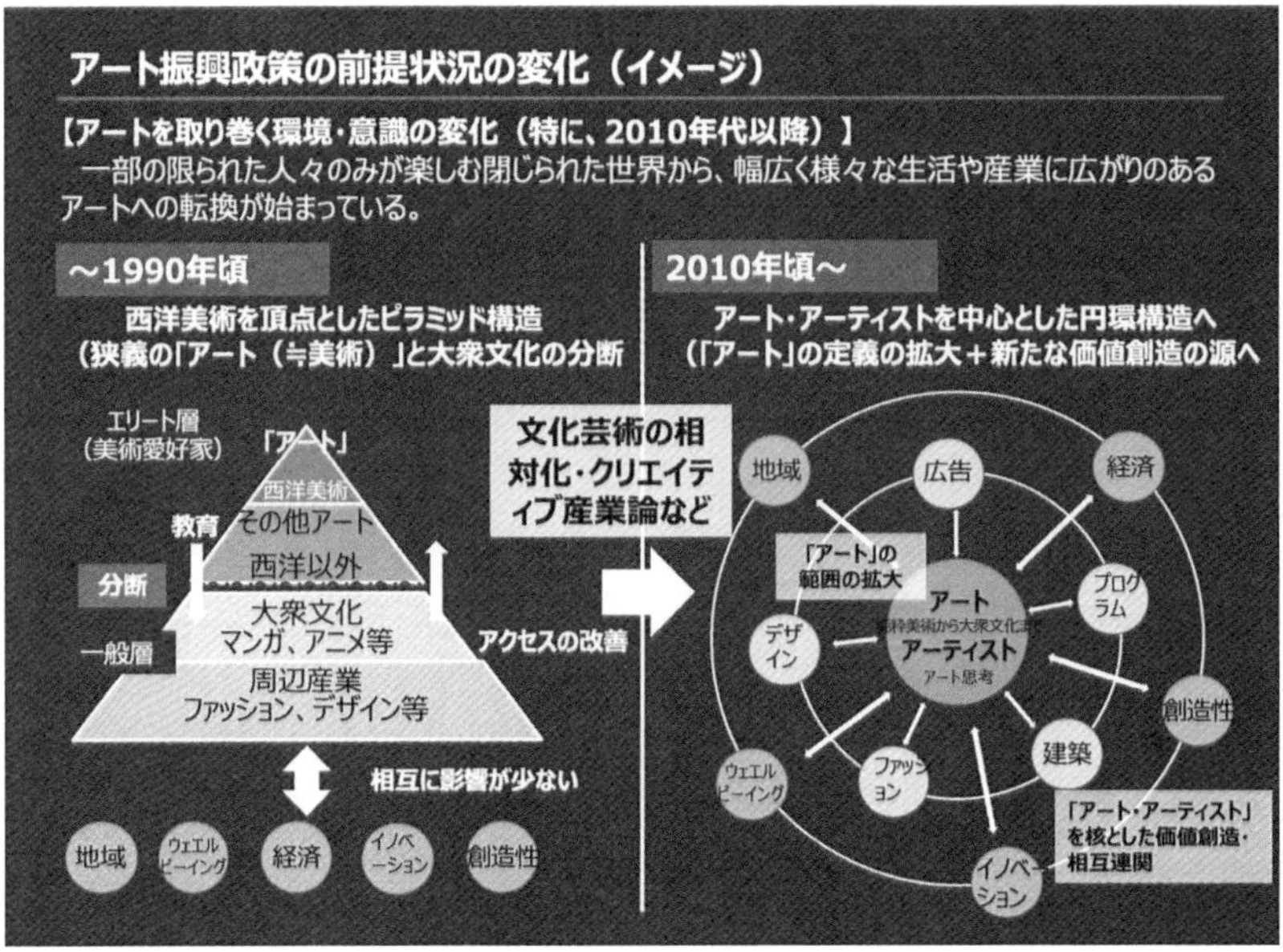

作家が登場してくる、というようなことが起きてくる中で、かなり考え方を変えていかないといけないのではないか、というような状況が生まれてきました。

これは日本が置かれている状況とも少し関係がありまして、いわゆる高度経済成長の時期においては、美術や芸術というものは、ある種、それらとは関係のない経済活動の中で産み出された余剰でもって支えられる、というような状況があったわけですけれども、その成長期を終えて、日本という国自体が成熟の段階に入ってきた中で、今後は、文化芸術の方が日本の経済的なところを支えていく力の源泉ではないか、というような考え方が出てまいりました。この考え方が、最近、二〇一七年頃から政府として打ち出した文化経済（文化と経済の好循環）という方向と、それから、観光政策の重視、文化観光ということを言い出したことにも関係してくるところでございます。

一方で、先程来お話が出ておりますように、企業活動においても従来のキャッチアップ型からこれまでにない、全く新しいモノやサービスを創り出す必要が生じてきた。そういったことがやはり必要ではないか、ということがかなり広がってきたという状況がございます。そのような中で、いろいろな場面・場所でアート（最初は「現代アート」と言われていたところ、最近は単に「アート」）、あるいは「アーティスト」というものが非常に重要である、というような認識が拡がってきております。今申し上げたことを図示すると前の頁の図のような感じなのかなと思いますが、ピラミッドの方が非常に分断があるところ、星座のように見える図の方では、いろいろなものが実は、「アート・創造性」というものを中心として、つながっている、というようなことを示してございます。

文化庁の組織改編

こういったことを受けまして、二〇一八年一〇月に文化庁の組織改編が行われましたけれども、その際に文化経済・国際課という、経済という名前を冠した課が初めて設置され、また、文化審議会の中に文化経済部会という新たな部会も二〇二一年の一二月に設けられました。最近、芸術には「本質的な価値」と、「経済的な価値」、そして「社会的な価値」があるのではないか、これまでは「本質的な価値」に過度に偏重してきたので、その三つの価値のバランスをとっていく必要がある、という考え方が拡がってきております。その文化経済部会の下に「アート振興ワーキンググループ」という組織を作りまして、昨年の三月に報告書を出しております。

大きな構成としては、先ほどから出ている「ダイバーシティ」とか「サステナビリティ」といったことも考えていただきつつ、同時に、従来は欧米を見ていればよかったものが、やはりアジアをしっかりと意識しなければならない、という状況の中で、日本の文化芸術に対するプライドを醸成して、アジア各地との協働という関係性を作っていく必要性が生じている。この状況に対応する政策としては、国立アートリサーチセンターという新たな組織が二〇二三年三月二八日に設立され、全国の美術館をつないでいくという役割を担う組織ができております。今後は、アートというものは拡張していくものですので、従来「メディア芸術」という形で振興していた分野についても、基本的にはアートの拡張版として捉えていこう、という方向性でございます。

文化審議会　第一期文化経済部会　アート振興WG報告

そして、今後の方針の柱としては三つ。一つはコレクションの重視、優れたコレクションをきちんと作っていくということが必要であるということ、次に、言葉で評価をする批評を充実すること、その土台となるアート・アーカイブをきちんと作る、ということが二つ目の話です。三つ目に鑑賞教育の抜本的な充実、ということが謳われております。鑑賞教育を表現教育とは別の独立した教育として考えるべき、ということが言われており、その土台として、一つ目の話に戻っていきますけれども、美術館の中でコレクションをいつでも見られる環境を作っていく、ということが謳われております。

このワーキンググループは、昨年度は特に動きはなかったのですが、今年度はまたこれを動かしていくという段取りにしておりますので、先程来報告されていること、鑑賞教育の取り組みの中で、い

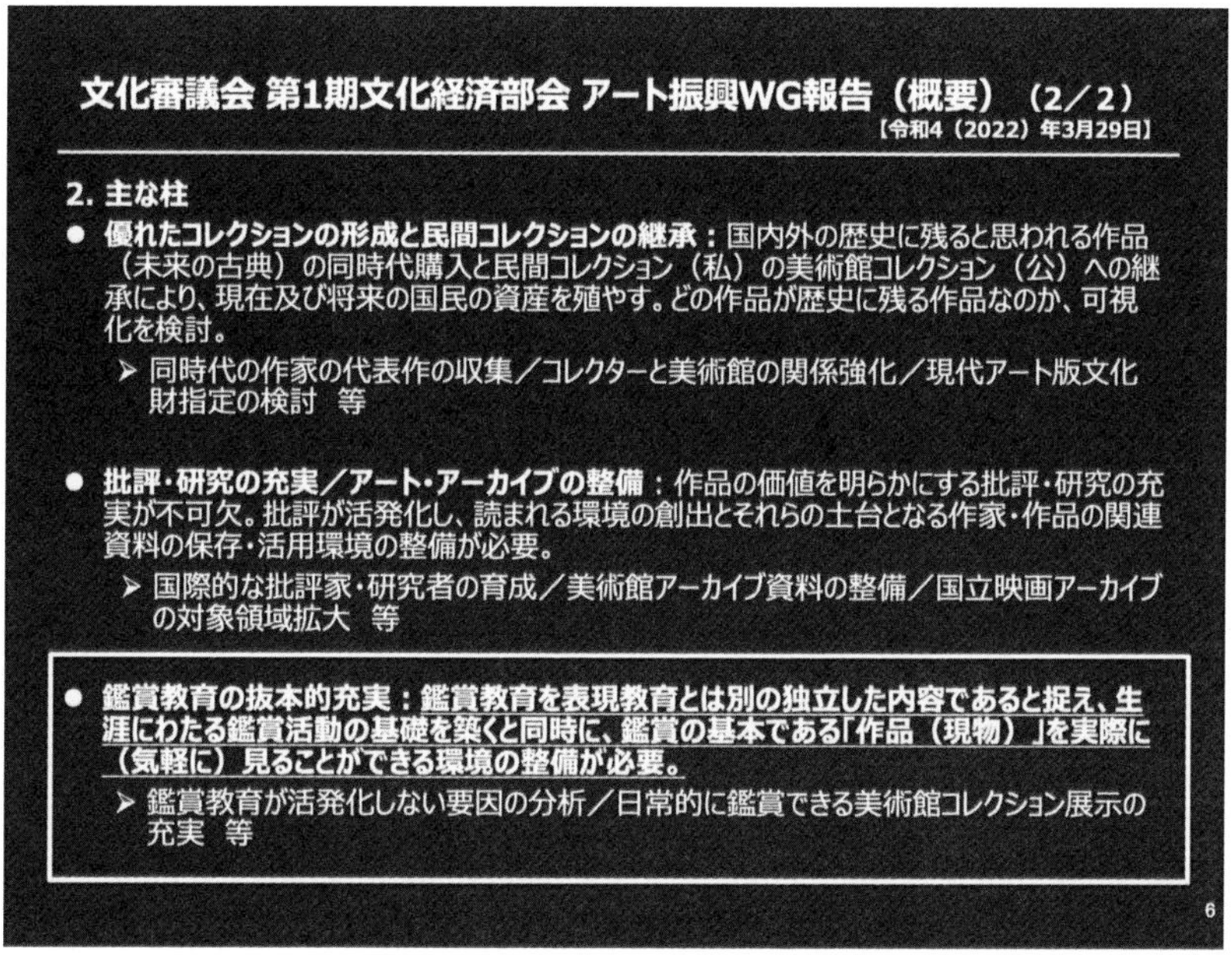
文化審議会 第1期文化経済部会 アート振興WG報告（概要）（2／2）
【令和4（2022）年3月29日】
2. 主な柱
● 優れたコレクションの形成と民間コレクションの継承：国内外の歴史に残ると思われる作品（未来の古典）の同時代購入と民間コレクション（私）の美術館コレクション（公）への継承により、現在及び将来の国民の資産を殖やす。どの作品が歴史に残る作品なのか、可視化を検討。
➢ 同時代の作家の代表作の収集／コレクターと美術館の関係強化／現代アート版文化財指定の検討 等
● 批評・研究の充実／アート・アーカイブの整備：作品の価値を明らかにする批評・研究の充実が不可欠。批評が活発化し、読まれる環境の創出とそれらの土台となる作家・作品の関連資料の保存・活用環境の整備が必要。
➢ 国際的な批評家・研究者の育成／美術館アーカイブ資料の整備／国立映画アーカイブの対象領域拡大 等
● 鑑賞教育の抜本的充実：鑑賞教育を表現教育とは別の独立した内容であると捉え、生涯にわたる鑑賞活動の基礎を築くと同時に、鑑賞の基本である「作品（現物）」を実際に（気軽に）見ることができる環境の整備が必要。
➢ 鑑賞教育が活発化しない要因の分析／日常的に鑑賞できる美術館コレクション展示の充実 等
6

ろいろな方がいろいろな活動をされていて、その取組みを実際に受けた人たちが今、三五歳とか四〇歳になっているということをお聞きして、最近の企業の反応、企業の動きを考えると、やはりその辺りの方々が様々な場所で内発的に活動し始めておられるということが感じられるところなので、これまでの鑑賞教育の実践が成果を挙げている部分があるのかなと感じた次第です。今後は、これをさらに定着をさせていくということが重要だと思っております。私の方からは行政部門の審議会や文化政策上の動き、ということでご紹介させていただきました。

（林保太）

著者一覧

上野 行一（うえの こういち）

「対話による意味生成的な美術鑑賞」の提唱者。アメリア・アレナスの論文 “Is This Art?”（1990）に触発されて以来、彼女と活動を共にする。「対話による意味生成的な美術鑑賞」を開発し、全国で実践を広めている。著書に『私の中の自由な美術—鑑賞教育で育む力』（光村図書、2014）ほか。高知大学大学院教授を経て2018年より美術による学び研究会代表。NHK番組委員（高校講座「美術」監修）、光村図書教科書編著者（中学校「美術」、高等学校「美術」）、Academia. edu. Peer Reviewer。（序章、第２部第３章、全体の構成）。

林 寿美（はやし すみ）

インディペンデント・キュレーター。国際基督教大学卒業後、1989年よりDIC川村記念美術館（千葉県・佐倉市）に学芸員として勤務しアメリア・アレナスとの共同企画「なぜ、これがアートなの？」のほか ロバート・ライマン、ゲルハルト・リヒター、マーク・ロスコなどの展覧会をキュレーション。同館を退職後は、ヨコハマトリエンナーレ（2014／2020）や「Robert Frank: Books and Films, 1947-2017」などの展覧会やプロジェクトに携わる。2015-18年、国立国際美術館客員研究員。2019年には神戸のアート・プロジェクト「TRANS-」のディレクターを務めた。2020-23年、成安造形大学客員教授。（第１部第１章、第８章）

都筑 正敏（つづく まさとし）

豊田市民芸館 館長。1993年より豊田市美術館学芸員／エデューケーターを経て現職。教育部門を担当するほか、多数の展覧会企画に携わる。主な展覧会企画として「空き地」、「ギュウとチュウ —篠原有司男と榎忠」、「蜘蛛の糸　クモがつむぐ美の系譜—江戸から現代へ」のほか、ソフィ・カル、森村泰昌、松井紫朗、ヤノベケンジ、高橋匡太、久門剛史などの個展を開催。共著『まなざしの共有』（淡交社、2001年）、2016年 美連協カタログ論文賞／優秀論文賞受賞、第29回倫雅美術奨励賞受賞（2017年）。（第１部第１章）

山崎 正明（やまざき まさあき）

北海道石狩管内の中学校教員として32年間勤め、2014年から2022年まで北翔大学で教育文化学部教育学科教授として幼児教育を担当し、保育士、幼稚・小学校教員の養成に携わる。30代の時から幼児教育に強い興味を持ち、子供の発達特性を踏まえた美術教育をすすめるようになった。2024年４月現在、中学校２校、子ども園一園で、時間講師をする他、北翔大学と札幌大谷大学短期大学部で教員養成を担当。（第１部第２章）

今井 敬子（いまい けいこ）

公益財団法人ポーラ美術振興財団、ポーラ美術館学芸部課長。専門はフランス美術をはじめとする20世紀美術。展覧会の企画および対話型ギャラリートークやワークショップなどの開催に取り組む。おもな担当展覧会に、「ピカソ　５つのテーマ」（2006年）、「シャガール　私の物語」（2008年）、「アンリ・ルソー　パリの空の下で」（2010-11年）、「紙片の宇宙　シャガール、マティス、ミロ、ダリの挿絵本」（2014-15年）、「ピカソ　青の時代を超えて」（2022-23年）など。（第１部第３章、第２部司会）

遊免 寛子（ゆうめん ひろこ）

兵庫県立美術館学芸員。鑑賞のミュージアムティーチャーを経て、教育普及を主に担当する学芸員に。学校団体の対応や出前授業など学校との連携を中心にしつつ現在は、美術講座やミュージアム・ボランティアなど大人を対象とした教育普及活動も担当している。担当した展覧会に「2008 年コレクション展Ⅰ こどものための美術鑑賞術」（2008）、「美術の中のかたち―手で見る造形 桝本桂子展 やきもの変化」（2011）、「新宮晋の宇宙船」（2017）、「2022 年コレクション展Ⅰ 小企画 元永定正展―伊賀上野から神戸、ニューヨークへ―」（2022）などがある。（第１部第４章）

鎌田 悟（かまだ さとる）
秋田市立城南中学校美術科教諭。秋田教育庁中央教育事務所指導主事、主任指導主事として県内小・中学校や関係　団体への指導と教員研修の推進にあたり、男鹿市、秋田市の小・中学校長として５校10年を歴任。秋田市造形教育研究会会長、秋田県造形教育研究会会長（2016～2021）、2022年度、秋田県小・中学校長会長、秋田県小学校長会長。（第１部第５章）

大杉 健（おおすぎ たけし）
武蔵野大学教育学部教育学科勤務。図画工作・造形教育を中心に担当する。大学勤務以前は、東京都の特別支援学校から、小学校の図工専科教諭となり、この職を34年務める。現在は鑑賞、コラボレーション、STEAM、発想する力などに興味を持って研究実践を行っている。また、各地研究会、ワークショップ、ゲスト授業なども行っていて、先生、子どものすごさに常々驚かされ続けている。個人的には、金属を中心とした立体作品を現在は制作している。（第１部第６章）

武居 利史（たけい としふみ）
府中市文化生涯学習課生涯学習係長（前府中市美術館学芸員）。2000年の府中市美術館の開設準備に携わり、現代美術の企画展、公開制作やワークショップなどの教育普及プログラムを手がける。担当した展覧会に「第２回 府中ビエンナーレ―来るべき世界に」(2005)、「アートサイト府中2010　いきるちから」(2010)、夏休み美術館「ガリバーの大冒険」(2014)、「燃える東京・多摩画家・新海覚雄の軌跡」(2016)。近年の論文に、解題「戦後美術論争史―初期『美術運動』を読み解くために」(『美術運動【復刻版】』別冊，三人社，2021）がある。美術評論家連盟会員。（第１部第６章）

岩佐 まゆみ（いわさ まゆみ）

大分県立高等学校指導教諭（美術）、京都芸術大学大学院 芸術研究科（通信教育）研究員。デザイン思考などの発想・構想段階を重視した探究型美術学習や、鑑賞教育を中心に授業実践研究をおこなっている。全国高等学校通信制教育研究会編『高校生の美術１学習書』編集委員。光村図書 高等学校『美術』教科書 編集委員。美術による学び研究会 web事務局長。（第１部第７章）

大和 浩子（やまと ひろこ）

広島県竹原市立忠海学園教頭。広島県東広島市安芸津中学校勤務ののち、広島大学附属三原中学校で美術教育研究に従事。平成24年から広島県立教育センター指導主事、平成28年から広島県教育委員会管理主事等を経て令和５年度から現職。（第１部第９章）

古岡 秀樹（ふるおか ひでき）

公益財団法人才能開発教育研究財団副理事長。前職の学研ホールディングス取締役在任中は、同グループのＣＳＲ・サステナビリティ推進、およびＳＴＥＡＭ教育、アート思考、環境教育の調査・研究を担当。同財団副理事長就任後も、同様のテーマの調査・研究を継続している。最近は、幼児教育、モンテッソーリ教育の調査・研究にも関与している。（第２部第１章）

林 保太（はやし やすた）

文化庁参事官（芸術文化担当）付文化戦略官・芸術文化支援室長。1967年生まれ。1994年から文化庁勤務。2003年、河合隼雄文化庁長官（当時）が提唱した「関西元気文化圏構想」立ち上げを担当。2009年から11年にはメディア芸術（特にアニメーション）振興施策の企画立案を担当。2013年８月から、青柳正規文化庁長官（当時）の下、現代アート振興のための政策企画 立案に向けた調査研究を継続的に実施。2018年度から2022年度まで、日本におけるアート・エコシステムの形成を目指す「文化庁アートプラットフォーム事業」の推進を担当。2021年７月から現職。日本におけるアートの持続的な振興を支えるシステムの構築に継続的に取り組む。（第２部第３章）

総合司会

中川昇次（なかがわ しょうじ）

元埼玉県美術教育連盟連盟長。前さいたま市立片柳中学校校長。埼玉県美術家協会会員。個人的には、木を材料とする作品を制作している。文部科学省国立教育政策研究所教育課程研究センター研究開発部在職時に「特定の課題に関する調査（図画工作・美術）」に関わる。

第１部司会

松永かおり（まつなが かおり）

東京都世田谷区立砧南中学校 校長。文部科学省 学習指導要領 中学校美術（平成20年３月）作成協力者。文部科学省 中学校学習指導要領解説美術編（平成20年７月）執筆者。国立教育政策研究所 評価規準の作成、評価方法等の工夫改善のための参考資料中学校美術（平成23年11月）作成協力者。独立行政法人国立美術館 国立美術館の教育普及事業等に関する委員会委員。

対話型鑑賞75年を超えて —みえてきたもの、みつめていくもの

2024年10月5日　初版発行

著　者　美術による学び研究会
発行所　学術研究出版
〒670-0933　兵庫県姫路市平野町62
［販売］Tel.079(280)2727　Fax.079(244)1482
［制作］Tel.079(222)5372
https://arpub.jp
印刷所　小野高速印刷株式会社

ISBN978-4-911008-78-2